U0671889

杜甫传

梅 寒

— 著 —

浙江人民出版社

穿越家国苦难，终成诗中圣哲

　　1300余年的历史长河，风烟涤荡，模糊了多少鲜活的往事，甚至连杜甫的容颜也难以让人看清。杜甫有一张半身小像，小像上的他面容清癯，眉头紧锁，望向远处的眼眸中似乎凝聚着他终身挥之不去的国仇家恨。在他的各类诗集文本中，他的这张小像频频出现，这就是后世读者眼中的杜甫：消瘦，背微驼，面苍白，愁云惨雾终身笼罩在脸上。

　　在今天的北京故宫明清库房南薰殿的海量字画里，就有李白、杜甫小像各十余帧，像上的李白面白，胡须稀少，杜甫则面黑而胖。不知是绘于何时的小像，但既然是皇家珍藏，应该是最接近诗人原本的样子吧。这样一个"黑而胖"的杜甫，注定无法同那个在坊间流传了多年的清瘦杜甫相抗衡，因为那个形象早已深入人心。

　　更为滑稽的是，现在这张流传甚广的杜甫画像，据说是一位叫蒋兆和的画家，对着镜子里的自己画下来的。蒋兆和被誉为中国近代画坛的宗师级人物，曾经有出版社向蒋兆和约稿，蒋兆和翻遍手头资料也没能找到描写杜甫相貌的句子。情急之下，只能靠自己对杜甫作品的理解，面对一面镜子，完成了杜甫的画像。查阅蒋兆和先生的资料，看到他的照片，果然有着杜甫式的忧郁与清瘦，可见此言不是空穴来风。

作为一位与我们相距千余年的大诗人，他的外貌形体，甚至他的生卒年月，家庭出身，都已如雾里看花。能让人真切触摸感受的，只有他千古流传的作品，以及蕴含在诗作背后的精神、品格、气节。

杜甫是中国唐代最伟大的现实主义诗人，与最伟大的浪漫主义诗人李白在唐代诗坛双峰并峙。相同的时代背景下，二人却选择了完全不同的诗歌创作方向。李白成"诗仙"，以其瑰丽的想象力与浪漫主义笔调，完成了他对人生与时代的诠释；杜甫成"诗圣"，写作的视角一辈子不曾离开现实的土壤，以沉郁顿挫的笔触，给他所处的那个时代留下了纪实影像式的一笔。正因为如此，有人说李白是飞扬在天空的"仙"，杜甫是行走在大地的"圣"。前者靠的是天赋，后者靠的是经历。

作为唐代现实主义诗人的代表，写他的传记自然绕不开他的诗作。杜甫以一支如椽的诗笔，书写着时代。他以诗人的敏锐，感受着时代的脉搏，又把时代的疾风骤雨化成笔下或哀伤愤怨或慷慨激昂的诗。他破衣麻鞋穿越道道生死防线，奔赴他的天子："麻鞋见天子，衣袖露两肘"；他在曲江边上哀哀而哭："少陵野老吞声哭，春日潜行曲江曲"；他在长安城里沉痛叹息："国破山河在，城春草木深"；他夜宿石壕村与老翁一家共同经历恐惧与哀伤："夜久语声绝，如闻泣幽咽"；他在天险潼关对守关小吏殷殷叮嘱："请嘱防关将，慎勿学哥舒。"

杜甫又是一位美的收集者，他一生颠沛流离，却仍然在难得的太平岁月里，吟花弄月，流连山间水畔，为后世读者留下"细雨鱼儿出，微风燕子斜"，留下"黄四娘家花满蹊，千朵万朵压枝低"这样的清词丽句。

杜甫生逢大唐由盛而衰的转折时期，他经历了开元盛世的繁华，

杜甫传

也经历了安史之乱后的社会衰败。一个伟大诗人的作品，向来都是时代的晴雨表。从杜甫的诗里，我们可以清晰地倾听到大唐王朝的兴衰足音。尤其是安史之乱前后，那一段动荡不安、山河失色的黑暗年代，杜甫身为亲历者，在他的诗里做了沉痛记录。

诗人无一不是从书写自己开始。在杜甫的诗里，亦可找到他一生的轨迹，青年时期的裘马轻狂，困顿长安的愁苦悲辛，战乱中东南西北的逃亡流离，直至老年的泪尽湘江。诗是杜甫记录个人命运悲欢、倾诉个人情感的一个载体。

在杜甫流传于世的1400余首诗中，上至朝政国事、百姓民生，下到山川风物、草木虫鱼，均有涉及。他在继承中创新拓展，把唐诗的题材引向前所未有的广阔天地。本书以杜甫的诗作为"经"，以杜甫遍布中国大江南北的足迹为"纬"，以杜甫终生不息的济世报国之志、忧国忧民的爱国情怀为主线，向读者逐一剖析"诗圣"杜甫与大唐王朝息息相关、跌宕起伏的命运，将杜甫对唐代诗坛"集大成"的贡献进行了梳理。

杜甫离我们很远了，大唐王朝也已离我们千余年，可杜甫又分明没有走远。他笔下大唐百姓的哀号，还在他的诗里绵延不绝；他和百姓一起逃难的身影，还在他的诗中鲜活跃动；他对大唐统治者的无情揭露与批判，如警钟长鸣，直到今天还有着振聋发聩的警示意义。他属于大唐，又超越了大唐，其精神力量到今天仍然激励着亿万炎黄子孙。

杜甫有着超越个人悲欢的伟大胸怀，他以宏远的精神追求抵御命运的磨难与风沙，在诗作中将充满苦难的人生提升到诗意盎然的境界。闻一多先生说，杜甫是我们"四千年文化中最庄严、最瑰丽、最永久的一道光彩"。然而，"诗圣"也是人，有着人的七情六欲，喜怒哀乐，甚至有着种种为后人所诟病的缺点。

全面而客观地讲述是对"诗圣"杜甫、对那一段历史的最大尊重。我希望奉献给读者的,是一个有血有肉、有情有义、悲欢尽现的"诗圣"杜甫。当然,心向往之而才力不足,只能是尽心尽力而为之。

目录

第四章　安史乱起

第五章　颠沛流离，天涯流落

第一章　奉儒守官，诗书传世

远祖功业

说起杜甫的家族远祖，可以瞬间划拉出一串闪亮的名字——十五世祖杜畿，京兆杜陵人，东汉建安时任河东太守；十四世祖杜恕，魏太和中散骑黄门侍郎，后任幽州刺史；十三世祖杜预，晋镇南大将军，总督荆州诸地军政事务，封当阳县侯；十二世祖杜耽，晋梁州刺史；十一世祖杜顾，晋西海太守……曾祖杜依艺，唐监察御史，巩县县令，杜家从此迁居巩县。

这无疑是一个有着悠久历史传统的官僚世族。

但也不能忽略一个事实：杜甫的先祖们，在南北朝以前，做的是太守、刺史之类的官，隋唐以后，则多为县令、县尉、员外郎之类。杜甫的父亲杜闲即曾为兖州司马、奉天令。

官还在做着，却是越做越小了。这个官僚世族日趋走向衰落。难怪杜甫后来在《进雕赋表》中叹道："臣之近代陵夷，公侯之贵磨灭，鼎铭之勋，不复照耀于明时。"

尽管如此，祖先们的名字，还是成了悬挂于杜甫心头的明灯，照亮了他，也指引着他。在那一盏又一盏明灯中，他最为钦慕和敬佩的，也许要数他的第十三世祖杜预。

杜预，晋初曾为镇南大将军，都督荆州诸军事，镇襄阳。杜预精通战略，平吴有功，后被封为当阳县侯。"以计代战一当万"，从《晋书·杜预传》中，就可看出杜预的有勇有谋。

不仅如此，杜预还博学多才，除战功赫赫外，他精通经济、政治、法律、天文、算学、工程等各种学问，又以武功、政事、学术著名，被世人称为"杜武库"。

当年平吴返还襄阳后，杜预以为天下虽安，却仍然勤于讲武，重视戍守。他开渠引水，灌育良田万顷，重视教育，兴建学校，被时人称为"杜父"。

杜预平生对群经特好《左传》，著有《春秋左氏经传集解》三十卷，为现存最早、最具权威性的《左传》注本。

这个最让杜甫钦佩的远祖，后来被葬到洛阳首阳山下。

开元二十九年（741），杜甫来到洛阳首阳山下，于先祖杜预和祖父杜审言的坟墓旁边不远处筑室为家，结束了他裘马轻狂的漫游岁月。寒食祭奠，他长跪祖先坟前，缅怀祖德。他道："小子筑室，首阳山下，不敢忘本，不敢违仁。"（《祭远祖当阳君文》）

其心凄凄，其志却坚。

"远自周室，迄于圣代，传之以仁义礼智信，列之以公侯伯子男。"（《唐故万年县君京兆杜氏墓志》）"自先君恕、预以降，奉儒守官，未坠素业矣。"（《进雕赋表》）先祖们的卓著功勋，时隔400多年，仍然让杜甫每每想起都激动不已。

"奉儒守官"，即通过做官来推行儒家之道，杜甫的先祖们就是这么做的，这也成了杜甫一生坚守的理想。

杜
甫
传

先祖们的背影渐行渐远，他们所践行的儒家理想却在杜甫的心中愈来愈清晰坚定，他一生以儒家思想为安身立命的根本。据统计，其诗作中，杜甫曾有40余处提到"儒"字，其中有20处与他自己相关。

"有儒愁饿死，早晚报平津！"在饥饿与贫困中挣扎时，杜甫曾如此慨叹。

"儒生老无成，臣子忧四藩。"在客居他乡时，杜甫依然心忧国家的四面边境。

"江汉思归客，乾坤一腐儒。"晚年飘零江汉时，杜甫不忘自己儒生的身份。

在穷困落魄，与朋友喝得烂醉如泥时，他曾在《醉时歌》中声嘶力竭地吼过："儒术于我何有哉？孔丘盗跖俱尘埃。"

杜甫生活的大唐，是一个思想开放的时代。儒家、道家、佛家，每一种思想都有其深厚的生长土壤。与杜甫同时代的诗人中，李白信道，一生致力于炼丹成仙；王维信佛，躲进山水里寻求一方清静；唯有杜甫，虽然青年时代也曾一度狂热地追随李白，可纵观他的一生，儒家思想才是与他终生相随的信仰。

儒家主张行"仁政"，杜甫则终生以"致君尧舜上，再使风俗淳"为政治理想。他在诗歌中为君哭，为民哭，为天下惨遭荼毒的万物生灵哭。杜甫其实是一个有着"民胞物与"精神的伟大诗人，在这一点上，他受先祖们的影响，又远远超越了他的先祖们。

阅读杜甫，走近杜甫，"奉儒守官"是第一把钥匙。

诗是吾家事

杜甫，字子美，唐睿宗太极元年（712）生于巩县，唐代宗大历五

年（770）卒于湘江舟中。杜甫一生留诗1400余首，被后世尊称为"诗圣"。因曾居长安城南之少陵，自称"少陵野老"，人称"杜少陵"。又因曾任检校工部员外郎而被后世称为"杜工部"。从六品的检校工部员外郎，是杜甫一生所做过的最大的官职。

尽管杜甫之前的杜氏家谱上，那一大串"奉儒守官，未坠素业"的闪亮名字，曾让杜甫早早立下许身社稷、济世报国的人生大志，但他一生最大的功业却不是做官，而是他用1400余首传世诗歌筑起的唐诗高峰，那是一座令后人只可仰望却无法超越的高峰。

"诗是吾家事"，杜甫为此欣慰而又骄傲。杜甫在官场上处处碰壁、历经重重人生磨难之后，他开始把更多的精力投注给诗，并以此来勉励他的儿子。

其实，于杜甫来说，也许用不着那种"吟安一个字，拈断数茎须"的苦吟，他的骨血里流淌着诗的因子，它从遥远的东汉一路流淌，流到大唐。

谈及杜甫的诗歌创作成就，"杜审言"是一个无法绕过的名字。正如树有根，泉有源。杜甫走进诗的王国，杜审言功不可没。

杜审言，字必简，杜甫祖父，高宗咸亨元年（670）进士，曾任县尉、县丞之类的小官。而他为后世所熟知的，依然是他诗人的身份。打开各种唐诗选集，杜审言的名字都赫然在目。

有人曾言，大多数作家诗人，其文学创作都起于模仿。在这一点上，杜甫、李白都不能免俗。李白跟着司马相如学写赋，也摹鲍照、谢安等人的诗。杜甫最先模仿的是他的祖父杜审言。

杜审言诗艺了得，为人却不能像杜家先祖那样让杜甫信服。杜甫一生推崇的只是祖父的诗歌才华，其余则不太提及。

关于杜审言的为人，正史、野史都曾提及，真真假假间，大约能让人有一个还算清晰的印象，那就是：他才华甚高，为人轻狂。

杜甫传

杜审言生活在武则天朝，其时诗名已轰动朝野，也惊动了武则天。武后欲任用他，临了，又问："卿喜否？"杜审言"蹈舞致谢"，一点也不含蓄。

才高气傲，常常口吐狂言，令人瞠目。这就是时人眼中的杜审言。

杜审言与苏味道、李峤、崔融并称"文章四友"。苏味道，宋代大才子苏东坡的远祖，曾与杜审言同朝为官。据说，苏味道替人起草谢表，常不假思索，援笔立成，文章辞理精密，盛传于代。李峤的文才，更受武后重视，朝廷每有重要书写任务，都要交给他去完成。崔融为文典丽，当时少有人能与他相比。

四人当中，杜审言流传的文章最少，但他流传下来的狂妄故事却最多。

苏味道被召为天官侍郎时，杜审言为他拟判，出来后，杜审言满脸凝重，对人说："味道必死！"听闻此言，众人大惊，急问："为什么？"杜审言则说："彼见吾判，且羞死。"

杜审言虽年长苏味道3岁，但二人才华却不相上下。杜审言此言，也实在够狂。

杜审言不仅对同代人狂，对前辈大家，也丝毫不惧。他曾对人夸口说："吾文章当得屈、宋作衙官，吾笔当得王羲之北面。"此话意思是：我写起文章来连屈原、宋玉都只配给我打下手，书法作品连王羲之都得臣服。《大唐新语》说杜审言"雅善五言，尤工书翰"。可见，他的诗、书作品皆出色。但要好到让屈原、宋玉、王羲之都佩服的程度，恐怕也不太可能。

杜审言这种良好的自我感觉，伴随他终生。他临终时，宋之问、武平一行人来探望他，自是百般安慰，问他可还有什么话说。杜审言道："甚为造化小儿相苦，尚何言！然吾在，久压公等，今且死，固大慰，但恨不见替人也。"

此话一出，想必宋之问、武平等人只有相视苦笑的份儿。

杜审言狂傲，倒不是凭空自大，他也的确有自大的资本。能与当时的几大才子并称"文章四友"，已足见其实力。而他在武后面前不只是手舞足蹈，还当即赋诗致谢，深得武后欣赏，后被授著作佐郎，迁膳部员外郎。只可惜，杜审言才华与人品并不相匹配，因与武后的男宠张易之、张昌宗兄弟有交往，中宗即位后被流放峰州，不久又被召还，授国子监主簿，加修文馆直学士，于景龙二年（708）卒。

杜审言去世四年之后，杜甫出生。

杜甫并未从祖父那里受到直接的影响，祖父对他的影响，多在书册间。

杜审言更不会想到，他所留不多的那几十首律诗，直接催生了他们杜家的一颗诗坛新星，这颗新星一旦升空，其光华就远远盖过高度自负的自己。

杜甫的诗艺与其祖父是一脉相承的，但又青出于蓝而胜于蓝。他以祖父的诗为范本教材，又将祖父的诗艺不断发扬光大，一步步攀上了中国古典诗坛的高峰。

杜审言的诗现存不多，仅有40余首，多为律诗，其中又以五律为佳。他与宋之问、沈佺期，都通过自己的创作实践，对五律的形成作出了贡献。

杜甫对与他隔了400多年的远祖杜预，崇拜得五体投地，那是从杜预的功业方面。但杜甫一步步走上诗坛，却直接得益于他那未曾走远的祖父。祖父在朝为官，其为官的事迹，为人的狂傲，杜甫一定不陌生。尽管他对祖父在这方面的表现并不甚满意——至少，在杜甫的心里，祖父的官声是不能与远祖杜预相提并论的。

但杜甫却不能不叹服祖父的诗艺。祖父仅存的一部诗卷，被杜甫翻了个透。他一首一首地读，一联一联地拆分研究，从章法结构，到字句修辞，读到后来，他再也压抑不住内心涌动的诗情，提起笔来，一首首写下去，竟无处不透出祖父的诗笔影子。

拿杜审言所存不多的五律与杜甫的律诗对照阅读，杜甫对祖父的模仿痕迹随处可见。譬如在句法方面：

杜审言写："绾雾青丝弱，牵风紫蔓长。"（《和韦承庆过义阳公主山池五首》其二）

杜甫写："林花著雨胭脂湿，水荇牵风翠带长。"（《曲江对雨》）

杜审言写："寄语洛城风日道，明年春色倍还人。"（《春日京中有怀》）

杜甫写："传语风光共流转，暂时相赏莫相违。"（《曲江二首》其二）

章法方面，也能轻易寻摘。杜审言的《登襄阳楼》和杜甫的《登兖州城楼》在章法上便极为相似：首联点明登临的时间地点，颔联写登临所见的阔大景象，颈联借历史遗迹抒发兴亡之感，尾联写诗人的惆怅之意。

杜审言登楼在前，杜甫登楼在后，其模仿之意不点自明。

另外，在意境构思和意象的营造上，也能找到杜审言对杜甫的深刻影响。不再一一列数。

然而，这所有的影响，都还不是最重要的。杜审言对杜甫诗歌创作的最大影响，当在于五言律诗的形式。

杜审言作诗重近体，尤其是五言律诗。后人总结杜审言五律特点，说他的五言律诗，声律和谐，对仗工稳，而且注重诗的整体结构和炼字设声。他的《和晋陵陆丞早春游望》一诗，被明人胡应麟誉为"初唐五言律第一"。

独有宦游人，偏惊物候新。

云霞出海曙，梅柳度江春。

淑气催黄鸟，晴光转绿蘋。

忽闻歌古调，归思欲沾巾。

杜甫循着祖父所开创的律诗之路，兴致勃勃地前行、探索。他像所有的写作初学者一样，由模仿开始，继而慢慢形成自己的风格。杜甫后来在联章律诗的写作中取得了极大的成功，由五律而排律，由排律而七律，进而七言绝句，及至晚年，其诗艺已达炉火纯青的境地，写出了《秋兴八首》等传诵千古的名篇。

杜甫的《陪郑广文游何将军山林十首》，是他的联章律诗名篇，历来为诗评家所推崇。他在诗中所采用的章法结构，修辞意象，早已在杜审言的《韦承庆过义阳公主山池五首》中出现过。只不过后生可畏，孙子的才气远远胜过祖父。杜审言联了五首，杜甫则一口气写了十首。

再说五言排律，这是一种极不易掌握的诗歌创作形式，却是杜甫极为醉心的一种律诗形式。五言排律这种诗体既要求声韵、对偶的整齐合律，又要求辞藻、典故的富丽精工，极考验写作者的才力。但五言排律形式严整，风格庄严雄丽，最适于歌功颂德，因此让很多欲借诗文走向仕途的士子文人们跃跃欲试。杜甫旅食长安十年，向达官显宦们投赠的诗篇即多为五言排律。如《赠特进汝阳王二十韵》《奉赠鲜于京兆二十韵》《上韦左相二十韵》等。

众所周知，律诗由于格律严整，对诗人创作有诸多束缚。凡才力不济，或学识不够渊博者，根本不能写出有气势的律诗，更不用说长篇五律。杜审言恃才自傲，目下无尘，他争强好胜的性格，让他迎难而上，从而创作出既长且工、典丽精工的五言排律。他的《和李大夫嗣真奉使存抚河东》，长达四十韵，写得沉雄老健，开阖排荡，连后来名满天下的李邕与杜甫谈起此诗时都赞不绝口。

这样一个祖父，是杜甫的骄傲，更是他诗歌创作道路上的榜样与向导。他不光潜心研究模仿，还在他的诗文中，不止一次提到祖父。在《唐故万年县君京兆杜氏墓志》中他写："天下之人谓之才子"；他对儿子说："诗是吾家事"；他对前辈评价祖父的话念念不忘："例及吾家诗，旷怀扫氛翳。慷慨嗣真作，咨嗟玉山桂。钟律俨高悬，鲲鲸喷迢递。"

总之，"诗是吾家事"的家庭传统，对杜甫的影响是巨大且深远的，他继承了祖父的才气，也承袭了祖父的狂傲。青年时代他漫游齐、赵，登泰山，一首《望岳》就让他在大唐诗坛光芒四射。

他说："会当凌绝顶，一览众山小。"这是杜甫的诗歌创作宣言。

九泉之下的杜审言，若听到孙子在泰山上的这一声仰天长啸，亦该于泉下豪放大笑吧。不过，眼下离杜甫笑傲诗坛的日子还远，我们还要把目光收回到杜甫出生的那口破窑洞。

多彩的童年

古代的圣贤伟人、名流大儒，盛名之下多伴随着一些异象传说。作为中国诗坛上的"诗圣"，杜甫自然也不例外。五代人冯贽《云仙杂记》卷一《文星典吏》条曾记载了这样一则有趣的故事：

> 杜子美十余岁，梦人令采文于康水。觉而问人，此水在二十里外，乃往求之。见鹅冠童子告曰："汝本文星典吏，天使汝下谪，为唐世文章海。九云诰已降，可于豆垄下取。"甫依其言，果得一石，金字曰："诗王本在陈芳国，九夜扪之麟篆熟，声振扶桑享天福。"后因佩入葱市，归而飞火满室，有声曰："邂逅秽吾，令汝文而不贵。"

说杜甫是天上文星典吏下凡，也许不为过，而他因佩带刻有天机的石头入葱市而令其文不贵，听来总是有些荒唐。一个杜撰的神话故事，自然不足以成为杜甫以后走向"诗圣"之路的凭证，不过聊作趣闻一笑。

杜甫从远祖的功业中树立起一份远大的志向，让"奉儒守官"的思想在他的心中生根发芽，茁壮成长。他又深受祖父影响，开启诗歌创作之旅，但距离他成长为一位集大成式的唐代大诗人，还有很长很远的路。

让我们把视线投向1300年前的唐朝，从杜甫生命的源头说起。

大唐睿宗太极元年（712），在大唐历史上是一个颇为不平常的年份，在这一年，被儿子扶上皇位仅两年时间的唐睿宗李旦，又匆匆走下皇权宝座，把这个世人瞩目的位置让给了他的第三个儿子李隆基，也把大唐历史，引向一段新的征途。

历来王朝更迭，常与腥风血雨的争斗相交织。两年前的710年，一心效仿武则天的中宗皇后韦氏和女儿安乐公主，竟合谋毒死中宗李显，扶小皇帝李重茂登基，之后又预谋刺杀时为相王的李旦，以固韦氏夺唐基业。

彼时的李隆基为临淄王，25岁，正是血气方刚的年纪。与其父李旦的温柔敦厚相比，他更擅长掌控机变，做事果断利落亦不乏狠辣。在那个濒危关头，李隆基瞒过父亲，与武则天之女太平公主（他的姑姑）密结，诛杀了韦后和安乐公主，少帝李重茂亦被暗杀。相王李旦顺利登基，李隆基亦顺理成章做了太子。

然而，时隔一年，风波再起。太平公主的政治野心一点不比她的母亲小。她欲与其兄李旦分庭抗礼——她生病时，百官竟然要先到她的公主府讨教，此后才去朝见睿宗。或许是感受到了来自这位年轻侄子的威胁，太平公主又上奏称天象异常，要求废除李隆基，改立太子。

李旦虽温厚，倒也嗅出了其间的危险气息，他迅速地把皇位让给了李隆基，自己退居幕后做太上皇去了。

712年八月，李隆基登基，改元"先天"，徐徐拉开了开元盛世的大幕，开始了他为期40余年的帝王生涯。

杜甫便出生于这一年。他是踩着大唐盛世的强劲足音降临到这个世界的。

712年正月，还属唐睿宗太极元年。

正月初一，隆冬未远，新春伊始，家家户户还沉浸在春节的喜庆气氛中。河南巩县城东二里瑶湾村的一个窑洞里，一声响亮的啼哭，划破了大唐的天空，也让这个家庭喜上添喜。

正月初一，为一年之元，一月之元，一日之元，故称"三元"。民间说此日出生的人，常会走向两个极端，要么才大命大，不同凡响；要么命硬多舛，一生波折。那个闭着眼睛在襁褓中拼命啼哭的男孩儿，此刻与寻常婴儿无异。围绕在他身边的亲人，满面喜色，无人能看到绕于他身后的"诗圣"光环。而那个刚经历了鬼门关的女人崔氏，满心满目，只有无尽的柔情。

杜甫的生母姓崔，崔家是魏晋时期的望族，甚至到唐代仍然势力不衰。杜甫曾在诗中不无自豪地写道："贤良归盛族，吾舅尽知名。"（《奉送二十三舅录事之摄郴州》）舅家与唐王室的关系，一直让杜甫引以为傲。

崔家世代与唐王朝联姻，杜甫的外婆姓李，是唐太宗的重孙女，她的父亲是太宗第十子纪王李慎的次子。从血缘上细推，杜甫应该算是唐太宗的第六代后人，他的身体里多多少少流淌着李唐皇室的血液。

杜甫与唐王室这份割舍不断的牵连，似乎并没有给他的仕途带来多少有利的影响，但他对唐王室那份特殊的深情，倒可从中找到些依据。

关于杜甫的母亲崔氏，所存资料极少。后人约略知道的，只有一点：她在杜甫很小的时候就去世了。

杜甫后来代父亲杜闲作《唐胡范阳太君卢氏墓志》时写道："有若冢妇，同郡卢氏"，"冢妇"即指嫡长子之正妻，此句赞卢氏同其正妻一样贤惠。

很多学者专家不愿意承认崔氏死后杜闲又另娶卢氏这一现实，说是笔误。如此重要的墓志之中，如何会出现这样明显的笔误？卢氏是杜甫继母，总不算错。而且这位继母嫁到杜家后还一口气给杜甫生了四个弟弟和一个妹妹，此属后话。

杜家到杜闲这一代，已是越发败落。但俗语说"瘦死的骆驼比马大"，凭着杜家世代流传的家族传统，杜闲依然循着"奉儒守官"的路前行。不过，他做的官更小了。甚至在30岁之前，杜闲的简历上还是一片空白。

卢氏何时嫁入杜家，不太清楚。杜闲那几年的日子不太好过却是事实。妻子早逝，儿子尚小，既要想办法养家，又要照看年幼的儿子，顾了这管不了那，力不从心。何况这个小儿，生下来就体弱多病。

好在，杜闲在洛阳还有个姐姐，他便把小杜甫全权托付给了她。

姑妈是一个极传统的女人，对于眼前这个早早没了母亲的侄儿，她恨不得把所有的爱都给他。甚至在生死病痛面前，杜甫的这位姑妈也毫不犹豫地把爱的天平倾向侄子。

有一次，杜甫和姑妈的儿子同时感染了时疫。这在现代，不过是几瓶点滴的小事儿，但在那个时代，却是夺命的大病。杜甫姑妈用尽种种方法给两个孩子治疗，终是无效。

姑妈急了，就请了当地一个巫医来。巫医说，你家屋子的东南角比较吉利，把患病的孩子移到此处便可无恙。

巫医的话果真灵验了，杜甫被姑妈移到东南角，后来果真好了起来。他的表兄却夭折了。姑妈把那一角养病的风水宝地率先让给了杜甫，却眼睁睁看着自己的亲生儿子被病魔夺去了生命。

这是杜甫幼年时代极惨痛但又极温暖的一段记忆。这个小小年纪就失去了母亲的孩子，从姑妈那里获得了比寻常孩子更多的母爱。

推动摇篮的手就是推动世界的手，古今中外的圣贤名流，所接受的启蒙教育大多从母亲开始。杜甫后来的细腻多情，除却血脉遗传的成分，更多的则是来自这位姑妈。

开元五载（717），杜闲为郾城尉，这一年，杜甫6岁。

这是史料记载中杜闲的第一份工作。县尉相当于现在的副县长，虽算不上什么高官，但养家是没有任何问题了。杜闲条件稍一好转，便把儿子从洛阳姐姐家接到了自己身边。

奉儒守官，诗书传家，是老杜家的传统。杜甫一到郾城，便被父亲送进了书房。教他的是当地一位有名的老先生。老先生知识渊博，却不迂腐。他并没有从传统的《周礼》《尚书》《孝经》等书教起，而是带着小杜甫到了许慎墓前，让杜甫恭恭敬敬地向这位前辈行礼拜祭，就算是杜甫的"开笔礼"。

有位大师说过，天才的童年常常体弱，因为他们所有的精力都朝向了增长智力。此话放在杜甫身上，似乎颇适合。他6岁跟着家庭教师学许慎的《说文解字》，第二年便诗思涌动，开口成章。"七岁思即壮，开口咏凤凰。"（《壮游》）

一开口，不咏风，不咏雨，不咏花月虫鱼这些凡间俗物，咏的是凤凰，是中国传统文化中祥瑞太平的神鸟。

"三岁看大，七岁看老"，是说一个人幼年的行为习惯，能够决定他一生的成就。7岁的杜甫在众人面前咏凤凰诗时，他的心中是否已经朦胧地意识到，这只神鸟，将是他一生的图腾。在杜甫后来的诗作中，直接或间接提到凤凰的，有六七十处。他终生以凤凰自喻，骄傲到骨子里。

遗憾的是，杜甫7岁时的凤凰诗作早已散佚，后人只能从诗人晚年的《壮游》一诗中，凭借想象来补充完整杜甫当年开口咏凤凰的场景。那是他终生引以为傲的童年记忆。

杜闲对儿子的培养是全面的，就像现在很多年轻的父母一样，他一边让他跟着家庭教师学《说文解字》，学写诗，一边也带他到外面的广阔天地去，接受各种艺术的熏陶。

杜闲任职的郾城（今属河南漯河市），位于沙河和澧河交汇处，漕运发达，经济发展得也不错。此地商贾云集，三教九流往来不断，文化也相当繁荣。这里便成了小杜甫探望世界的第一扇窗口。

大约刚到郾城那一年，杜甫就幸运地观看了一场别开生面的剑器舞。

"开元五载，余尚童稚，记于郾城，观公孙氏舞剑器浑脱，浏漓顿挫，独出冠时。"（《观公孙大娘弟子舞剑器行并序》）

那一年，杜甫刚刚6岁，6岁的孩子就能欣赏那种自西域传来的胡舞，且让那个场景在他的记忆里生根，50余年仍不褪色，可见当时公孙氏舞剑给他的印象之深。

大历二年（767），杜甫56岁，那年十月十九日，他在夔州别驾元持宅观看了临颍李十二娘的剑器舞，问她跟谁学的，才知道，他在50多年前，已经有幸观赏了一位顶级艺术家公孙大娘的剑器表演。

昔有佳人公孙氏，一舞剑器动四方。

观者如山色沮丧，天地为之久低昂。

㸌如羿射九日落，矫如群帝骖龙翔。

来如雷霆收震怒，罢如江海凝清光。

题为公孙大娘的弟子，而序与诗，却皆围绕公孙大娘展开。这首诗以腾挪跌宕的结构，以舞蹈艺术之盛衰来抒国家兴亡之感。这等娴熟的诗艺，属于晚年的杜甫。那份鲜活的记忆，却来自他的童年。

此一细节，足见杜甫幼时的聪慧敏感。一般的6岁孩童，也不过看看热闹拍拍小手而已，谁会将那一场佳人的剑器舞刻在脑海里达半个世纪呢？

杜甫在书法方面也遗传了祖父的才华。他6岁观舞，7岁写诗，9岁时，父亲开始让他临摹虞世南的书法。"九龄书大字，有作成一囊。"（《壮游》）杜甫后来的许多谈书论画的诗作中，都体现出其精到深刻的书画理论见解，那不是临时抱佛脚随口说说的，而是有深厚的童子功做基础的。

杜甫后来在诗中给出了书法作品的评判标准为："书到瘦硬始通神。"

明朝人胡俨，曾在内阁见过杜甫的书法，称其书法"字甚怪伟"，倒让人觉得与那个皱着眉头的大诗人甚为匹配。

鲁迅曾说："童年的情形，便是将来的命运。"童年的杜甫，虽然与不幸相伴，但他还是赶上了一个好时候，姑妈给予他的母爱，父亲给予的既传统又开放的教育，开元盛世的繁荣带给他的安稳祥和，家族传统给他带来的影响，这一切，组成了温度和水分恰好的土壤，让杜甫这位未来的"诗圣"茁壮安然地成长。

少年老成

杜甫十四五岁时，已长成一位健壮活泼的少年。他生活无忧，瘦弱的身体也一天天强壮起来。

忆昔十五心尚孩，健如黄犊走复来。

庭前八月梨枣熟，一日上树能千回。

杜甫留给后世的形象，是"醉里眉攒万国愁"，他似乎一出生就老了，终生都是皱着眉头示人。其实这是对杜甫的一种误解。

他年少过，也轻狂过，少年时代的他，不仅仅会写诗、练书法，在书斋里学习累了的时候，他会像调皮的小猴子，在庭院中的树上攀上爬下，摘梨摘枣，玩得不亦乐乎。

那样的快乐时光，在杜甫漫长而曲折的生命长途中，极短，也极宝贵。它后来以记忆的模式，反反复复在杜甫的脑海中重启。

唐肃宗上元二年（761），杜甫已年近半百，栖居于成都浣花溪畔的草堂，给人充当幕僚，处处仰人鼻息，依旧穷困潦倒，百不如意。他又想起了健如黄犊的十四五岁，从而作下了上面那首《百忧集行》。

十四五岁的杜甫，不仅在庭院中爬树摘梨枣，还有着初生牛犊不怕虎的勇敢与自信，怀揣自己写的诗，出入于洛阳的豪门贵宅，与当时的名流权贵们谈诗论文，丝毫也不打怵。

"往昔十四五，出游翰墨场。斯文崔魏徒，以我似班扬……"（《壮游》）

崔魏何等人？崔尚在杜甫出生前的701年中进士，魏启心也于此后的707年及第，两个人起码比杜甫大二三十岁，均做过刺史，虽算不上大名士，但杜甫在他们面前也是实实在在的晚辈了。两人称赞一个晚辈后生的诗文"似班扬"，这个评价不低。

他还频频与当时名震天下的音乐家李龟年接触，听他唱歌。在哪儿听？在岐王李范宅里听过。李范，唐睿宗的第四子。史书说他"好学工书，雅爱文章之士，士无贵贱，皆尽礼接待"。十四五岁的少年杜甫，想必也是以自己的文章翰墨敲开岐王宅的大门的。

杜甫还在崔九家听过李龟年的歌。崔九，即殿中监崔涤，行九，玄宗宠臣。据说他出入禁中，来去自如，与诸王侍宴都不让席。也是一位狂士。开元十二年（724）十一月，玄宗来东都洛阳，崔涤随至东都，杜甫也便有了几次能见到他的机会。

崔尚、魏启心、岐王、李龟年、崔涤，这些人，在十四五岁的杜甫面前，"皆老苍"——杜甫此时的朋友圈也够闪亮，刺史、王公、艺术家，都有。有人据此说杜甫少年老成，倒也中肯。自年少时代就"读书破万卷"的杜甫，心智见识都高出同龄人很多，在同龄人中，他也许很难找得到能对上话的朋友。

杜甫早年间的生活经历之所以能流传下来，多得自于他本人晚年的回忆。回忆，是杜甫晚生漂泊长途中的一盏灯，一只红泥小火炉。没有这些，他生活里的苦涩也许更加浓重不可想象。正是这些回忆，让后人得以触摸到杜甫的少年世界。

而他早年间与"老苍"们结识的经历，对他日后走上诗坛，肯定也是大有裨益。陈贻焮在《杜甫评传》中说："一个人没有活力没有激情，是不可能热爱生活、感受生活的。不多读书固然难成大诗人；死读书而不从生活中去汲取养料和力量，肯定连小诗人也成不了。"

杜甫在少年时期所接受的教育，所选择的生活，皆是他成长为一个大诗人所不可或缺的。他从万卷书中学习，从大自然中汲取，也从当时的社会名流前辈们那里超前获得。而这一切，依然不能满足少年杜甫那日益膨胀的求知欲。读万卷书，不如行万里路。他接下来要做的，是走出家门，到广阔的天地中去。

第二章　裘马轻狂的漫游岁月

吴越之行

人们常说，脚步与灵魂，一定要有一个在路上。

如此说来，杜甫应是旅游达人们的鼻祖级人物，他从青年时代，一直旅行到老，直至最后倒在旅行的路上。尽管其间也有着迫不得已的原因。

旅行热自古有之。封建时代的士大夫们，为了谋事、仕途，出门旅行是常事。如李白、苏东坡，都是大名鼎鼎的旅行家。他们都曾用自己的脚步丈量过祖国的版图。还有一些，不为做官，只因有闲有钱，想出去长见识。东晋谢灵运，通过旅行才得以写下大量闻名后世的山水诗。司马迁、郦道元，为了创作和科学考察，也曾多次到各处去旅行。

正如木心诗歌中言，那时候车马慢，一生只够爱一个人。那时候车马慢，漫游却盛极成风。到杜甫生活的盛唐时代，旅行更成了一种时尚。

此时的玄宗满腹抱负，又因即位前经历了血雨腥风的政治风浪，登基后，采取果断措施，结束了武后以来经常发生宫廷政变的动乱局面，先后任用了姚崇、宋璟、张说、张九龄这样一批有政治远见又有作为的良相，拉开了"开元盛世"的繁华大幕。

> 忆昔开元全盛日，小邑犹藏万家室。
> 稻米流脂粟米白，公私仓廪俱丰实。
> 九州道路无豺虎，远行不劳吉日出。
> 齐纨鲁缟车班班，男耕女桑不相失。

这首《忆昔》，是杜甫后来流寓成都期间写下的，诗中充满对开元盛世时光的缅怀。

19岁的杜甫，就是在这样的时代大背景下，踏上他的漫游之路的。

彼时，杜甫父亲还在朝廷做着一个小官，尽管收入并不算丰厚，但也足够让这个满怀壮志的儿子衣食无忧地到全国各地去转转。

彼时社会经济空前繁荣，从统治阶级，到平民百姓，都生活得不错。社会秩序安定，出行根本不必考虑会不会饿肚子、人身安全是否有问题。当时的水陆交通很发达，驿传制度的建立，不仅满足了政令传达、官员往来和漕运的需要，就是常人旅行，也非常方便。

"道路列肆，具酒食以待行人。店有驿驴，行千里不持尺兵。"《新唐书·食货志》中如此描绘。

唐人漫游成风，当然不仅仅因为是社会安定，经济繁荣，还有另外一个重要的原因：士子们可以凭交游以扬声誉，借干谒以求提拔。这是当时除科举之外另一条选拔人才的重要途径，也可以说是一条捷径。十几年寒窗苦读，一朝落榜，所有的努力付诸东流。有一些幸运儿，却因在对的时间遇上对的人，凭借一首诗、一篇文，就步入仕途。

谁不愿意去尝试?

如此一来,越来越多的人,怀着出将入相的美好理想,仗剑走天涯,他们一边欣赏着大好河山,一边沿途交游干谒,不断把自己的旅行经历写进自己的简历,投向那些可以为他们带来机会的名流权贵、王侯将相。

开元十八年(730),19岁的杜甫出了一趟远门。

那是诗人第一次出远门,他去的是郇瑕(今山西临猗县一带)。

关于此行,详情不明,只知道他在那里结识了两位新朋友,韦之晋和寇锡。这极少的一点消息,也是后来杜甫写诗透露出来的。那是40年后,他在湖南又遇到这两个人。彼时,韦之晋已经做了刺史,可惜不久就死了,寇锡也做了御史。他在《哭韦大夫之晋》诗中写:"凄怆郇瑕色,差池弱冠年。丈人叨礼数,文律早周旋。"又在《奉酬寇十侍御锡见寄四韵复寄寇》中说:"往别郇瑕地,于今四十年。"

从诗人的回忆中可以看出,那次郇瑕之行似乎不太愉快。据史料载,那一年,洛阳一带洪水泛滥,冲毁了洛阳的天津桥、永济桥,许多扬州等地开来的租船,都被洪水冲散掀翻,洛阳千余户民房倒塌。

冯至在他的《杜甫传》中认为,杜甫到郇瑕,是去逃难避水灾的。

从诗人"凄怆郇瑕色"一句来看,此种猜测也许不无道理。

开元十九年(731),20岁的杜甫,正式开始了他的漫游之路。他从洛阳出发,乘船经广济渠、淮水、邗沟,渡过长江,一直往金陵(今江苏南京)。之后他又游金陵,逛姑苏,又过浙江,饱览越中的秀山丽水。

"淮阴清夜驿,京口渡江航。竹引趋庭曙,山添扇枕凉。十年过父老,几日赛城隍。看画曾饥渴,追踪恨森茫。虎头金粟影,神妙独难忘。"这首诗是乾元元年(758)杜甫为左拾遗时,送给回江宁省亲的同僚许八拾遗的。也恰是这首诗,让杜甫当年漫游江南的情景得以

杜甫传

再现。

20岁的杜甫，对未来的路也许还没有太清晰的规划。他不像那些怀揣强烈政治理想抱负的士子文人，而是一路上走走停停。江南的山水，江南的民俗风情，江南寺观中顾恺之的壁画，皆让他流连忘返。

彼时的杜甫，还通体携带着一种浪漫主义气质。

站在金陵瓦官寺中顾恺之著名的壁画前，杜甫百感交集。终于有幸目睹这位前辈大画家的画作，却又遗憾不能与他身处同代，近距离地感受画家的风采。

与唐代敦煌壁画上那个形貌壮实、辩锋雄健的维摩诘大相异趣，杜甫眼前壁上的维摩诘斜靠在一张长几上，微微地皱着眉头，表情严肃，眼神中略带忧郁，欲言又止的样子。其衣饰、卧榻的笔法，细致入微，更衬托出榻上主人的清朗不凡。

顾恺之挥笔作下这幅闻名后世的壁画时，年仅19岁，比眼前的杜甫还年轻一岁。

顾恺之（约345—406），字长康，小字虎头，东晋著名画家。史传他"画山有灵，画人传神"，留下《女史箴图》《洛神赋图》等传世作品，更以"画绝、文绝、痴绝"的"三绝"美称而享誉后世。

瓦官寺，位于今南京市秦淮区集庆路南侧，又称古瓦官寺，始建于东晋兴宁二年（364），距今已有1700余年的历史。距离杜甫身处的大唐，也相隔了300余年。它因顾恺之的维摩诘画像而一举成名。

杜甫后来咏画的诗不少，那些诗多是借画抒怀。杜甫论画也确实精到，诗画相得益彰。杜甫不善画，但他和当时的一些名画家多有交集。王维、曹霸、王宰、韦偃，杜甫都曾为他们的画作写过诗，他用自己的诗，让那些画又以不一样的面目活了一回。读杜甫的诗，有时候也会读出一种在画中的感觉。

杜甫站在瓦官寺里欣赏顾恺之的维摩诘壁画，并不是一件可以一笔带过的事。它开启了诗人的又一扇审美之门。

离开金陵后，杜甫又漫游吴越各地，其行踪也只能从他晚年的诗中窥得一鳞半爪，正如其在《壮游》中写下的诗句："东下姑苏台，已具浮海航。到今有遗恨，不得穷扶桑。王谢风流远，阖闾丘墓荒。剑池石壁仄，长洲芰荷香。嵯峨阊门北，清庙映回塘。每趋吴太伯，抚事泪浪浪……枕戈忆勾践，渡浙想秦皇。越女天下白，镜湖五月凉。剡溪蕴秀异，欲罢不能忘。归帆拂天姥，中岁贡旧乡。"

吴门古迹，越中胜境，被诗人悉数收入诗囊。有些人行万里路，却胸无点墨，万里路也只是走马观花给眼睛过一回生日。杜甫自幼饱览群书，在去江南之前，江南的人文荟萃，已了然于胸。等他真正融身于江南，其感受又与寻常的旅行者不同。他一边饱览祖国的大好河山，一边考察所历之地的人文历史。获得的是眼睛与心灵的双重丰盈。

一游，就是四年，四年后，他的旅行被一封家书中断了：要科举了，该回来参加考试了。

杜甫只好打点行装，匆匆踏上回家的路。

那次吴越之行，诗人所留诗作几乎是零——如果后来的回忆诗作不算的话。也许他当时只顾着感受，还没开写；也许写了，却没留存下来。那是杜甫生命中难得的一段浪漫清闲时光，可惜后来被他那些浸透了血泪的诗歌给盖住了。

科举失意，放荡齐赵

杜甫漫游吴越，一游就是四年。直到开元二十三年（735），他才回到东都洛阳。因头一年玄宗来东都，这一年的进士科考试就在东都崇业坊福唐观举行。主考官是考功员外郎孙逖。

史书上说孙逖，文思敏捷，词理典赡，衡文选人，都颇有眼光。选贡士两年，为朝廷选拔了很多优秀人才。许多有识之士都在那次考试中中举，唯独享誉后世的大诗人杜甫落选了。

其实也不奇怪。杜甫以诗艺傲啸诗坛，且那还是以后的事。科举考试看诗才，也看文才，从杜甫流传下来的文章来看，他的文远不如诗。他似乎对那次考试也并没有太放在心上。别人在埋头苦读，认真复习时，他正在江南，打马看花，潇洒得不亦乐乎。

落榜成了必然。这对24岁的杜甫来说，并不是什么大不了的事。他在洛阳待了不到一年，又兴致勃勃地背上行囊，离开家门。这一次，他不再去山青花欲燃的江南，而是奔向齐鲁大地。

彼时，杜闲正任兖州司马。杜甫旅游加探亲，一举两得。

开元二十四年（736），杜甫开始了另一段不同寻常的旅程。

> 放荡齐赵间，裘马颇清狂。
>
> 春歌丛台上，冬猎青丘旁。
>
> 呼鹰皂枥林，逐兽云雪冈。
>
> 射飞曾纵鞚，引臂落鹙鸧。
>
> 苏侯据鞍喜，忽如携葛强。

如今来读《壮游》中的这一节，诗人当年的青春活力还会迎面扑来。

杜甫彼时还未谈婚论嫁，父亲的官俸足以让他着裘骑马。落第的阴影已然远去，他第一站来了邯郸。在这里，杜甫认识了一位志同道合的好朋友苏预。

苏预，后改名源明，京兆武功（今陕西武功县）人，自小父母双亡。他自强用功，曾在泰山闭门苦读，后考中进士。

彼时，苏预已在山东一带做监门胄曹，生活境况有所好转。两个人如何相识不清楚，一见如故却是事实，且那份友谊绵延终生。苏预也成为杜甫晚年最为信任的两个朋友之一（另一个是郑虔）。杜甫晚年创作《八哀诗》，其六就是专为哀苏预而作。

诗中，杜甫深情回忆：苏预少年时期长期住在泰山读书，因生活困苦，要不时下山到莱芜县去背点口粮回去。夜里点不起灯，要点着柴火照着读书，衣裳没的换洗，上面都起了霉斑。这些他丝毫都不在意，依旧专心读书。

有这样一个励志又豪爽的朋友相伴，一起谈书论诗，一起出游打猎，让杜甫的那趟旅程更增快意。

春日的高天流云下，杜甫和苏预一起登上战国时赵王兴建的丛台，引吭高歌，尽抒怀古之意。冬天的齐鲁大地，山寒水瘦，一派萧瑟，正是打猎的好时节。二人骑马穿过皂枥丛林，在彤云笼罩、白雪皑皑的山岗上呼啸而过。杜甫箭起鹜落，乐得身边的苏预哈哈大笑。他想起了晋朝的大将山简，说，杜甫简直就是他经常相携出游的爱将葛强。

"过路的人往往看见一行人马，带着弓箭旗枪，驾着雕鹰，牵着猎狗，望郊野奔去。内中头戴一顶银盔，脑后斗大一颗红缨，全身铠甲，跨在马上的，便是监门胄曹苏预。在他左首并辔而行的，装束略微平常，双手横按着长槊，却也是英风爽爽的一个丈夫，便是诗人杜甫。"闻一多展开他诗人的丰富想象力，在《唐诗杂论·杜甫》中用他的妙笔还原了当时诗人打猎的场景。

让人想起几百年后的另一大诗人苏东坡。在密州，苏东坡"老夫聊发少年狂，左牵黄，右擎苍，锦帽貂裘，千骑卷平冈。"苏东坡是太守，太守出行，百姓倾城相随。苏预一个小小的监门胄曹是否有这种气势，不得而知，亦不必深究。从文中来感受青年杜甫的那份英姿与豪气，即足够。

从开元二十四年（736）春天直至开元二十八年（740），杜甫一直都在齐赵间漫游。在这里，他除了结识了苏预之外，还认识了高适和张玠。

高适比杜甫大10岁，开元二十三年，高适游长安，开元二十七年游梁宋（今河南开封、商丘一带），开元二十七至二十八年间，他可能曾至山东，杜甫得以与他相遇于汶水之上。

"汶上相逢年颇多，飞腾无那故人何！"杜甫晚年在成都草堂作《奉寄高常侍》，前句即说的是早年定交事，后句是对高适仕途亨通的称赞。高适后官至淮南、剑南节度使，最后任散骑常侍，进封渤海县侯，仕途上比杜甫成就大得多。在齐赵与杜甫相遇时，高适已创作出他的名篇《燕歌行》。杜甫这个小弟，以仰望的姿势抬头看高适，也不无可能。

与张玠的相识，见于杜甫的《别张十三建封》诗，此诗作于大历四年（769），诗中曰："相逢长沙亭，乍问绪业余。乃吾故人子，童丱联居诸。"诗中提到的张建封，正是故人张玠的儿子。据史书载，张玠与杜甫的父亲杜闲相识，杜闲时任兖州司马，杜甫极有可能在兖州认识张玠。

江南的山水古迹，曾激起杜甫无限的浪漫情怀。来到齐赵，他的视野胸襟又大不一样。齐赵大地粗犷的民风与在这里结识的人，让诗人深埋心底的诗情呼之欲出。

杜甫来山东之后，写的最早的一首诗是《登兖州城楼》，时间即是他初来兖州的时候：

> 东郡趋庭日，南楼纵目初。
> 浮云连海岱，平野入青徐。
> 孤嶂秦碑在，荒城鲁殿余。

从来多古意，临眺独踌躇。

杜甫在这首诗的开头说得清清楚楚：来兖州探望我父亲的日子，我初次登上城南楼纵目远眺。

东郡，即指兖州。趋庭，见《论语·季氏》孔子教子的故事，意为子承父教。

诗的首联和颔联写了登上城楼，远眺浮云与渤海、泰山相连，平野向东与青州交界，向南进入徐州之境，一片苍茫。颈联点出境内有峄山秦始皇的颂德刻石和鲁恭王的灵光殿等古迹。尾联则直抒胸臆，发悠古之情。

在杜甫的所有作品中，这首诗算不得上乘之作，却因是传世作品中较早的一首，也就有了非同寻常的意义。有细心的读者，把这首诗与他的祖父杜审言的一首《登襄阳城》对照起来读：

旅客三秋至，层城四望开。

楚山横地出，汉水接天回。

冠盖非新里，章华只旧台。

习池风景异，归路满尘埃。

前四句亦是登高远眺，颈联描写古迹，尾联抒怀古之情。

从章法结构上，两首诗如出一辙。说杜甫作诗恪遵家法，不是无根据的。

如果说，登上兖州城楼时，杜甫还有刻意模仿祖父的痕迹，等他登上泰山后作的一首《望岳》，若杜审言再世，想必也会惊叹不已。

岱宗夫如何？齐鲁青未了。

造化钟神秀，阴阳割昏晓。

荡胸生层云，决眦入归鸟。

会当凌绝顶，一览众山小。

　　杜甫14岁时在东都洛阳，唐玄宗带着豪华的车马队经洛阳前往泰山封禅，这件事给杜甫的印象太深了。帝王的威仪，皇家的气派，泰山的神秘、伟大、崇高，早已深植他年少的心田。而今终于亲临其境，面对泰山的雄奇磅礴，齐鲁大地的苍茫之美，他的豪情壮志，如沉睡已久的地下岩火，不可遏制地喷发了。

　　自古描写泰山的诗文不计其数，又有哪一个能如杜甫一样，仅用"齐鲁青未了"五个字就囊括数千里的雄阔风光，从此给齐鲁大地留下一张永久的名片？让杜甫思念了一生的李白，登上泰山，一连写下六首诗，也写了泰山雄浑壮丽之美，也写了自己的济世报国之志，却终究无法与此诗相媲美。

　　这首诗"立意之高超，用字之精警，句法之老练，都已达到很高的境界。更重要的是诗人通过'望岳'，表达了自己远大的理想，以及敢于攀登绝顶、俯视群山的雄壮气概。这是一个可喜的征兆：杜甫这个盛唐诗坛的后起之秀，终将突过前人攀上诗国中的顶峰！"《杜甫诗选》中这一段评价，道尽此诗之妙。

　　此诗作于开元二十八年（740），杜甫那年28岁。

　　孔子"登泰山而小天下"，杜甫登泰山而一跃登上大唐的诗坛。当他傲立于泰山之上，俯视脚下的齐鲁大地，昂首长啸："会当凌绝顶，一览众山小"，泰山上的一石一碑、一草一木何等有福气，见证了一位旷世大诗人意气风发地登上中国诗坛的雄姿。

归筑陆浑庄，二年客东都

齐赵四年漫游，是杜甫生命历程中又一段难得的快意时光。而快乐的光阴总是倏忽即逝。从25岁出行，到29岁，在裘马轻狂的旅行途中，杜甫已经不知不觉把自己晃到了大龄青年的行列。而他人生中的几件大事，一件都还没有解决。

开元二十九年（741），杜甫结束了他的漫游生活，从山东回到东都洛阳。在洛阳东、偃师县西北25里的首阳山下，离远祖杜预和祖父杜审言的坟墓不远的村庄里，杜甫开辟了几间窑洞，作为安身之所。

这年寒食节，杜甫写下一篇《祭远祖当阳君文》。在这篇文章里，除深情地追述远祖杜预的功绩，表达自己思亲念祖的悲愤心情之外，杜甫更表述了自己"不敢忘本，不敢违仁"的决心："小子筑室首阳之下，不敢忘本，不敢违仁。庶刻丰石，树此大道。论次昭穆，载扬显号。"

从少年时代就以"奉儒守官"为志的杜甫，也许是第一次认真回头审视自己走过的路。眼看已到而立之年，祖辈们在这样的年纪早已功名显赫，可他自己呢？除了在漫游中让自己长了见识，开阔了视野，结交了一些朋友，其他几乎全是一片空白：功业无成，家业未立。

"苍苍孤坟，独出高顶，静思骨肉，悲愤心胸。"先人墓前，杜甫仰天长叹。

而悲愤的背后，是杜甫暗暗积蓄的理想与能量。首阳山下的窑洞里，杜甫更加发奋地读书。几年漫游重新归来，他的目光望向更远处。三十而立，大男儿当以功业为基。

这一年，在杜甫的生命中发生了两件大事，一喜一悲。

喜者，他终于成亲了；悲者，父亲杜闲因病去世。

关于杜甫的这位妻子，史书所留资料甚少，只知道她是司农少卿杨怡的女儿。司农少卿为主管农业和财政的地方官，把女儿嫁给曾任司马与奉天令的杜闲家为儿媳，也算得是门当户对。

她长得是否漂亮，是否与诗人的才情相配，不得而知。但从杜甫在颠沛流离之中，频频向妻子发射的思念电波来看，可知这位女性在杜甫的生命中占据着不一般的位置。

封建时代的男人，多把三妻四妾视为平常。与杜甫同时代的大诗人李白，一生娶过四位妻子。杜甫却终生只与杨氏厮守。他们的爱情没有流传于世的轰轰烈烈，却也不乏静水流深的深情。

杜甫留诗1400余首，是历代诗人作品中"妻"字出现频率最高的诗人。青年时期"闺中只独看"的思妇，中年逃难回家后的"惊定还拭泪"的瘦妻，老年浣花溪畔"画纸为棋局"的老妻。杜甫把对妻子的爱，全都融进了诗里。

今夜鄜州月，闺中只独看。

遥怜小儿女，未解忆长安。

香雾云鬟湿，清辉玉臂寒。

何时倚虚幌，双照泪痕干？

这首《月夜》，作于至德元载（756）秋天，是杜甫诗作中的名篇。

当时正逢安史之乱，诗人被困在为乱军所占领的长安城，而他的妻子儿女正在鄜州（今陕西富县）。月夜独处，遥望妻儿所居的鄜州，诗人想象妻子在月光清辉下思念自己，夜寒人单，又想象日后重逢的时刻，夫妻对月，泪痕双干。

这一年，杜甫已经45岁，与妻子已经结婚十几年。这一段故事，后面细说。回到眼下。

首阳山下，杜甫与妻子杨氏新婚燕尔。女主人贤惠勤劳，把家打理得井然有序，也把杜甫照顾得红光满面，神采焕发。浪迹天涯的游子，终于把脚步和目光都收了回来。他躲进书斋，埋头于经书典籍之中。准备迎接未来的科举考试。

然而，一场突如其来的意外，让杜甫刚刚开始的书斋生活不得不中断了。就在他与杨氏结婚后不久，父亲杜闲因病去世。杜甫的生活一下子被推到了窘迫的边缘。这些年，杜甫仗剑走江南，打马游齐赵，皆因他有一个在朝廷做官的父亲。父亲的官俸虽不甚高，但也足以让杜甫衣食无忧。而今，父亲去世，经济来源断了，杜甫不得不考虑一家人的吃饭问题。

福无双至，祸不单行。父亲才去世不过一年，杜甫再一次承受了失去亲人的悲痛。天宝元年（742），一直对杜甫视若己出的姑妈又在洛阳仁风里去世。是年六月，还殡于河南县。

在杜甫的生命中，这位姑妈堪比母亲。她的去世，给杜甫带来的打击可想而知。他从首阳山下来到东都，为姑妈服丧，作墓志铭，把他对姑妈的爱与悼念一笔一画刻进石头里。

一般的墓志都是死者家属雇人为死者唱颂歌，说好话，真假混杂，形成俗套。杜甫却饱蘸爱的浓墨，在墓志铭中把姑母的德行真实还原。

姑母去世后的两年间，杜甫在首阳山和洛阳之间来回奔波。

彼时的洛阳，大唐的东都，虽比不了长安的繁华，却也是人文荟萃的大都市。那里文人骚客聚集，豪门高官往来不绝。

那两年，杜甫开始与活跃在洛阳的一些显贵们交往。从他这一时期留下的诗作，可推知他已跟当时的显贵秘书监李令问及驸马郑潜曜有交往。

李令问，开元中为秘书监，好美服、珍馐，以生活奢华而闻名。

杜甫曾在《李监宅二首》其一中说："尚觉王孙贵，豪家意颇浓。屏开金孔雀，褥隐绣芙蓉。且食双鱼美，谁看异味重。门阑多喜色，女婿近乘龙。"

杜甫借着夸人家得了乘龙快婿的机会，也委婉地把李家的奢华生活公布于世。

一个秘书监家尚如此，作为大唐皇帝的驸马，郑潜曜的气派更是惊掉了杜甫的下巴。他曾不止一次地前往驸马的园亭并作下《重题郑氏东亭》一诗："华亭入翠微，秋日乱清晖。崩石欹山树，晴涟曳水衣。紫鳞冲岸跃，苍隼护巢归。"

杜甫笔下的这处亭园，不过是驸马郑潜曜在洛阳郊外的一处别业。

这样的交游，在常人眼中也许颇让人羡慕，对杜甫来说，却并不那么惬意轻松。毕竟，李令问、郑潜曜，与杜甫不属同一个阶层。杜甫在他们面前，只有阿谀奉承、寄人篱下的份儿。他看不惯他们的挥金如土，看不惯官场上的钩心斗角，但为了生活，又不得不一次次与他们虚与委蛇地应酬。

在处处笙歌燕舞、灯红酒绿的繁华东都，杜甫越来越被一种孤独感缠绕。两年来，他在东都洛阳东奔西忙，到处拜谒，但这个人际关系极其复杂的都市，并未带给他多少机会。杜甫的日子过得越来越艰难，越来越窘迫。他满腹的委屈与愤懑，堆积心中，无处倾吐。

直到那个春天来临。似一道闪电划过长空，一声春雷响过大地，那个神一样的男人，站在杜甫的面前。杜甫的世界一下子被照亮了。

他迫不及待地迎着那个男人走上去……

两位巨星的相遇

天宝三载（744）春天，在洛阳一家小酒馆，两个男人的相遇被载入史册。

那天，于杜甫来说应是终生难忘的一个日子。而后世的民国诗人闻一多先生，在提笔描述那一场相遇时，更是激动得无以言表。他说"诗中的两曜，劈面走了来"，因此"当品三通画角，发三通擂鼓，然后提起笔来蘸饱了金墨，大书而特书。"

其实，那天杜甫走进小酒馆之前，心情是极度郁闷的。

来洛阳两年，原本想寻找些机会，给自己谋一份差事。可两年了，一事无成。

杜甫原本就是好酒的，有愁肠百绕，来酒馆的次数就更多了。在那里遇上自称是"酒中仙"的李白，就不奇怪了。

史料没有记载当年两位诗人的相遇场景，但凭后人对这两人的了解与想象，亦不难补充：

天宝三载（744），李白已是享誉大唐的大诗人，已写下不少名篇。

杜甫初登诗坛，还没有多少名气，在洛阳进退维谷。

两个人，前者是家喻户晓的"大明星"，后者是抬头仰望的"小粉丝"。

天宝元年（742），"皇祖下诏，征就金马"，李白凭借自己的才华，一跃而成李翰林，成为皇上和贵妃面前的红人。真真假假的轶闻传说，源源不断地从长安传来：李白很狂；李白爱喝酒；李白喝一斗酒能写诗百篇；听说皇上极宠信的大宦官都曾为李白脱靴；雍容华贵、国色天香的杨贵妃亲自为李白研墨……

这些真假难辨的传闻，以及李白那些"笔落惊风雨"到连鬼神都被感染的诗，杜甫都不陌生。这个大杜甫11岁的男人，在彼时杜甫的心中，是神一样的人物。他曾在心里默默地膜拜他千百次，却唯独没想过，他们可以在那个春天相遇。

李白满身豪气地出现在洛阳酒楼里时，依旧保持着往日的高傲与不羁。他的行囊中装满了唐玄宗赐给他的黄金，那是一笔不小的数目，足够他阔绰地生活好一阵子。

"赐金放还"，是玄宗对这位御用文人的一个极体面又极虚伪的借口。事实上，他把满怀一腔政治理想的李白给撵走了。因为李白太狂了，在朝中这也看不惯，那也看不惯，谁都不放在眼里。李白的眼睛又太毒辣，别看他整日醉眼蒙眬，可朝廷那点龌龊事儿，他全看在眼里。看透不说透也好，李白偏偏又爱发表议论。去长安两年，他跟朝中同僚们的关系弄得越来越僵，到皇上面前说他坏话的人也就越来越多。说到最后，皇上烦了：给钱，打发走人。

李白被打发走的主要原因，也是最重要的一个原因，是唐玄宗从来就没把李白视为一个可堪大用的政治人才。这才是让李白最为伤心的地方。

李白仰天大笑出门去，留给朝廷和皇上一个骄傲的背影。他没有拒绝大唐皇上的御赐，却把所有的痛苦都压进了心里。

那一切，33岁的杜甫还不能理解。他见到李白，只有激动。举杯上前，简短的自我介绍之后，就是对李白的崇拜之种种，滔滔不绝。

对于这位小自己10余岁的小兄弟，李白也颇喜欢。那段日子，他们几乎同行同卧，喝酒谈诗，大有相见恨晚之意。

二年客东都，所历厌机巧。

野人对膻腥，蔬食常不饱。

岂无青精饭，使我颜色好。

苦乏大药资，山林迹如扫。

李侯金闺彦，脱身事幽讨。

亦有梁宋游，方期拾瑶草。

——《赠李白》

来洛阳两年了，杜甫可从来没有那么痛快过。得遇李白，如遇知音。他向李白倾诉自己两年来的郁郁不得志，也讲述他在洛阳的种种不堪。

李白只静静地笑着，听完了，向杜甫举杯：喝酒！

李白是在名利场上摸爬滚打过的，杜甫所讲的那一切在他面前都太小儿科。

李白愈是沉着大度，杜甫对他的崇拜与喜爱之情就愈浓厚。谈到最后，他竟然也想跟着李白去寻仙问道了。

李白年轻时就是个精力过盛的人，他兴趣广、学得也杂，志向总是不经意间就掉头转弯。他想做侠客："纵死侠骨香，不惭世上英。"他想做刺客："燕南壮士吴门豪，筑中置铅鱼隐刀。"他也想过做"手中电曳倚天剑，直斩长鲸海水开"的大将，还想"我志在删述，垂辉映千春"——做个圣贤。

在所有的理想中，李白最想做的应该还是神仙："愿餐金光草，寿与天齐倾。"也正因为如此，求仙访道的活动，贯穿李白一生。

与杜甫混得熟了之后，李白就开始跟这位小弟大讲特讲他的求仙炼丹之路。事实上，年轻时期的杜甫，也是满脑子浪漫主义幻想的。何况，此时他正入仕无门，愁得慌。跟着偶像，入山求仙，也是不错的出路。

这年秋天，两人一拍即合，一起从洛阳出发，北渡黄河，至王屋山寻访道士华盖君，欲学长生之道。

> 忆昔北寻小有洞，洪河怒涛过轻舸。
> 辛勤不见华盖君，艮岑青辉惨么麽。
> 千崖无人万壑静，三步回头五步坐。
> 秋山眼冷魂未归，仙赏心违泪交堕。

从杜甫晚年所写的这首《忆昔行》中可知，当时的杜甫，确实是诚心访仙的。可惜二人运气不太好，等他们千辛万苦找到那里时，华盖君已经死了。二人只能失望而归。

这年秋天，另一个男人也加入了李白杜甫的诗人吟唱团，让这段岁月越发星光灿烂。

高适，大唐诗坛上那个善吟刀光剑影、边塞风光的边塞诗人也来了。四五年前，高适就在山东和梁宋一带荡游，那时，杜甫也刚好在齐赵间旅行，他们曾在汶水河畔相识。而今重逢，也可谓历史性的会面。

李白，杜甫，高适，三个人才华不分伯仲，豪气也不相上下。而彼时的宋州（今河南以商丘为中心的地区），是广济渠旁最重要的码头之一，是大唐的一处商业要冲。那里人口稠密，建筑恢宏，经济发达，加之当时游侠之风盛行。三个人在一起，举杯共邀，携手同游。他们狂笑着走进酒楼，喝得天昏地暗，不醉不休；猎猎的秋风中，他们登上梁孝王所建的梁园吹台，谈古论今，纵声高唱；草枯霜起的初冬时节，他们策马扬尘，奔向单父台……

在宋州西北与单父（今山东单县）之间，有一片方圆五十里的大泽，俗称盟诸泽，即孟诸。每到秋冬，大泽里秋草枯白，狐兔肥鲜之处，便成了一处游猎佳地。这年秋天，三位诗人也跨马携弓，驶出宋州东城，向茫茫的孟诸大泽进发。

霜草茫茫的大泽之上，马如疾风，弓控弦鸣，随猎的鹰犬神出鬼没，大泽上一片喧呼叫嚣。猎罢，他们载着满满的收获回城，找一处空旷地，于霜天之下架起柴火，现场烧烤。红红的火舌烧得野味肉香四溢，诗人们的脸在火光后面早已醉成酡红。此后，三人似乎游兴不减，又重回单父东楼，置下清酒，召来美妓。美酒、美姬、美味，真正的美不胜收。

这是李白眼中的孟诸秋猎。在他的《秋猎孟诸夜归，置酒单父东楼观妓》一诗中，曾对那份快意生活不惜笔墨。或许那是李白多年游侠生活的一个延续吧，再加上长安失意归来，他更加放任自己。

杜甫却不能。纵然打马游猎，诗酒风流，他的心中，始终没有忘记自己最初的梦想。这其实不是他想要的生活。曲终人散，一丝惆怅还是会从杜甫的心底升起来。

求仙失败了，未来的路在何方，他不得不重新考虑。

高适在与李白、杜甫进行了一段快乐的旅行之后，离开梁宋向南，去楚地继续漫游。李白有清晰的目标——他要去齐州，往紫极天宫领受高天师的道箓。

杜甫也有自己的打算，他跟着李白，一起来到了齐州。但不愿意再在寻仙这条道上继续走下去了。相较于寻仙，他更愿意去拜会忘年老友李邕。

李邕，20年前在洛阳与少年杜甫相识。他对杜甫的才华极为欣赏，也曾在少年杜甫面前盛赞其祖父杜审言的五言律诗。

彼时，李邕担任北海（今山东省潍坊市昌乐县）太守，而李邕的族孙李之芳正在齐州任司马。

杜甫和李白在齐州分手，杜甫去拜会李邕，与老友畅游；李白在齐州稍作逗留后，即前往兖州。

杜
甫
传

天宝四载（745）秋天，杜甫与李白已分手有些时日，他在齐州的游兴也已阑珊。与李白相携同游的那些日子，化成一股强烈的思念自心头升起。他又匆匆赶赴兖州寻李白。

> 秋来相顾尚飘蓬，未就丹砂愧葛洪。
>
> 痛饮狂歌空度日，飞扬跋扈为谁雄？
>
> ——《赠李白》

这是杜甫赴兖州后写给李白的又一首诗。

关于这首诗的解读，可谓五花八门。有人说这是杜甫的自画像，赠李白，也赠自己；亦有人说，杜甫在诗中对李白有讽刺之意，说李白"狂歌空度日"，还飞扬跋扈。其实，了解了两人曾携手同游同饮的经历，就不难理解诗人的真实意图：他赠李白，为李白精准画像，亦是自我抒情。

狂放不羁，满怀浪漫主义情调，是整个盛唐诗坛的群体特征。不独李白，不独杜甫。

短暂的离别，让两位诗人愈加珍惜在一起的时光。他们一起进入东蒙山，寻访得道高人，一起去北门外的荒野中拜访友人范隐士。他们在酒楼上的谈笑声变得越发随心所欲乃至肆无忌惮。白天一起游累了，晚上索性共被同眠。

在《与李十二白同寻范十隐居》一诗中，杜甫记下他们难分难舍的兄弟情谊：

> 李侯有佳句，往往似阴铿。
>
> 余亦东蒙客，怜君如弟兄。
>
> 醉眠秋共被，携手日同行。

更想幽期处，还寻北郭生。

入门高兴发，侍立小童清。

落景闻寒杵，屯云对古城。

向来吟橘颂，谁与讨莼羹。

不愿论簪笏，悠悠沧海情。

　　时隔千余年，想象那样的场景，还是让人激动。难怪闻一多先生对此大书特书。

　　世间没有不散的筵席。此时的杜甫与李白，已经各自选择了自己未来的路。李白准备继续向江南，游山逛水，寻仙访道；杜甫则准备直奔长安，去做一名"京漂"，正式开始他的求仕之路。

　　两人在离别前的那些日子里，越发疯狂地醉酒，携手游遍兖州的池台。

　　离别的时刻还是如期而来，在兖州城东门外那个叫石门的地方，两人挥手告别。对于这次离别，杜甫没有说什么。他把思念埋进了心里，很多年后，还对李白念念不忘。一向洒脱的李白，倒是有些依依不舍的样子。他很难得地送给了杜甫一首诗：

醉别复几日，登临遍池台。

何时石门路，重有金樽开。

秋波落泗水，海色明徂徕。

飞蓬各自远，且尽手中杯。

——李白《鲁郡东石门送杜二甫》

　　诗中深情，一眼尽知。

　　此后，他飘然离去。之后不久，在沙丘，客居寂寞中，李白又写了一首《沙丘城下寄杜甫》：

> 我来竟何事？高卧沙丘城。
>
> 城边有古树，日夕连秋声。
>
> 鲁酒不可醉，齐歌空复情。
>
> 思君若汶水，浩荡寄南征。

再之后，李白飘逸如仙的身影，渐渐隐没于山水之间，他一路向南，寻道访仙，醉酒吟诗。他的生命中，他的记忆里，是否还有杜甫，后人无从知道。因为他此后的诗文中，再没有出现过杜甫这个名字。倒是杜甫，一再地提笔，念念不忘。

在《春日忆李白》中，他对李白的诗崇尚到无以复加的程度，他说："白也诗无敌，飘然思不群。清新庾开府，俊逸鲍参军。"

在《饮中八仙歌》中，他独对李白重笔描绘："李白斗酒诗百篇，长安市上酒家眠。天子呼来不上船，自称臣是酒中仙。"

在《不见》中，杜甫丝毫不掩饰自己对李白的惺惺相惜之情："世人皆欲杀，吾意独怜才。敏捷诗千首，飘零酒一杯。"

李白，除了上面送与杜甫的那两首诗，对杜甫再无半字评价。

正是因为这样的失衡，有后人为杜甫叫屈，说他与李白的交往中，杜甫是剃头匠的挑子——一头热，也有人说李白根本不曾把杜甫放在心上，至少没有杜甫看他那么重。

感情的事，哪里是能以轻重浓淡来衡量的。它所带来的冲击，只有亲身经历过的人才知道。李白飘然远去，杜甫却将携着对他终生的思念，转身走向人生的下一站……

第三章　旅食京华

初入长安

天宝四载（745）秋天，杜甫与李白挥手告别后回到了洛阳首阳山下的家里，与妻儿小住一段时间之后，天宝五载（746），杜甫收拾行囊奔向长安。

自开元十八年（730），杜甫19岁那年开始离家漫游，到天宝五载（746），杜甫35岁，十余年间，除掉中间去洛阳参加科举逗留的两年多时间，杜甫差不多一直在路上。

杜甫在《壮游》诗中，对漫游齐赵的那一段快意时光，充满怀念。事实上，加上之前的漫游吴越，他的漫游时光长达十余年。这段漫游经历，对于日后的"诗圣"来说，自是极为重要。它丰富了诗人的阅历，开阔了诗人的眼界，提高了诗人的修养，对他日后的诗歌创作大有裨益。

之后"西归到咸阳"，则将诗人的生命掀到了全新的一页……

在8世纪的大唐王朝，作为东都的洛阳已极为繁华，但相较于京

城长安，还是逊色很多。无人能想象杜甫初次踏进长安时的心情，是激动？是忐忑？是憧憬更多？还是不安更多？还是像李白初入长安时那样，怀着满腔的豪情壮志？也许兼而有之。

8世纪中叶的长安，已发展成为一流的国际大都市，它像一个吸附力强大的磁场，吸引着五洲四海的人慕名前来。

彼时，长安街头，举目可见行走着的胡人、新罗人、日本人、天竺人、大食人……作为一个科技文化、政治制度、经济发展都领世界之先的国际大都会，当时来长安与唐通使的国家和地区多达300余个。全城110个方形建筑群——坊，都有不同的名称。坊与坊之间，有纵横交叉且宽阔笔直的街道。东西两市是繁华的商业区，终日车水马龙，人声沸腾；城北是威严富丽的皇宫所在地，也是长安达官贵人们的聚居地。

行走在纵贯南北的朱雀大街上，纵杜甫有十余年走南闯北的经历，见识不凡，还是看得他眼花缭乱。那条街道，不仅在当时，就是在当今世界，也让人叹为观止。它可供十辆四马高车并驾齐驱。大街上的繁华热闹，更是罕见。和尚、道士、游侠、艺人，还有驾着香车宝马飞驰而过的富家子弟、打扮得艳丽妖冶的烟花女……

长安，以开放的姿态，向世界敞开。

然而不深入其中，就难以看清它的肌肤纹理。

这里是权贵们的乐园，也是穷人们的地狱。杜甫抱着一颗求官入仕的心，急切地奔向长安。他哪里料到，那条路，竟然那般艰辛，一走就是10年。

初入长安的杜甫，豪气干云。在东都洛阳与王公贵胄们的交往，在齐赵大地上与李白、高适等大诗人的快意生活，让他底气十足。他昂首挺胸，目光坚定，大步走向城北豪门区。

科举失意，通过达官显贵们的举荐引起皇帝的注意，是当时很多士子所热衷的路。而杜甫家族世代为官，与长安官场总能扯上些关系，他到长安不久，很快就结交了一些权贵，其中最著名的当数汝阳王李琎。

汝阳王李琎，唐睿宗李旦之嫡长孙，让皇帝李宪的长子，唐玄宗的侄子，他"好学尚贞烈，义形必沾巾"，是杜甫眼中的正人才士。杜甫初入长安，携一首《赠特进汝阳王二十韵》先去拜访他。这是一首纯粹的歌功颂德表忠心的五言排律。诗写得有些肉麻，奉承阿谀之意就浮在字面上。诗人盛赞汝阳王的品德高尚，说他礼仪周全，才华无人超越。

杜甫从祖父杜审言那里继承了这种诗体，又进一步将它发扬光大。

五言排律既要求声韵、对偶的整齐合律，又要求辞藻、典故的富丽精工，写作难度较其他诗体要大得多，对作者的才情要求也极高。但这种诗体形式严整，风格庄严雄丽，适于歌功颂德，又极显作者才情。杜甫要以投献诗篇的方式得到达官贵人的赏识、汲引，长篇五排显然是最合适的诗体。

初入长安的那些年，杜甫投出去的诗篇差不多都是五排：《赠特进汝阳王二十韵》《奉赠鲜于京兆二十韵》《奉赠太常张卿垍二十韵》《上韦左相二十韵》等，都是在这种动机下完成的。

从杜甫写给汝阳王的诗中能看出，杜甫初入长安的日子似乎还不错。至少，汝阳王很厚待他。他视杜甫为座上宾，并屡次给他恩赐。秋高气爽的夜晚，他召唤诗人在江浦临江披露欢饮；炎热的夏天，他又招诗人游宴避暑，金井里凉气逼人的井水让墨砚寒凉，玉壶里涌动的寒气，让诗人周身的暑气顿消。

杜甫很容易知足，满怀感恩之心。在诗的最后，他信誓旦旦地向汝阳王表决心："淮王门有客，终不愧孙登。"意思是说，我作为您的门客，一定不会让您失望的。

杜甫隔三岔五登门拜谒城北区的豪门权贵们，也不时与来自各地的文朋诗友们到酒楼上喝一顿，谈谈诗，议论一下时政，发发牢骚。此时的杜甫虽然囊中羞涩，但他还有足够的自信与豪气来支撑。而凭借他的诗才，他在长安，日子也还算过得滋润。

彼时，他还住在长安的客栈里，时不时到长安城北的某个豪宅里，写一首诗，就能换回不错的馈赠。妻子不在身边，日子难免会显得寂寞。偶尔，他也会到赌桌前娱乐，顺便碰下运气。

天宝五载（746）除夕，杜甫一人在长安客舍。闲来无事，便与人赌博为乐，并赋《今夕行》记之。

> 今夕何夕岁云徂，更长烛明不可孤。
> 咸阳客舍一事无，相与博塞为欢娱。
> 冯陵大叫呼五白，袒跣不肯成枭卢。
> 英雄有时亦如此，邂逅岂即非良图。
> 君莫笑，刘毅从来布衣愿，家无儋石输百万。

除夕逗留客舍的，想必都是杜甫这样的落魄文人和一些四海为家的贩夫走卒。也许是佳节不得团圆的凄凉落寞，也许是大半年来在长安城里拜谒无果积攒下的郁闷，那一夜的诗人一反常态，他撸起袖子，在赌桌前大呼小叫，颇有一掷千金的豪气。

今朝有酒今朝醉，明日愁来明日愁。

此时的杜甫，生活虽然正日渐走向困顿，但他身上豪气还在。对于未来，他还是充满信心的。

那八个从酒桌边歪歪倒倒站起来，各具醉态，又憨态可掬的男人，在杜甫来长安的时候，多已不在长安了，甚至有些已经去世。杜甫却在某天心血来潮，为他们八个人画了一幅醉酒图。那张醉酒图，就成了这"醉八仙"的绝世广告，千余年后还在中华诗坛上空迎风招摇。酒气与才气，同样的气冲斗牛。

《饮中八仙歌》，具体的创作年代不详，有说是在天宝六载（747）杜甫入长安之后不久，有说是在此后几年内。且不追究。只论这首诗。

　　知章骑马似乘船，眼花落井水底眠。汝阳三斗始朝天，道逢麹车口流涎，恨不移封向酒泉。左相日兴费万钱，饮如长鲸吸百川，衔杯乐圣称避贤。宗之潇洒美少年，举觞白眼望青天，皎如玉树临风前。苏晋长斋绣佛前，醉中往往爱逃禅。李白斗酒诗百篇，长安市上酒家眠。天子呼来不上船，自称臣是酒中仙。张旭三杯草圣传，脱帽露顶王公前，挥毫落纸如云烟。焦遂五斗方卓然，高谈雄辩惊四筵。

这首诗以酒为媒介，囊括了当时活跃在大唐的狂人才士。

自号"四明狂客"，少时即以文辞知名的贺知章；玄宗宠极一时的汝阳王李琎；平日雅好宾客、夜则宴赏豪饮，如鲸吞百川之水的左丞相李适之；倜傥洒脱、少年英雄的风流名士崔宗之和苏晋，都从杜甫的笔下走来。

之后，隆重出场的是深为杜甫所折服和仰慕的李白。来到长安之后，杜甫总是不断地想起他，怀念他。李白自称"酒中仙"，但他酒仙的形象能深入人心，杜甫的宣传功不可没："李白斗酒诗百篇，长安市上酒家眠。天子呼来不上船，自称臣是酒中仙。"八仙之中，杜甫分给李白的笔墨最多，分给他的情也最多。

诗中另一个几乎可以与李白比肩的重要人物，是被时人称为"草圣"的大书法家张旭。张旭醉后，豪情奔放，绝妙的草书如云烟一样

从他的笔下流泻而出。他无视权贵的威严，在王公贵族面前一样脱帽露顶，狂放不羁。

诗歌最后描写的人物是焦遂，他虽是一介布衣，却以卓越见识和辩论口才而被杜甫赏识。

这样色彩明丽，旋律轻快，又幽默诙谐的诗，在杜甫的作品中极少见。《饮中八仙歌》或是个特例。

王嗣奭云："描写八公都带仙气，而或两句、三句、四句，如云在晴空，卷舒自如，亦诗中之仙也。"（《杜臆》卷一）

饮中八仙，醉态各具。八个人物，主次分明，每个人物各有性格，同中有异，异中有同，多样而又统一，构成一个整体，彼此衬托映照。他们大呼小叫着从杜甫的诗里走下来，给后世人演绎了一出精彩的醉酒舞台剧。

杜甫写这首诗时，是怀着一种什么样的心情？这是颇让后人费思量的一件事。

表面上看，他似乎也同那些醉仙们一样，醉眼蒙胧，逸兴遄飞。可再回头看一下诗中人物的经历，也许就轻松不起来了。那八仙，醉酒并不皆因豪气，醉颜背后，各有苦痛。

彼时大唐王朝花团锦簇的盛世外表下，隐藏着的是社会的日趋黑暗。李林甫任宰相，大肆重用酷吏，屡屡制造冤案。宦官高力士权倾朝野，中外畏之。杨氏兄妹在朝中日益得宠，势焰熏天。边镇势力日盛，京中防务空虚。大唐皇上却对此毫无警戒之心，依然沉溺于声色犬马之中……

这一切，这些醉仙们不会看不出。他们的醉，又哪里是无忧无虑、心情舒畅的醉？贺知章、李适之、李白……皆是如此。

杜甫提笔写此诗，把他们的痛苦隐进了酒里。众人皆醉，他亦佯醉。

也正为如此，有人把这首诗视为杜甫从大唐浪漫主义诗坛游离出来的一个标志。杜甫怀着满腔希望奔赴长安而来，长安敞开了开放之怀以包容他，却也毫不客气地把那份不堪的现实一层层展露于他的眼前，让他满怀热望的心，一次次沉入痛苦的旋涡……

一次荒唐的考试

天宝六载（747），杜甫来长安差不多已经一年了。自荐诗和自荐信，投出去许多，却多是泥牛入海。杜甫靠权贵与知名人士举荐入仕的理想越来越渺茫。他的目光里，笼上了忧郁的雾。

手中的钱不够花，他不得不背起药篓，去终南山采些草药回来卖，以此勉强度日。

希望却在这时奇迹般地出现了。一个让广大士子们喜笑颜开的好消息，迅速传遍大唐：皇上要亲自出马，招揽人才。天下学子，只要有一技之长，皆可一试。

诞生于隋朝的科举制，至唐朝依然延续。每年分期举行的考试为常科，由皇帝临时下诏举行的考试为制科。常科有秀才、明经、进士、俊士、明法、明字等50多种。唐太宗还扩大了科举考试的国学规模。纵如此，唐朝的科举考试也还是相当难的，史载大唐朝近300年中，进士科开科264次，录取的进士总数却不足7000人，平均每科录取人数为20多人。那20多人，还多为朝中王侯将相、贵胄子孙所占，他们享受朝廷荫庇，可略过层层选拔，直接报名参加朝廷的进士科举。如此一来，留给全国各地州县的乡贡名额可谓寥若晨星。就有了"三十老明经，五十少进士"之说。足见当时考进士之难。

开元年间，唐玄宗因个人喜好，把诗赋作为科举考试的主要内容。

在此之前，他曾在东都洛阳的宫殿中，亲试应试者。这不但在无形中提高了唐诗的地位，也借此打压了世家子弟和皇亲国戚垄断国家官职的气焰。对于杜甫这样的科举失败、又求仕无门的文人士子来说，这无疑是个天大的好消息。

这个消息，让杜甫几近喜极而泣。他等这一天，等了太久了。而且他深信，凭自己的才华学识，让大唐皇上于千万人之中发现那个特别的他，也不是什么难事。

于是收起药篓，谢绝所有酒朋诗友的召唤，杜甫一头扎进书山文海。

他哪里知道，当他在一盏如豆的烛火之下苦读到天明时，操纵着这场考试的男人，正遥望着那些学子们彻夜明亮的窗口，拈须冷笑。那场考试的结局，早已写好。

李林甫，唐高祖李渊的叔伯兄弟，长平王李叔良的曾孙。虽出身宗室，但因关系疏远，他祖父、父亲都只做过长史、参军一类的官，并无封荫。他们却把李林甫培养成了一个十足的纨绔子弟。他小字哥奴，幼年得志，官运比祖父与父亲都要好。官运亨通带来了生活的奢华富足，李林甫出则豪车宝马，入则仆妾成群，说不尽的惬意风流。

李林甫自年轻时代就特别会玩，虽然文笔不太通，却颇有音乐才华。就这一点就够了——他与玄宗有了共同语言——玄宗可是大唐的超级音乐大才子。

当然，李林甫稳居相位19年，玄宗对他宠信有加，绝不仅仅来自君臣二人共同的音乐雅好。除却擅音律，李林甫最大的能耐还在于能察言观色，投主子所好。

唐玄宗奢华享乐的潜质，自他年轻时代就已显现出来。开元二年（714），他即"更置左右教坊，以教俗乐"，又选乐工数百人，于梨园自教法曲，谓"皇帝梨园弟子"。只不过，执政早期，他还算清醒，又有姚、宋二相在旁边时时提醒监督，大唐才再度出现了盛世之景。

后来，他沉迷于歌舞，击毬、舞剑、斗鸡，玩得花样百出。在宫中建鸡坊，选六军小儿五百人，专司斗鸡。这等荒唐之举，也是唐玄宗干的。

大唐王朝最终爆发安史之乱，无奈降下繁华盛世的大幕，与唐玄宗本人后期的昏聩有着极大的关系。而在这一过程中，李林甫则充当了黑手加推手，李林甫为相19年的推波助澜，加速了大唐动乱时代的到来。

《资治通鉴》在记载李林甫病死之后，曾有过这样一段议论："上晚年自恃承平，以为天下无复可忧，遂深居禁中，专以声色自娱，悉委政事于林甫。林甫媚事左右，迎合上意，以固其宠；杜绝言路，掩蔽聪明，以成其奸；妒贤疾能，排抑胜己，以保其位；屡起大狱，诛逐贵臣，以张其势。自皇太子以下，畏之侧足。凡在相位十九年，养成天下之乱，而上不之寤也。"

开元二十三年（735），李林甫拜礼部尚书、同三品，走上相位，次年又代张九龄任中书令，封为晋国公。自此更加肆无忌惮地施展他"口蜜腹剑"的本领。排斥贤臣，残害忠良，是他政治生涯的主要内容。贤相张九龄、杜甫笔下豪饮如鲸吞百川之水的左丞相李适之等人，都先后被李林甫挤出朝廷，要么被流放，要么被杖杀，要么被逼自杀。一人之下，万人之上。李林甫挤走了所有的竞争对手，在朝中更是为所欲为。

彼时的唐玄宗，则完全沉入美人的温柔乡，根本无暇打理朝政。天宝三载（744），玄宗纳寿王妃杨玉环，并于次年立为贵妃。他彻底与"开元盛世"里的明君告别——美人相伴，君王从此不早朝。朝政大权几乎悉数交予宰相李林甫等人手中。

李林甫，何样人？他是笑嘻嘻走向人，又毫不留情地在背后捅人

刀子，置人于死地的魔王。因为自己不学无术，他平生最为忌恨的就是文人和艺术家。内心深藏的自卑，出鞘化为杀人的利剑，张九龄、李适之、李邕，皆倒在他的长剑之下。他在民间，早已臭不可闻。

天宝六载（747），玄宗下旨访求天下人才，李林甫心里不赞成，但行动上却表现得十分积极，一副为皇上分忧解难的样子。

他向皇上建言："举人多卑贱愚聩，恐有俚言污浊圣听。"

这话在玄宗听来入耳动听，他便放手由李林甫去操作。

李林甫告诉各地的郡县长官，要对来京参加考试的人严加把关，卓然超绝者，具名送省，委尚书覆试，再由御史中丞监之，名实相副者，才有资格走到皇上面前来应对。考试内容以诗、赋、论为主。

这套考试流程，看起来严格合理。结果却是个天大的笑话：那年从全国各地赶往京城来应试的士子，无一人入选，他们在步入金銮殿之前，就统统被刷下去了。

李林甫急匆匆地去向皇上道喜：恭喜皇上，贺喜皇上，大唐人才已悉数归于朝廷，现已野无遗贤。

玄宗闻奏也只是稀里糊涂地应付着答应了。并不追问。

天子自诏，也许原本就是一场帝王作秀。

一场轰轰烈烈的制举考试，由李林甫一句"野无遗贤"一锤定音。

他为何要如此决绝地与天下读书人为仇，毫不留情地断掉他们的入仕之路？

就在这一场考试之前不久，李林甫以莫须有的罪名，制造了大量冤案。他杖杀李邕、裴敦复等文化名流，又奏分遣御史，即贬所赐皇甫惟明、韦坚等朝中忠良贤臣死，并逼死李适之、王琚。他的恶劣行径，在朝野内外掀起了巨大的波澜。

防民之口，甚于防川，尽管老祖宗早已告诫过了，李林甫还是决定要堵住天下士子们的悠悠之口——最好的办法，就是让他们永远走不到皇上的面前来。

考试结果出来，长安沸腾。落榜士子们在短暂的震惊之后，是彻骨的愤怒。他们纷纷涌出寄宿的旅舍，涌进酒楼，边喝边哭，边哭边骂。李林甫却早已预想到了这一点。那些天，长安大街上出现了比平日更多的武士，他们全副披挂，遇有妄议制举者，抓走没商量。一时之间，整个长安城都被笼罩在一片白色恐怖的氛围里。

12年前，杜甫首次在洛阳参加进士试落第，他不过洒脱一笑，之后就裘马轻狂，转身漫游齐赵去了。那次落榜，几乎没在他的心上落下什么阴影。

这一次，却不一样。

在长安，他已尝尽尘世艰辛，他把所有的希望都押在了这一次考试上。不料却是这样的结局。看到身边不断有人被抓走，再想到李邕等前辈的悲惨遭遇，杜甫连在酒馆里发发牢骚的勇气也没有了。他只能把所有的怨愤之气，偷偷写在寄给表弟的《赠比部萧郎中十兄》里："漂荡云天阔，沉埋日月奔。致君时已晚，怀古意空存。中散山阳锻，愚公野谷村。宁纡长者辙，归老任乾坤。"

杜甫产生了归隐的念头。

对于那次考试的幕后操纵者，杜甫多少也是有些了解的。但他表示对李林甫的愤慨，却是在天宝十一载（752），那时李林甫已经死了。彼时，杜甫已来长安达6年之久，却仍然一事无成，依旧奔走在各大权贵豪门之间，以求汲引。在《奉赠鲜于京兆二十韵》诗中，他不无悲愤地写道："破胆遭前政，阴谋独秉钧。微生沾忌刻，万事益酸辛。"

一个手无寸铁的穷书生，却还是遭到堂堂朝廷宰相李林甫的妒忌和陷害。当年的那一场阴谋，让诗人此后的生活更加辛酸。通过制举考试入仕的梦想再次破灭，杜甫还要在长安继续寻梦。

杜甫传

杯残炙冷正悲辛

制举落第，对杜甫是一个巨大的打击，他一度心灰意冷，欲学历代隐士，转身林泉，从此不再涉足仕途。但他到底还是留下来了。留在了给他带来无限希望，也带给他无限失望的长安。

眼下最重要的问题，已不是求官入仕，而是吃饭活命。

杜甫的活动半径，正逐渐由长安城北的富人显贵区向城南转移。那里是贫苦百姓聚居的地方，却是杜甫眼下唯一的希望所在。

城南郊住着他的族孙杜济。为了吃顿饱饭，杜甫不得不放下自己知识分子和长辈的清高，他一次次踟蹰迈步，走向杜济的家。

杜济家也在贫困线上挣扎，一家人吃饱已是不易。杜甫第一次来，主人还能热情招待，第二次来，主人脸上的笑容就有些勉强。来的次数多了，主人的脸色就变得很难看，却又不能明着说什么，就把所有的怒气都发泄在手中的工具上：打水的时候，把水桶摇得叮当作响，把井水都搅浑了；到园子里收菜时，扬起手来乱砍一通，还大声呵斥一下院子里的鸡鸭。

这一切，杜甫自然是心知肚明，他只能装作听不见，看不见，低头把手里的那一碗饭生生吞下去。

寄人篱下的滋味不好受，想要在长安待下去，考试路子又不通。杜甫只好再次硬着头皮去寻求显贵们的帮助。好在，此时的杜甫在长安已有些诗名。他写的那些投赠诗，还能帮他敲开那些显贵的门。

天宝七载（748），一个人的到来，让杜甫布满愁云的脸上露出了些许笑容。

韦济，唐代大臣、诗人，史称其"从容雅度，以简易为政"。他出身世家大族，祖辈多为高官。父亲韦嗣立是武后朝的宰相，与杜甫的祖父杜审言同辈，且同朝为官。两家素有通家之好。

韦济对杜甫的才华颇为欣赏，早在河南时就曾访问过杜甫。可惜他前往首阳山时，杜甫已西往长安。

天宝七载（748），韦济由河南尹迁尚书左丞。来长安后，在与同僚的酒宴上，韦济常常向在座的人夸赞杜甫的诗。

长安城里几年漂泊，遭尽冷遇与白眼，韦济的青眼有加，让杜甫如遇知音，更像是遇到了一个大救星。他急匆匆写成一首《赠韦左丞丈济》，投给韦济：

> 左辖频虚位，今年得旧儒。
>
> 相门韦氏在，经术汉臣须。
>
> 时议归前烈，天伦恨莫俱。
>
> 鸰原荒宿草，凤沼接亨衢。
>
> 有客虽安命，衰容岂壮夫。
>
> 家人忧几杖，甲子混泥途。
>
> 不谓矜余力，还来谒大巫。
>
> 岁寒仍顾遇，日暮且踟蹰。
>
> 老骥思千里，饥鹰待一呼。
>
> 君能微感激，亦足慰榛芜。

先将对方夸赞一番，赞美韦相门第，然后向对方亮出自己的求助信：诗人穷老，仍怀老骥伏枥之志。眼下的日子穷困潦倒，如"饥鹰待呼"，如能蒙韦公提携，就不至于沦为荆榛芜草了。

这首诗，在套路上与寻常的投赠诗无甚区别。这对杜甫来说，已是轻车熟路。他在诗中发出的悲叹，却让人为之心酸不已。

这一年，杜甫37岁，艰辛的生活已把他的心摧残老了。

不知是韦济的力量有限，还是他并无真意提携，这一首诗，没有给杜甫的际遇带来任何帮助。

伤心失望之余，杜甫又向韦济递出了他的第二首投赠诗——《奉赠韦左丞丈二十二韵》：

纨绔不饿死，儒冠多误身。丈人试静听，贱子请具陈。

甫昔少年日，早充观国宾。读书破万卷，下笔如有神。

赋料扬雄敌，诗看子建亲。李邕求识面，王翰愿卜邻。

自谓颇挺出，立登要路津。致君尧舜上，再使风俗淳。

此意竟萧条，行歌非隐沦。骑驴十三载，旅食京华春。

朝扣富儿门，暮随肥马尘。残杯与冷炙，到处潜悲辛。

主上顷见征，欻然欲求伸。青冥却垂翅，蹭蹬无纵鳞。

甚愧丈人厚，甚知丈人真。每于百僚上，猥诵佳句新。

窃效贡公喜，难甘原宪贫。焉能心怏怏，只是走踆踆。

今欲东入海，即将西去秦。尚怜终南山，回首清渭滨。

常拟报一饭，况怀辞大臣。白鸥没浩荡，万里谁能驯？

这是杜甫最早的一首自白诗，也是杜甫旅食京华的真实生活写照。

"纨绔不饿死，儒冠多误身。"诗的开篇，似有浓浓的牢骚之意，但接下来的叙述中，诗人却运思细密，照顾周到。他在诗中毫不掩饰自己的才华与自信，自称其诗堪与扬雄、子建相媲美，连前辈李邕、王翰都赞叹不止。

杜甫的政治理想更是高远，他希望自己能辅佐皇上，使其成为与历史上尧、舜相比肩的明君，让老百姓过上男耕女织、社会秩序良好、民风淳朴的生活。

有人说，这是杜甫不切实际的大话。杜甫却为这个常人看来高不可攀的政治理想，苦苦追求了一生。

诗的后半部分则转入沉痛的控诉："朝扣富儿门，暮随肥马尘。残杯与冷炙，到处潜悲辛。"

若非此诗，千百年后的我们，又怎能想象得到，我们伟大的诗人，当年会沦落到如此凄惨的地步？

投赠诗，自然是要以自己的诗句打动、说服对方，从而达到自己被汲引的目的。这种诗不易写，既要倾诉自己的穷苦际遇，又不能写得满篇寒酸穷愁；既要表明请托之意，又不能表现得低声下气；既要显示自己的才华，又不能显露傲慢之意。

杜甫把这方方面面都兼顾到了，整首诗写得情真意挚，又不卑不亢。

"长安落叶纷可扫，九陌北风吹马倒。杜公四十不成名，袖里空余三赋草。车声马声喧客枕，三百青铜市楼饮。杯残炙冷正悲辛，仗内斗鸡催赐锦！"几百年后，另一位大诗人陆游站在杜甫的画像前，悲愤难平，挥笔写下这首《题少陵画像》，从旁观者的角度，把杜甫那一时期的悲辛生活刻画入骨。

穷困交加的日子里，杜甫如一片飘零在长安街头的秋叶，身不由己地被冰冷寒凉的风卷着东奔西跑。他去韦济府上，还赠诗给京兆尹鲜于仲通，在诗中，他已不再掩饰自己的伤痛："有儒愁饿死，早晚报平津"；他赠诗给左丞相韦见素，在诗中极力诉说韦、杜两家的世交。

这些人给杜甫的，是无一例外的失望。

情急之下，杜甫一度想去参军。他写诗给河西节度使哥舒翰，期待他能给自己一个去幕府参谋军事的位置。在当时的大唐王朝，除科举入仕、显贵引荐等途径外，赴边地军中建功立业，也蔚然成风。当时著名的边塞诗人高适就曾在哥舒翰幕中任书记，岑参则在高仙芝幕中任书记。但这似乎是杜甫欲从军之后的事，不然杜甫何必舍近求远。连哥舒翰的判官田梁丘，杜甫也送了他一首诗，是希望他能在哥舒翰面前帮他说好话。

哥舒翰倒是个讲义气、重贤才的人。如果不是后来杜甫的身体出了问题，也许，真的就参军了。

天宝八载（749）冬天，杜甫已来长安近三年，赠诗、求助信投出去一箩筐，却多是石沉大海。他在长安的日子，同他的身体一样，每况愈下。思家的情绪也就越发不可遏制地涌上心头。穷愁潦倒之时，家对游子的呼唤尤其强烈。

杜甫想回家看看了。

一波三折的求仕之路

在给韦济的诗中，杜甫曾不无悲愤地写道："白鸥没浩荡，万里谁能驯？"他是不是真的如诗中所言，甘心从此远离求仕之路，像一只自由自在的白鸥一样，笑傲江湖呢？

这种话也不过在心情郁闷时说说而已。

天宝八载（749）冬天，杜甫的健康状况变得越发糟糕，他在长安的日子也越发艰难。回家，似乎成了他唯一的选择。

关于此次回家，诗人并没有留下太多的记录。仅有一首五言长律《冬日洛城北谒玄元皇帝庙》，让我们约略知道一些诗人当年的行踪与心情。

诗中提到的玄元皇帝庙，在洛阳积善坊，原本是玄宗做临淄王时的王府。唐代统治者为了给皇族增添庄严神秘的色彩，从高祖开始，就把道家祖师爷老子说成是自己的祖先。天宝二载（743），已是大唐皇帝的李隆基亲自祭祀老子，加封老子为"大圣祖玄元皇帝"，先后下诏令两京诸州各置老君庙，把玄元庙改成了太清宫，同时把洛阳庙改成了太微宫。

这年冬天，回到洛阳的杜甫专程前往玄元皇帝庙去拜谒。高踞北邙山顶的玄元皇帝庙是大唐李氏王朝的宗祠，其崇高的地位让这里越发显得清静而幽深。庙宇的建筑庄严而恢宏，碧绿的琉璃瓦刺破初冬的寒意，在阳光下熠熠发光。门前两旁立着高大的铜柱，通连着天地之气。

因其特殊的地位，庙宇平时都是关闭着的，门口严禁各种车马通行。这里有着种种烦琐的礼节，管理它的皆是"令""丞"一类的官员。

那一次，杜甫很顺利地拿到了进入庙宇中的通行证。在庙中老子像前伫立沉吟良久。

诗的第一段描述玄元庙庙制威严，往来进出都要进行严格的审查，凭证通行。庙内更是金碧辉煌，山河拱护，日月近梁，居高临下。庙之庄严宏大，寥寥数笔勾勒而出。

第二段说明祭庙的原因：因为老子被追溯为唐室远祖，所以今天才受如此隆重的待遇。这在杜甫看来，其实是可笑的事，因为老子其人在《史记》中，连进入世家的资格都没有。老子本人也许都没有想到，他留传后世的《道德经》，会由当今皇上作注，令天下人传习。

第三段讲太微庙中吴道子所画的壁画。开元二十九年（741），唐玄宗令吴道子图写玄元皇帝真容，分送诸州开元观安置，并令所在道士女冠等皆威仪法事迎候。吴道子因"穷丹青之妙"，于先天二年（713）即被唐玄宗召到长安，入内供奉，专为皇室作画。他善画山水，更善画佛像。所画的佛像，笔势圆转，所画衣带如被风吹拂，因此留下"吴带当风"的美名。其笔下动物也极为传神。据说他曾在大同殿

杜甫传

上画了五条龙，"鳞甲飞动，每欲大雨，即生烟雾"。如此高超的飘逸画技，想来把老子的真容也画得栩栩如生吧。

杜甫爱赏画，此行却似乎并不为吴道子而来。在诗的最后一段，能隐隐读出诗人的不满与讽刺之意：玄元皇帝庙如此隆重地祭祀老子，却与老子的主张完全相反。老子主张功成身退，清静无为，如若谷神不死，老子定会选择隐居于山林之中，而不是居于这热闹非凡的玄元皇帝庙中。

这首诗以称尊追祖之意总起全诗，或写实，或讲史，或写景，或咏叹，逐层铺叙，一气呵成，笔力遒劲。是一首流传很广、影响很大的诗。明代胡应麟在《诗薮》中评价这首诗："杜《谒玄元皇帝庙》十四韵，雄丽奇伟，势欲飞动，可与吴生画手并绝古今。"

而更多的评论家则认为这首诗中，杜甫有讽刺李隆基过分推崇道教之意。

对现实有讽，是因为对现实不满，对现实不满，是因为对未来还有希望。杜甫在长安做了三年"京漂"，又黯然回到洛阳。可他在洛阳并没有待多久，就又待不住了。

天宝九载（750），杜甫39岁，他再次从洛阳回到了长安，继续他的求仕之路。

此时，除了赠诗求人引荐，杜甫依然找不到其他的路。

这年春天，杜甫把目光投向朝中一个正红得发紫的人——翰林张四学士张垍。

张垍是名相张说的次子，与其兄张均皆能文，张说居相位时，兄弟两人亦子因父贵，开始掌制诰。同时，张垍还是玄宗女儿宁亲公主的驸马。名相之子，皇帝之婿，张垍被特许于禁中置内宅，侍为文章，曾获各种珍玩赏赐无数。

杜甫初入长安，即与张垍相识，却并无深交。再来长安，杜甫先投诗给他：

> 翰林逼华盖，鲸力破沧溟。天上张公子，宫中汉客星。
>
> 赋诗拾翠殿，佐酒望云亭。紫诰仍兼绾，黄麻似六经。
>
> 内分金带赤，恩与荔枝青。无复随高凤，空余泣聚萤。
>
> 此生任春草，垂老独漂萍。倘忆山阳会，悲歌在一听。
>
> ——《赠翰林张四学士垍》

关于张垍其人，从史料来看，人品并不怎么样。在杜甫西入长安之前，张垍以中书舍人供奉翰林，曾与李白共事。而李白最后被"赐金放还"逐出长安，其中就有张垍的"功劳"。魏颢曾在《李翰林集序》中称："（李白）以张垍谗逐，游海、岱间。"安史之乱后，张垍兄弟又当上了安禄山的伪官。两京收复后，很多在安禄山手下任过伪职的人都被斩掉，只因唐肃宗与张垍交情较深，特免一死，长流岭表。他的哥哥张均却没有那么幸运，被处死了。

杜甫返回长安，把入仕的希望寄托在这样一个人身上。诗人也许真的急了，病急乱投医。

一首五言排律，前面的大段文字，自然是称赞对方，权势、地位、才华、人品，全方位不遗余力地赞扬。

在皇上的这位宠婿面前，杜甫把头垂得很低很低。

他说，自从您身居宫内之后，您就像一只翱翔高空的凤凰，我再也无缘追随您了，这是多么遗憾的事。但这些年我还是聚萤光苦读。我这一生就像春天的野草一样，随意生长；像漂流的浮萍一样，独自垂老天涯。如今在您面前悲歌一曲，希望您还能记得当初我们相识的情景，念在旧情分上，提携我一把。

赞对方，诉悲惨，拉关系，求提携，对于这样的套路，杜甫已是

杜甫传

驾轻就熟。

这首诗也许真的打动了张垍。杜甫在四年后写给张垍的《奉赠太常张卿垍二十韵》中有"吹嘘人所羡""材小辱提携"这样的句子，可见，张垍当时确实也替杜甫说话了。但结果并不理想，杜甫并没有因为攀上皇上女婿而飞黄腾达。

天地欲成就一个旷世的伟大诗人，哪会那么轻易地让他走完自己的取经路。

天宝十载（751）正月，长安城还笼罩在一片天寒地冻之中。杜甫的心却在那个正月里，热气蒸腾。这年正月，从初八到初十，唐玄宗连续祭祀了太清宫、太庙、南郊。

已被逼至人生断崖边缘的杜甫再次看到了希望，他连作三大礼赋——《朝献太清宫赋》《朝享太庙赋》《有事于南郊赋》，并将三大礼赋投入延恩匦中。

延恩匦的发明者是武则天，名义上是招揽人才、广开言路，其实质也就是用来鼓励小人告密的。唐玄宗效仿前人，设置铜匦收集仕进者的文章与想法。

杜甫这次投递非常及时且有效，也许他先前投出去的那些赠诗也发生了效力。有人说，在这一过程中，张垍帮了杜甫的大忙，他最了解玄宗的喜好，按照他的指点，杜甫在礼赋中写下的，自然都是玄宗爱听的。

杜甫投到延恩匦中的三大礼赋，唐玄宗均看到了，不但看到了，还龙颜大悦。他让杜甫侍制集贤院，由当朝宰相亲自考试他的文章。那是杜甫一生中最为荣耀得意的时刻，即使时隔多年，对当年的场景，杜甫还是记忆犹新：

忆献三赋蓬莱宫，自怪一日声烜赫。

集贤学士如堵墙，观我落笔中书堂。

往时文采动人主，此日饥寒趋路旁。

作这首《莫相疑行》时，诗人正流落西蜀，沉沦使府，为他年轻的上司所侮。回首当年自己在宰相办公的政事堂中应试，由宰相亲自主考，集贤院众学士将他里三层外三层围在中间，而他提笔落书，又是何等的从容、骄傲。

在《进三大礼赋表》中，杜甫将自己自年轻时代的漫游和旅居长安的大不易细细道来，言辞真挚动人。在写作三大礼赋的过程中，他自然没有忘记自己的主考官是谁。

李林甫，那个几年前以"野无遗贤"把他挡在仕途门外的人，现在还是一人之下万人之上，掌握着天下士子仕途生死大权。在赋中，凡牵涉到宰相的言辞，杜甫都特别小心谨慎，有时甚至还会变相地对李林甫表示出赞颂之意，如《有事于南郊赋》中写道："四十年来，家家自以为稷契。"玄宗即位40年，李林甫为相近20年，皇帝的"英明"背后，自然也有臣子的"功劳"。

然而，杜甫还是低估了李林甫。

一个城府如此深，又如此心狠手辣、心胸狭窄的宰相，几年之前他不允许那些有才华有理想的志士走到皇帝身边，现在更不允许。他怎么可能自己打自己的巴掌？

李林甫很认真地执行了皇帝让他考试杜甫的命令，之后就把结果"送隶有司，参列选序"。

结果便是比上次的"野无遗贤"好不了多少的结局。杜甫再次陷入一场近似绝望的等待之中……

从浪漫主义诗坛游离

杜甫把精心写好的三大礼赋投进延恩匦，之后在集贤院参加了宰相们的面试。再加上朝中张垍兄弟、崔国辅、于休烈等人在背后大力替他宣传鼓吹，杜甫的大好前程，似乎指日可待。

可他注定要再空等一次了。"大爱其才"的唐玄宗，再次把录取任用大权交给了李林甫。

等待的滋味儿很苦。杜甫的口袋此时已经很瘪，吃不饱肚子是常事。他不得不再次背起药篓去了终南山，攀岩爬壁，采集一些草药，背回市上去卖。他的身体越来越差。杜甫自幼就体弱多疾，常有肺气之病，此时才不过40岁，就已经须发皆白，活脱脱像一个迟暮老人了。

> 翻手作云覆手雨，纷纷轻薄何须数。
>
> 君不见管鲍贫时交，此道今人弃如土。
>
> ——《贫交行》

杜甫困居长安，求助无门，看多了世人的冷眼。他忍不住在诗中发起了牢骚。

《史记·管晏列传》中，管、鲍二人相善，曾合伙经商，管仲私心大动，动手牟取私利。鲍叔牙体谅他家贫，不以为意。后来，鲍叔牙又极力推荐管仲，终使管仲得事齐桓公，成为一代名相。"生我者父母，知我者鲍子也。"管仲曾这样对人说。管鲍也被后世视为交友之道的典范。

在满目繁华亦有无限凄凉的大唐长安，杜甫举目四顾，只有一片茫然。他哪里去找像鲍叔牙那样的挚友？即便偶尔有机会与文朋诗友们登高一会，杜甫眼中的忧郁，心底的叹息，也会把他从那个热闹的圈子里剥离。

天宝十一载（752）秋，一个秋高气爽的日子，长安城东南的慈恩寺塔（今西安大雁塔）迎来了一件盛事。这一天，杜甫、高适、薛据、岑参、储光羲五人，一起登上了慈恩寺塔，并相继赋诗留念。

驰骋于唐代诗坛的五大诗人同游同吟，那一天的慈恩寺塔是何等幸运。更为幸运的是，这五位诗人的同题诗作，除薛据的已失传外，其余四首均流传下来：

香界泯群有，浮图岂诸相？登临骇孤高，披拂忻大壮。言是羽翼生，迥出虚空上。顿疑身世别，乃觉形神王。宫阙皆户前，山河尽檐向。秋风昨夜至，秦塞多清旷。千里何苍苍，五陵郁相望。盛时惭阮步，末宦知周防。输效独无因，斯焉可游放。

——高适《同诸公登慈恩寺塔》

塔势如涌出，孤高耸天宫。登临出世界，磴道盘虚空。突兀压神州，峥嵘如鬼工。四角碍白日，七层摩苍穹。下窥指高鸟，俯听闻惊风。连山若波涛，奔凑似朝东。青槐夹驰道，宫馆何玲珑。秋色从西来，苍然满关中。五陵北原上，万古青濛濛。净理了可悟，胜因夙所宗。誓将挂冠去，觉道资无穷。

——岑参《与高适薛据登慈恩寺浮图》

金祠起真宇，直上青云垂。地静我亦闲，登之秋清时。苍芜宜春苑，片碧昆明池。谁道天汉高，逍遥方在兹。虚形宾太极，

杜甫传

携手行翠微。雷雨傍杳冥，鬼神中躞蹀，灵变在倏忽，莫能穷天涯。冠上阊阖开，履下鸿雁飞。宫室低逦迤，群山小参差。俯仰宇宙空，庶随了义归。崷岝非大厦，久居亦以危。

——储光羲《同诸公登慈恩寺塔》

高标跨苍穹，烈风无时休。自非旷士怀，登兹翻百忧。方知象教力，足可追冥搜。仰穿龙蛇窟，始出枝撑幽。七星在北户，河汉声西流。羲和鞭白日，少昊行清秋。秦山忽破碎，泾渭不可求。俯视但一气，焉能辨皇州。回首叫虞舜，苍梧云正愁。惜哉瑶池饮，日晏昆仑丘。黄鹄去不息，哀鸣何所投。君看随阳雁，各有稻粱谋。

——杜甫《同诸公登慈恩寺塔》

高适当年在山东齐赵大地上，曾与杜甫、李白快马踏清秋，在文学史上留下一段佳话。此番在长安与杜甫再度相遇，已时隔十余年。杜甫已非那个裘马轻狂的青年，高适也已满面沧桑。这一年，高适已经53岁。

高适从20岁起就谋求入仕，但终因际遇不合而长期沉沦，东飘西荡。直到天宝八载（749）登有道科后，才得到一个封丘县尉的微职，可那份"拜迎官长心欲碎，鞭挞黎庶令人悲"的县尉生涯，让诗人痛苦得无法忍受。不久他就辞官。天宝十一载（752）秋，正在失业中的高适，驻留长安，其心情的郁闷可想而知。

岑参情况稍好些，他在天宝三载（744）就已考中进士，天宝八载（749）赴安西进入高仙芝幕。塞外雄浑奇丽的自然风光，紧张豪壮的军旅生活，把岑参历练成了一位大唐著名的边塞诗人，但他在仕途上并不得意。天宝十载（751）秋，高仙芝兵败回朝，岑参也随之回到长安闲居。

储光羲时年46岁，在朝中任监察御史之职。与其他三位诗人相比，他也许算是生活最稳定的一个。

四位大诗人，生活的时代相同，却各有各的不如意。读四人的同题诗作，从其中读到的思想、情感也大相径庭。杜甫的诗作，与另外三人的作品，有着最为明显的区别。

岑参和储光羲把描写重点放在了佛寺中的浮图，把登塔时所看到的景物与佛家教义紧密地联系到了一起。诗中虽也隐约表达了对现实的不满，但最终还是指向了佛家净地。

高适又与这二人不同。他一直怀有用世之志，登上高耸入云的佛寺浮图时，高适并没有忘记自己要为国家效劳的志向。但他放眼望出去，也仅仅看到了一个"我"——他关注的是自己的政治前途，目光却没有穿越得更远，去关注大唐的前途与未来。

诗词鉴赏的终极，是境界的比拼。毫无疑问，四首诗作中，杜诗以其对唐代社会现实的高度关注与担忧而胜出。"乱源已兆，忧患填胸，触境即动，只一凭眺间，觉河山无恙，尘昏满目。"浦起龙在《读杜心解》中的这一段，可谓直触诗人心事。

诗人们登上慈恩寺塔之时，大唐王朝的统治已经危机四伏了。唐玄宗日益骄奢淫逸，朝政为李林甫等人把持，日趋黑暗。朝廷对此却似是浑然无知，还不断挑起边衅，荼毒生灵，攻拔石堡城，派兵征南诏。这些侵略性的开边战争，正把大唐人民拖入战争的泥淖，那些不安分的蕃将，正在悄然策划着阴谋叛乱。

几百年后的苏轼，在劝谏他的帝王之时，曾说大宋犹如盲人骑瞎马，夜半临深池，已到了极危险的边缘了。此时的大唐，亦是如此。而大唐的"总舵手"唐玄宗，却一头扎进美人杨贵妃的温柔乡里，长醉不醒。

对于这一切,杜甫看在眼里,忧在心里。

胸中的忧愁之情,越过眼前的苍茫之景,化为慈恩寺浮图上的声声叹息。

慈恩寺塔,建于太宗贞观二十一年(647),本是太子李治为其母文德皇后祈福而建,距杜甫等人登临之时,已有百余年历史。百余年来,它高高地耸立在长安城南,见证了大唐的繁荣盛世,也见证着大唐的日趋衰落。

站在塔顶,眺望太宗的昭陵,杜甫如何能不怀念那一段盛世时光?如今,大唐上空哪里还有盛世景象,只余下满目的愁云惨雾。从骊山传来的,是唐玄宗与杨贵妃寻欢作乐的震天歌舞声。举目天下,贤士失职无所归依,如黄鹄哀鸣;奸邪趋炎附势,各自为稻粱谋。

同站在高入云际的七级浮图之上,杜甫把自己立于一个迥然于众人的高度上。他不去关注佛教义理的精微,没有为个人命运的蹭蹬而叹,他望出去,看到的是长安,是大唐,云山雾罩使人愁。

有人把这首诗视为杜甫从大唐浪漫主义诗坛游离出来的标志。此后的杜甫,开始以更加冷静的目光观察社会,以更为深刻的笔触探索社会的病灶,他用手中的一支诗笔,来记录大唐由盛转衰的社会现实,他与人民同哭,也对上层贵族发出强烈的谴责。

天宝十一载(752),大唐朝局再变——这年十一月,在唐玄宗身边为相19年的李林甫因病去世,杨贵妃的堂兄杨国忠取而代之,登上相位。

杨国忠原名杨钊,天宝九载(750)十月,杨钊因为图谶上有"金刀"二字,遂请求改名,以示忠诚。"国忠"为唐玄宗御赐之名,也可见杨国忠为人之圆滑。杨国忠先在成都做小官,天宝初年杨贵妃得宠后,在成都的剑南节度使章仇兼琼引用他为幕僚,之后他进京攀上杨家姐妹,继而被玄宗赏识,被任命为金吾兵曹参军,一步步获得唐玄宗的宠信。李林甫死后，杨国忠又被提升为右相，兼文部尚书。他从做侍御史以来所领诸如御史大夫、判度支、蜀郡长史、剑南节度、支度、营田等副大使，仍旧由他担任。如此一来，上至军国大事，下至皇宫采办，都归他一手包办。

这是一个堪比李林甫的宰相，在声名狼藉方面，甚至有过之而无不及。据史料载，杨国忠年轻时就放荡无行，嗜酒好赌，连自己的族人都不待见他。上任后，更是贪赃枉法，滥用威权，生活奢华无度。

据说杨国忠当上宰相是靠杨贵妃的力量，这也许有点冤枉他。杨国忠当宰相是在贵妃入宫十年以后，这个时间不算短。他善于理财，善于搜刮老百姓，也许这才是他获宠的主要原因。他亦如李林甫一样，能投玄宗所好，但在巴结笼络朝中权臣方面，他甚至远超李林甫。他入朝先是与李林甫相互勾结、彼此利用，等羽翼渐丰，权势渐大后，又开始与李林甫明争暗斗，直至最后取代李林甫。

杨国忠登上相位后，第一件事就是要为自己物色一位得力的助手。鲜于仲通是他的心腹，为了贪图战功，他曾于天宝十载（751）命鲜于仲通率兵八万攻打南诏国（今云南），发动不义战争。鲜于仲通的军队在南诏惨败。杨国忠照样于第二年举荐鲜于仲通为剑南节度使。登上相位后，杨国忠又把鲜于仲通调到长安，为京兆尹。

《资治通鉴》载杨国忠，性情浮躁、办事专断、缺乏教养，对下属颐指气使，毫无忌惮。而他上台后对人才的任用，与李林甫如出一辙——排除异己，任人不管有无才德，一律按资排辈。杨国忠的这些举措，在短时间内为他收买了人心，尤其是那些候补多年都得不到官职的人，对他更是满意。

杜甫自参加集贤院考试之后，一直处于"候补"状态。杨国忠等人的上台，也一度带给了他希望。他为鲜于仲通献诗《奉赠鲜于京兆二十韵》："献纳纡皇眷，中间谒紫宸。且随诸彦集，方觊薄才伸。破胆遭前政，阴谋独秉钧。微生沾忌刻，万事益酸辛。交合丹青地，恩倾雨露辰。有儒愁饿死，早晚报平津。”

从诗中对“前政”李林甫的控诉来看，此诗当作于李林甫失势之后。天宝十二载（753）二月，杨国忠伙同安禄山，诬告李林甫与阿布思谋反，将其剖棺褫服。自此，李林甫在政治上彻底失势。杜甫这才敢一吐几年来的胸中郁闷。

可惜，他这次还是看错了人。

其实，自古以来文人士子的趋炎附势、媚俗人格，都不鲜见。即便是在杜甫生活的朝代，他的朋友高适、李白都曾在这方面留下一些让后人诟病的诗文，成为他们生命中难以抹去的败笔。

高适授封丘县尉，尽管他很快便辞官了，但他在接受封丘县尉一职时还是对当时的宰相李林甫极尽恭维之能事，在《留上李右相》诗中，高适言李林甫是李唐本枝，出身高贵，道德高尚，治国有方，在朝中君臣和谐，社会风尚淳古。真令人不忍细读。

李白晚年不但为安禄山唱过赞歌，还曾代一位新到任的宣城赵太守，写了吹捧杨国忠的《为赵宣城与杨右相书》。此文写于安史之乱爆发前夜，距离杨国忠被愤怒的士兵们砍杀后不久。文中的颂扬之语并不太长，却颇有力度与高度：言杨国忠以美德得声誉，照亮了昏暗的天地。入宫阙持造化之权，安定天下，令举国上下高枕无忧，令天下苍生共仰……简直，睁着眼睛说瞎话。这样的文章，谁敢相信会出自李白之手？

对这一现象，仇兆鳌在《杜诗详注》中引用钱谦益对杜甫的评价曰：“少陵之投诗京兆，邻于饿死；昌黎之上书宰相，迫于饥寒。两公当时不得已而姑为权宜之计，后世宜谅其苦心，不可以宋儒出处，深责唐人也。”

今人杨恩成、吕慰在《附势与媚俗：唐代诗人人格的另一面》中写道："附势与媚俗人格具有双重意义：既是自我生存的需要，从而表现出卑俗的一面；同时，它又是诗人为实现人生理想而采取的一种手段。从这个意义上说，附势与媚俗人格在一定程度上又是在强烈的用世思想促使下产生的，其人格特征可以说是崇高与卑下并存！"

从后来杜甫所言所行来看，当时投诗京兆也真的是病急乱投医了。他放不下入仕做官的政治理想，又找不到合适的途径，只能低下他高贵的头颅。可那并不代表他从心底里愿意跟这些人同流合污，在此后的诗作中，他一再向他们掷出锋利的匕首，直刺他们的心脏。

横空出世的伟大现实主义诗人

天宝十二载（753）春天，又一个清明三月天。

三月三，上祀节，这个自周朝流传下来的节日，原是一种巫术迷信，即每年三月的"上巳"日，女巫都要在河边为人们举行除灾祛病的"祓禊"仪式。

祓，即祛除病气，使之清洁；禊，则指修洁净身，除去积秽。

在古人眼里，水为至洁之物，选择在水边举行"祓禊"，成了代代流传的习俗。至魏晋时期，把每年农历的三月三日固定为上祀节。

三月三，正是一年中春暖花开、风和日丽的大好时节，此时除了在水边清洁身体去秽祈福，人们还把这个节日当成宴饮游玩、踏青交友的好时机。

这一年的三月三，困居长安的杜甫也信步走向曲江边。

曲江池，兴于秦汉，盛于隋唐，历时千年，由一处天然池沼，化身成一处皇家游乐的园林胜地。尤其到隋炀帝手中，更是将曲江池打扮得花团锦簇。他命人在曲江池中雕刻各种水饰，于池中广植红莲。

红莲盛开之日，满池红莲映日，岸边亭台楼阁、雕梁画栋倒映水中，流光溢彩。每每此时，爱游玩的帝王便携带臣子百官在池畔诗酒风流，尽享曲江流饮之乐。

"曲水流觞"因王羲之的兰亭雅会而大放光芒。每年三月三日，大唐王朝的皇家宫苑，也必到曲江池畔游宴踏青，曲水流觞的雅戏，盛行一时。春日的曲江池畔，众人环坐于曲水边，把盛着酒的觞置于流水之上，任其顺流漂下，酒觞最终停在谁的面前，谁就要将杯中酒一饮而尽，且要赋诗一首。

那天，那大队豪华的车队人马，迤逦穿过长安城的大街，往曲江边进发。美人贵妇，身着华美的服饰，被一团团珠光宝气簇拥。她们在曲江边摆下精美的器皿，宫中御厨为她们奉上名贵的肴馔。她们边饮边歌，载歌载舞，欢笑声震云天。

那一天，杜甫是否亲眼看见这群丽人们的曲江行？还只是远远地观望，凭借诗人的想象完成了对此次丽人行的描画？无人得知。

但他留下的一首《丽人行》，让他在大唐现实主义诗坛上率先发出第一声长吼。

他面色平静，内心却波涛汹涌；他不温不火，却对着那群只知腾云驾雾，在云端享乐的贵族、统治者提出了义正词严的抗议。

这年正月，靠杨国忠上位的剑南节度使鲜于仲通命人为杨国忠刻碑，并立碑于省门。身在长安的杨国忠兄妹，更是骄奢跋扈，不可一世。

杜甫直接把笔触探向大唐皇帝的爱妃宠臣，无异于捋虎须，逆龙鳞。

> 三月三日天气新，长安水边多丽人。
> 态浓意远淑且真，肌理细腻骨肉匀。
> 绣罗衣裳照暮春，蹙金孔雀银麒麟。

头上何所有？翠微盍叶垂鬓唇。

背后何所见？珠压腰衱稳称身。

就中云幕椒房亲，赐名大国虢与秦。

紫驼之峰出翠釜，水精之盘行素鳞。

犀箸厌饫久未下，鸾刀缕切空纷纶。

黄门飞鞚不动尘，御厨络绎送八珍。

箫鼓哀吟感鬼神，宾从杂遝实要津。

后来鞍马何逡巡，当轩下马入锦茵。

杨花雪落覆白蘋，青鸟飞去衔红巾。

炙手可热势绝伦，慎莫近前丞相嗔！

　　"美"与"刺"，是《诗经》就有的一种传统，杜甫这首《丽人行》，堪称对此种传统的绝好继承。他在诗中对不合理的社会现实进行了深刻的讽刺，对杨氏兄妹等外戚贵族的骄奢淫逸表示了极度的厌恶与轻蔑。

　　难能可贵的是，杜甫并没有像某些愤青一样，肆无忌惮地破口大骂。他的诗中"无一刺讥语，描摹处，语语刺讥；无一慨叹声，点逗处，声声慨叹。"（清·浦起龙语），他只是用一支作画的笔，细致地描绘美人们的衣、食、行。他把自己的态度，很巧妙地藏在了花团锦簇的场面背后：嫔妃、内戚们如此骄奢淫逸，高居相位的杨国忠如此盛气凌人，这皆不是清明政治该有的情景啊。

　　那一把充满强烈谴责与讥讽的利剑，穿透丽人、达官们的豪华阵势，直射向大唐的最高统治者唐玄宗。在此之前，估计少有人敢如杜甫一样勇敢。

　　其实，杜甫对大唐的种种忧虑，并不始于三月三日曲江边上与贵妃丽人们的相遇。他的目光，在此之前，就已经变得忧郁而深沉。

《兵车行》一诗的创作背景，有两种观点：一种观点认为是讽刺唐玄宗对吐蕃的用兵，作于天宝中年；另一种观点认为是讽刺唐玄宗天宝十载（751）对南诏的用兵。

《资治通鉴》卷二百一十六载："天宝十载四月，剑南节度使鲜于仲通讨南诏蛮，大败于泸南。时仲通将兵八万……军大败，士卒死者六万人，仲通仅以身免。杨国忠掩其败状，仍叙其战功……制大募两京及河南、北兵以击南诏；人闻云南多瘴疠，未战，士卒死者什八九，莫肯应募。杨国忠遣御史分道捕人，连枷送诣军所……于是行者愁怨，父母妻子送之，所在哭声振野。"

细读《兵车行》，两种观点似乎都说得通。或许正是天宝十载的南诏之征，触动了诗人的心事，继而让他对玄宗的穷兵黩武，不断发动不义战争而不满。诗的体裁为乐府，然而前代乐府并无《兵车行》之题，杜甫"旧瓶装新酒"，自创新题乐府。诗中，他对上层统治者进行了无言而有力的谴责，对被抽调的兵民表示了极度的同情。

车辚辚，马萧萧，行人弓箭各在腰。

爷娘妻子走相送，尘埃不见咸阳桥。

牵衣顿足拦道哭，哭声直上干云霄。

道旁过者问行人，行人但云点行频。

或从十五北防河，便至四十西营田。

去时里正与裹头，归来头白还戍边。

边庭流血成海水，武皇开边意未已。

君不闻汉家山东二百州，千村万落生荆杞。

纵有健妇把锄犁，禾生陇亩无东西。

况复秦兵耐苦战，被驱不异犬与鸡。

长者虽有问，役夫敢申恨？

且如今年冬，未休关西卒。

县官急索租，租税从何出？

信知生男恶，反是生女好。

生女犹得嫁比邻，生男埋没随百草。

君不见，青海头，古来白骨无人收。

新鬼烦冤旧鬼哭，天阴雨湿声啾啾！

《兵车行》《丽人行》两首诗的出现，被视为其创作道路上的重要转折，也成为唐诗发展过程中的里程碑。因为诗人开始在诗中对社会现实，特别是社会底层人民生活状况给予高度关注。

在杜甫生活的大唐，诗坛上虽然也不乏一些针砭时弊的诗歌作品，但总体来说，诗人群体还是聚居于社会的中上层。生活环境的局限，让他们对社会现实缺乏了解，更不熟悉底层民众的生活状况。

不说远，就说杜甫身边结识的那些大诗人。李白、高适、王维、岑参，他们也写过一些揭露黑暗现实的作品，但他们高高在上，以评论者的姿态俯视。像杜甫一样，把悲悯的目光投向广大民众，设身处地地体会他们的情感，与他们同悲共哭的，没有第二个。

长安十年生活的后期，杜甫的生活越发穷困落魄。那样的生活境地，于当时的杜甫来说，实在是一种苦不堪言的折磨，但对于中华诗坛来说，却又是何等的幸事。它把杜甫从浪漫主义的云端，一步步拉下来，最终把他抛进了社会的最底层。它让他忍饥挨饿，衣不蔽体。它让他穿着草鞋布衣，满面尘灰地夹杂在逃难的队伍中。

身边男女老少的哭声，朝不保夕的生活，终于让杜甫放下了对上层社会的所有美好设想，他开始向着社会的更深处、人生的更深处思考，他由个人的不幸遭遇，想到了天下民众的痛苦，又由天下民众的血泪，看到了国家的危机与灾难。

杜甫的视野扫向天下，个人的啼饥号寒也被赋予了更深刻的社会意义。那不是他一个人的悲，那是天下人的悲。这样的悲悯与深度，让我们伟大的现实主义诗人杜甫，一步步走向唐诗的圣坛。

长安苦寒谁独悲？

杨氏与杜甫成婚后，好日子没过几天。为了支持杜甫长安寻梦，杨氏一人在老家苦苦支撑。天宝八载（749）冬，杜甫自长安归家之后，杨氏为他生下第一个儿子宗文。

此后几年，杜甫继续做"京漂"，杨氏在家养育儿子，二人依然聚少离多。献赋朝廷，试图结交新宰相杨国忠，都没能给困窘中的杜甫带来多少实质性的帮助，他依然在长安苦苦等待。

直到天宝十三载（754）春，杜甫才有条件把妻儿接到长安。他搬出旅舍，在长安城南下杜城定居下来。

此时一家人的吃穿用度，全靠杜甫微薄的笔酬来支撑。而那点收入，也极不稳定。权贵富豪们的赏赐，全看他们的心情。杜甫在他们眼里，终究只是一个偶尔可用的穷书生。

诗人的心，敏感而骄傲。好在，在长安，他还有一些穷朋友。他们同他一样，有才气，有抱负，也同他一样郁郁不得志。朋友相聚，一壶浊酒，一番牢骚，心中的郁闷也可暂时得到缓解。

郑虔，郑州荥阳人，杜甫的朋友。他能诗，善书，善画。玄宗爱其才，曾称之为"郑虔三绝"。可他在长安的生活，也并不如意，不过是被安置到国子监广文馆，做了一个掌管国子监学生备考进士之事的穷博士。

郑虔德尊才高，依然难逃位卑穷困的命运。杜甫则连郑虔都不如，他到现在连这样一份微职也没有。两个同病相怜的朋友，便常常借酒浇愁，发胸中不平之气。《醉时歌》，是这年春天杜甫移居下杜城不久之后的牢骚之作。

　　诸公衮衮登台省，广文先生官独冷。甲第纷纷厌梁肉，广文先生饭不足。先生有道出羲皇，先生有才过屈宋。德尊一代常坎坷，名垂万古知何用！杜陵野客人更嗤，被褐短窄鬓如丝。日籴太仓五升米，时赴郑老同襟期。得钱即相觅，沽酒不复疑。忘形到尔汝，痛饮真吾师。清夜沉沉动春酌，灯前细雨檐花落。但觉高歌有鬼神，焉知饿死填沟壑。相如逸才亲涤器，子云识字终投阁。先生早赋归去来，石田茅屋荒苍苔。儒术于我何有哉，孔丘盗跖俱尘埃。不须闻此意惨怆，生前相遇且衔杯！

　　"沉醉聊自遣，放歌破愁绝。"大诗人有大悲痛，亦有面对大悲痛的破解之法。

　　家里几近揭不开锅了。杜甫不得不和长安城所有的穷人一样，天没亮就去排队，等待购买朝廷下放的救济粮。纵如此，他还是忍不住想方设法去找钱换酒，找郑虔。

　　杜甫拎着千辛万苦换来的酒，匆匆走在奔向好友的路上。心里只有一句：何以解忧？唯有杜康。

　　那是一个春雨连绵的日子，杜甫和郑虔从日中喝到日落，又从日落喝到深夜。窗外的雨，细细密密，从暗沉沉的夜空里洒下来，恰如诗人挥不开的无边愁绪。室内一盏灯火，飘忽摇曳，映照着两张已经醉成酡红的脸。

　　日子太苦了，前路还一片渺茫。在朋友面前，借着酒的力量，杜甫才能尽情地吐露他心中那份强烈的不平和愤懑。这是什么时代？连

杜甫和郑虔这样的德才兼备者，都要担心饿死了。何论其他人！

一向尊崇儒术的杜甫，在诗中发出石破天惊的慨叹："儒术于我何有哉，孔丘盗跖俱尘埃。"

纵然以酒盖脸，但这种离经叛道之语，出自杜甫之口，也够令人吃惊的。因此便有人怀疑杜甫对儒学产生了动摇。

王嗣奭则不这么看，他在《杜臆》卷一中解释说："此篇总属不平之鸣，无可奈何之词，非真谓垂名无用，非真薄儒术，非真齐孔、跖，亦非真以酒为乐也。杜诗'沉醉聊自遣，放歌破愁绝'，即此诗之解，而他诗可以旁通。"

正因对儒术爱得太深，才会如此失望痛心，发出如此愤激的反语。情怀郁郁，不失奔放气势。宋人苏舜钦曾借《汉书》下酒，后代读者亦可借此诗来一抒胸中块垒。

天宝十三载（754），是一个灾年。水旱相仍，兵连祸结。

六月，李宓将兵七万进攻南诏，至西洱河全军覆没，李宓被活捉。时为右相的杨国忠竟然隐其败迹，继续发兵征讨，前后死伤近20万人。

秋天，长安一带又发生雨涝灾害。淫雨60余日而不绝，农田被淹，房舍倒塌无数，粮价暴涨。杨国忠却找来个别长得好的禾苗，公然对上曰："雨虽多，不害稼也。"唐玄宗"以为然"。更过分的是，朝野内外，若有谁言灾害者，杨国忠绝不会放过他。

此种情形之下，老百姓的生活之艰难是可想而知的。

那场灾难让杜甫原本就窘迫不已的生活雪上加霜。他病倒了，日日躺在病榻上，望着门外的大雨愁眉难舒。

"卧病长安旅次，多雨生鱼，青苔及榻。"杜甫在《秋述》中如此描述自己当时的生活。

《秋雨叹三首》即为这一时期留下的作品。三首诗从不同的角度描写那场秋雨，抒发自己内心的忧思。

第一首咏雨中所见之景：秋雨霖霖，百草烂死，阶下决明却一枝独放，鲜艳夺目。但秋风催寒，决明又怎能长久？睹物生情，堂上的白发书生也忍不住临风啼泣：堂上书生空白头，临风三嗅馨香泣。

长安数年，残羹冷炙，处处潜悲辛，杜甫已把自己个人的悲喜，融入到那个大时代。久雨成灾，杜甫只能望雨兴叹，他叹自己，更叹天下百姓。他们的生计让他忧心不止：禾头生耳黍穗黑，农夫田妇无消息。城中斗米换衾裯，相许宁论两相值？（《秋雨叹三首》其二）

天雨成灾，稼禾不收，百姓辛勤耕作却颗粒无收，他们只能以衾被换米，顾不得寒冬将临，也顾不上值不值得。

在给朋友岑参的诗中，他除了写自己因雨不能出行访友的窘状，还写道："吁嗟乎苍生，稼穑不可救。安得诛云师，畴能补天漏？"（《九日寄岑参》）

共同的遭遇，缩小了杜甫与百姓之间的距离。他对他们的苦难，感同身受。

杜甫天天愁，愁自己，愁天下。稚子宗文却丝毫不解忧愁之苦。门外的风雨，倒让他觉得好玩极了。他一会儿跑进屋，一会儿又跑到院子里，在雨里撒欢儿。那情形，更添杜甫心中忧郁愁苦。

长安布衣谁比数？反锁衡门守环堵。

老夫不出长蓬蒿，稚子无忧走风雨。

雨声飕飕催早寒，胡雁翅湿高飞难。

秋来未曾见白日，泥污后土何时干？

《秋雨叹三首》其三，诗人把忧伤的目光收回到自己的破旧小院。闭门不出的老夫，无忧走风雨的稚子，满院疯长的野草，打在屋舍门窗上的雨声。诗人以如此生动的生活镜头，向千百年后的读者描述他当年在长安的日子。他紧皱的眉头，他忧郁的目光，他那一声接一声融在秋风秋雨里的叹息，如在耳畔目前。

"胡雁翅湿高飞难"，诗人可不就是那样一只被困在长安的胡雁么？

> 赤县官曹拥材杰，软裘快马当冰雪。
> 长安苦寒谁独悲，杜陵野老骨欲折。
> 南山豆苗早荒秽，青门瓜地新冻裂。
> 乡里儿童项领成，朝廷故旧礼数绝。
> 自然弃掷与时异，况乃疏顽临事拙。
> 饥卧动即向一旬，敝裘何啻联百结。
> 君不见，空墙日色晚，此老无声泪垂血。

这首《投简咸华两县诸子》，亦作于这年秋天。

从这首诗中，可知杜甫一家的生活已到了举步维艰的地步，杜甫的心情也苦到不能再苦了。移家下杜城，原本想着此处是族人聚居之地，尚可依靠。现实却又给他沉重一击，那里的儿童都能欺生，更不用说朝中故旧。

故旧弃掷，避而远之；仕进无门，前路莫测；地冻苗荒，生计无着。眼看着严冬又要来临，无衣无食，何以卒岁？

为了一家人的生计，这年冬天，杜甫只得把家小送往奉先（今陕西蒲城）。奉先杨县令，是杜甫夫人杨氏的本家。杜甫携家人去投靠他，将家人暂时安顿在县署公舍里，他又只身一人返回长安。朝廷的任命，似一道若隐若现的彩虹，悬于杜甫的前方，他等不来，又舍不得。

春天迁居长安城南，冬天无奈搬离，杜甫一家在下杜城这个地方，生活了不足一年，却备尝艰辛滋味。

天宝十四载（755）夏，杜甫从长安往白水（今陕西白水）探望舅氏崔顼，九月与崔顼一同前往奉先。十月，杜甫再回长安，他终于等到了朝廷的一纸任命。

这年十月，杜甫被任命为河西县尉。

《唐六典·三府都护州县官吏》有明确记载：县尉职责是"亲理庶务，分判众曹，割断追催，收率课调"。由此可知，县尉职掌包括行政、司法、财政等各个方面，看似权力很大的样子，其实不然，县尉不过是一个替人跑腿的小吏，位在县令、县丞、主簿之下。

当年高适作封丘县尉，就不堪其苦，慨叹："宁堪作吏风尘下！"后来便果断辞掉此职去了哥舒翰军中。

长安求仕近十年，最终得到的是一个从九品的小小县尉。在前一年，杜甫在《进雕赋表》中，曾委婉地向皇帝表示，希望能求得一官半职。但眼前现实与理想差距太了，杜甫拒不接受。

不久之后，新的任命又下来，改授右卫率府兵曹参军，任所在长安，官阶比县尉稍高一级，属从八品下。

这样的安排，也没达到杜甫的预期，但为生计，他不得不屈就。然而心里依旧有老大的不开心，遂作诗自嘲："不作河西尉，凄凉为折腰。老夫怕趋走，率府且逍遥。耽酒须微禄，狂歌托圣朝。故山归兴尽，回首向风飙。"（《官定后戏赠》）

杜甫亦步高适后尘，他宁作"兵曹参军"这样一个闲职，也不愿意折腰奔走。

长安十年苦苦挣扎，胸怀"致君尧舜上，再使风俗淳"的经世大志，杜甫最终得到的是一个小小八品官职。这样的结果，着实太过讽刺。杜甫却顾不得太多了，他的妻子儿女，还在奉先，对着长安望眼欲穿。他终究也算给他们一个交代了。

十一月，杜甫匆匆踏上了回奉先的长路。

杜甫传

自京赴奉先咏怀五百字

天宝十四载（755）十一月，长安已是天寒地冻。杜甫从长安城出发，急急奔赴奉先。

杜甫的妻儿均在奉先，寄人篱下。三个幼子，全依仗妻子杨氏一个人照顾。杜甫等不到天亮，半夜时分就启程动身。

从长安到奉先，二百多里路。无车无马，全靠杜甫用双脚丈量。又值隆冬时节，寒风凛冽，冷入骨髓。杜甫急匆匆行走在百草凋零的北方大地上，他的脸被吹红了，头发被揉乱了，手指被冻僵了，连被风吹开的衣带也系不上。

这一切，都无法阻挡杜甫回家的热情。

从长安前往东北方向的奉先，要经过骊山。这座海拔1300多米的高山，是秦岭山脉的一个支脉，因此地树木葱茏，景色锦绣，又被称为"绣岭"。上古时期，女娲在这里"炼石补天"；西周末年，周幽王为博美人一笑，在此"烽火戏诸侯"；秦始皇对此地情有独钟，把自己的陵寝建在骊山脚下，留下了举世闻名的秦兵马俑。

到杜甫生活的大唐，唐玄宗更是将骊山辟为自己的乐园。倚骊峰山势而筑的华清宫，背山面渭，规模宏大，楼台馆阁，遍布骊山上下。此宫建于唐朝初年，亦称骊山宫、绣岭宫、温泉宫。唐玄宗执政后，对此宫大肆扩建营修。每年十月冬季来临之前，他都要率领百官，带着杨贵妃来此游玩。"贵妃出浴"的华清池，即在此宫。

杜甫经过骊山脚下时，正是凌晨时分，大雾弥漫中，走得甚是艰难。他的双脚被冻僵，痛到无知觉，踩在悬崖深谷边的石头上，稍有不慎就可能跌下深渊。可他还是忍不住抬头往山上望。

那里，有让他又爱又恨的大唐皇上唐玄宗。

清晨的大雾，把骊山上上下下都裹进了巨大的灰白幔帐里，杜甫仅凭自己的想象，就能想到山上的世界。在那里，宫内有热气蒸腾的温泉，就像王母娘娘的瑶池仙境；宫外有密密麻麻的禁军，杜甫甚至听到了兵器相撞的声音；还有那袅袅而来的乐声，响彻天宇。

当今皇上与大臣们，正在骊山行宫纵情享乐。美人如玉，歌舞轻扬。貂鼠裘，驼蹄羹，霜橙香橘，各种山珍海味，酒肉凡品，应有尽有。可他们哪里会想到，就在他们的朱门高墙之外，多少饿殍遍布于寒风大雪之中。在他们的脚下，有一个行色匆匆的诗人，正忧心忡忡地驻足凝望。他们更不会想到，就在此时，平卢、范阳、河东三镇节度使安禄山诡称奉秘诏讨伐杨国忠，已在范阳（今北京及周边区域）起兵叛乱。

此时站在骊山脚下的杜甫，也还不知安禄山范阳起兵的消息，但他已嗅出空气中四处弥漫的危险味道。此时的大唐，已是危机四伏，大乱将至了，而大唐的最高统治者，还在华清宫里醉死红尘。

那一路，杜甫走得急，也走得苦。不止为自己，也为大唐社稷和天下苍生。

行至靠近泾河和渭河的官家渡口时，眼前景象让杜甫几近绝望。因天气寒冷，河道早已被顺水而来的巨大冰块阻塞。那些巨大的冰块，混着水流，涌起小山一样的浪头。杜甫甚至怀疑是崆峒山漂下来了。

还好，河上的桥梁还没有被撞毁，但也是危如累卵。在冰浪的冲击之下，桥柱子已发出吱吱呀呀的声音，桥面也一直摇晃颠簸，摇摇欲坠。那座险桥，是眼下杜甫回家的唯一通道。

望一眼漫天的大雪，杜甫战战兢兢地踏上了桥面。

脚上的鞋子走破了，身上的衣衫被吹烂了。走了240多里路，终于回来了。家在眼前，在诗人激动模糊的泪水中晃啊晃。尽管，那也

只是他们一家几口临时的寄宿地。但有亲人的地方，即是家。

杜甫在路上设想过太多的场景，妻子杨氏，三个稚子，他们是否受冻受饿？是否受人欺凌？他甚至想过，他们是否还在这个世界上？可怕的念头，转瞬即逝。他不愿那么想，他唯愿自己推开家门的那一刻，妻儿都会亲热地一头扑过来。

诗人的想象力，可以超乎天地。那一次眼前的场景却在杜甫的想象力之外。那个出生仅几个月的婴儿，杜甫的三儿子，没能等到风尘仆仆的父亲，就在那个冬天饿死了。

杜甫迈进家门时，那个小人儿的身体已经冷硬。妻子杨氏的哭声，伴着寒风直冲杜甫的心房。

杜甫震惊了。

幼子夭折一事，把杜甫与亲人久别重逢的喜悦冲击得荡然无存，让他陷入深深的伤心和自责中。杜甫出生于官宦之家，享受着不服兵役、不纳租税的特权，但他的儿子还是饿死了。那些不享受这些特权的百姓呢，他们的日子又该如何？弱者填沟壑，强者正要操戈造反。世上还有多少人无业可从？有多少久役不归的兵士空空思念？

这一切忧虑齐齐来袭时，杜甫的丧子之痛被冲淡了，取而代之的是更深的痛，为天下人痛。

鲁迅曾在文章《"碰壁"之后》中对年轻的同学们说："古人所谓'穷愁著书'的话，是不大可靠的。穷到透顶，愁得要死的人，那里还有许多闲情逸致来著书？我们从来没有见过候补的饿殍在沟壑边吟哦；鞭扑底下的囚徒所发出来的不过是直声的叫喊，决不会用一篇妃红俪白的骈体文来诉说痛苦的……正当苦痛，即说不出苦痛来，佛说极苦地狱中的鬼魂，也反而并无叫唤！"

正因如此也才有了"痛定思痛"这样的词汇吧。公务在身，杜甫只在奉先呆了极短的一段时间就回长安了。那段时间，杜甫的心几乎被痛苦淹没，根本无心回望和写诗。杜甫回长安之后，心情慢慢平静，思前想后，这才敢把回奉先的路重新在心里走一遍。一首千古名篇随即诞生：

杜陵有布衣，老大意转拙。许身一何愚，窃比稷与契。居然成濩落，白首甘契阔。盖棺事则已，此志常觊豁。穷年忧黎元，叹息肠内热。取笑同学翁，浩歌弥激烈。非无江海志，潇洒送日月。生逢尧舜君，不忍便永诀。当今廊庙具，构厦岂云缺！葵藿倾太阳，物性固难夺。顾惟蝼蚁辈，但自求其穴。胡为慕大鲸，辄拟偃溟渤。以兹误生理，独耻事干谒。兀兀遂至今，忍为尘埃没。终愧巢与由，未能易其节。沉饮聊自遣，放歌破愁绝。岁暮百草零，疾风高冈裂。天衢阴峥嵘，客子中夜发。霜严衣带断，指直不得结。凌晨过骊山，御榻在嵲嵲。蚩尤塞寒空，蹴踏崖谷滑。瑶池气郁律，羽林相摩戛。君臣留欢娱，乐动殷胶葛。赐浴皆长缨，与宴非短褐。彤庭所分帛，本自寒女出。鞭挞其夫家，聚敛贡城阙。圣人筐篚恩，实欲邦国活。臣如忽至理，君岂弃此物？多士盈朝廷，仁者宜战栗。况闻内金盘，尽在卫霍室。中堂有神仙，烟雾蒙玉质。暖客貂鼠裘，悲管逐清瑟。劝客驼蹄羹，霜橙压香橘。朱门酒肉臭，路有冻死骨！荣枯咫尺异，惆怅难再述。北辕就泾渭，官渡又改辙。群冰从西下，极目高崒兀。疑是崆峒来，恐触天柱折。河梁幸未坼，枝撑声窸窣。行李相攀援，川广不可越。老妻寄异县，十口隔风雪。谁能久不顾，庶往共饥渴。入门闻号咷，幼子饿已卒。吾宁舍一哀，里巷亦呜咽。所愧为人父，无食致夭折。岂知秋禾登，贫窭有仓卒。生常免租税，名不隶征伐。抚迹犹酸辛，平人固骚屑。默思失业徒，因念远戍卒。忧端齐终南，澒洞不可掇。

《自京赴奉先咏怀五百字》，被称为杜诗中著名的"大文章"，也是唐代五言古诗中的"大文章"。它以宏大的篇幅，广阔的内容，严整的结构，精练的字句，傲视整个唐代乃至整个古代五古作品。

清代杨伦在《杜诗镜铨》中高度评价了这首诗："五古前人多以质厚清远胜，少陵出而沉郁顿挫，每多大篇，遂为诗道中另辟一门径。无一语蹈袭汉魏，正深得其神理。此及《北征》，尤为集内大文章，见老杜平生大本领，所谓'巨刃摩天''乾坤雷硠'者，唯此种足以当之。"

杨伦从内容和风格来看此诗，其同代人浦起龙则看向诗人的性情："少陵之诗，一人之性情，而三朝之事会寄焉者也。"（浦起龙《读杜心解》）

诗以"咏怀"为题，以"咏怀"为线，诗人处处推己及人，把个人的不幸与国家、民族的不幸联系在一起。也正因为这种对国家形势的深刻反映，杜甫的作品才被称为"诗史"。而将诗人的内心世界与外部世界有机地结合起来，是杜甫为中国古典诗歌创作带来的一种新气象。

从天宝五载（746），杜甫西入长安求仕，到天宝十四载（755），杜甫被朝廷任命从八品下的微职。十年困顿京城，在功业上，杜甫可以说是一事无成。

但这十年辗转，却是杜甫诗歌创作的丰收期与转折点。这十年中，杜甫得以与上层社会的王侯显宦接触交往，目睹了他们骄奢淫逸的生活，对统治集团的黑暗政治内幕也有所了解。长安十年的后期，杜甫穷困潦倒，贫病交加，让他对种种的社会弊端和民生疾苦，体察尤深。

水深火热的长安十年，杜甫慢慢丢掉了年轻时代的浪漫主义幻想，创作了一大批现实主义诗歌力作，有揭露最高统治集团腐朽的，有反对穷兵黩武的开边战争的，有为被压迫被剥削的人民而疾呼的。这些诗作，成为他后期谱写现实主义光辉乐章的序曲。

奉先之行，让杜甫留下了《自京赴奉先咏怀五百字》这样的不朽诗篇。此后，杜甫便愈加义无反顾地沿着现实主义创作道路走了下去。

杜甫传

第四章　安史乱起

安史之乱爆发

天宝十四载（755）十一月初九，就在杜甫回奉先探亲的那一个月，身兼范阳、平卢、河东三节度使的安禄山，发动属下唐兵以及同罗、奚、契丹、室韦共15万人，以"忧国之危"，奉密诏讨伐杨国忠为借口，公然在范阳起兵叛乱。

安史之乱爆发，是民族矛盾、经济矛盾、阶级矛盾等各种社会矛盾的集中反映。但最直接的原因，与唐玄宗在边防普遍设立节度使的制度不无关联。

在唐玄宗执政时期，西边的少数民族政权吐蕃已经十分强大，东北角也频频受到奚和契丹等政权的侵扰。为抗击外族侵扰，维护边疆稳定，从东北到西南，唐玄宗一共设置了9个节度使，即9个大的军事集团。这个政策，曾在一定程度上起过积极作用，最后却是尾大不掉，各大节镇拥兵自重，最终把大唐送上了由盛转衰的不归路。

诸节镇中，兵力在5万以上的大镇有范阳、陇右、河西、朔方、河东。因当时东北的奚、契丹已极为强悍，临制奚、契丹的范阳兵力逐渐成为诸镇之冠。平卢从范阳分出，实际和范阳一起行动。到天宝十载（751）二月，安禄山除范阳、平卢外又兼领了河东节度使。次年四月，安禄山的党羽安思顺又充当了朔方节度使，安禄山集团的势力越发强大，唐朝出现了"国之重镇惟幽都"的局面。

安禄山，何德何能，一手掌控了大唐北方半边天？这要从头细说。

安禄山原是营州柳城胡人，从小就死了父亲，因母亲改嫁突厥人安延偃，自此改姓安，更名禄山。

安禄山的母亲阿史德氏，是一位以卜为业的巫婆，居住在突厥。突厥呼战斗神为"轧荦山"。传说阿史德氏曾向"轧荦山"求子，后来果真怀孕，生下一子。孩子出生时，天呈异相，光照穹庐，野兽尽鸣。望气的预言家预言这个孩子将有不俗的作为。当时的节度使张仁愿即派人前去搜查，欲捕杀这母子二人。母子二人侥幸逃脱，阿史德氏越发觉得这个孩子是神赐的礼物，就直接称他为"轧荦山"——战神。

安禄山这位"战神"，给他的母亲带来了希望，给大唐带来的却几乎是灭顶之灾。

开元初年，安禄山逃离突厥。后来又到了幽州节度张守珪帐下。因其精通九蕃语言，骁勇善战，又善揣人意，很快就被选拔做了捉生将。

捉生将，顾名思义，就是每日同几名骑兵出去执行捉人任务。安禄山有时一天能捉回几十个前来骚扰的契丹人。这让张守珪很是欢喜，他收安禄山为义子，并不断对其进行提拔与重用。

安禄山曾与死神擦肩而过，如果那次他被诛杀，大唐的历史也许就会被改写。

开元二十四年（736），张守珪派遣安禄山出兵讨伐奚、契丹叛乱力量。彼时的安禄山为平卢讨击使、左骁卫将军，他依仗张守珪的宠

杜甫传

爱，恃勇轻进，结果大败而回。

依大唐律例，安禄山这一败，足够他掉脑袋。张守珪也救不了他。四月，张守珪奏请斩之。安禄山却在临刑前大叫："大夫不欲灭奚、契丹邪？奈何杀禄山！"

那一嗓子，把刽子手手中的大刀又震落了。

张守珪把安禄山押往京师。请朝廷发落。

受理此案是中书令张九龄。他直接批示说："昔穰苴诛庄贾，孙武斩宫嫔。守珪军令若行，禄山不宜免死。"可惜玄宗皇上太过仁慈，爱其才，敕令免官，以白衣将领。张九龄力争道："禄山失律丧师，于法不可不诛。且臣观其有反相，不杀必为后患。"

玄宗始终不听，还是把安禄山给放了。他认为，杀禄山是枉害忠良。

那次大难不死，让安禄山愈加认清了形势。被玄宗赦免回幽州后，安禄山开始向那些朝廷派来视察河北的使者百般献媚、贿赂。在唐玄宗面前替他说好话的人自然也就越来越多。

此后的数年间，安禄山越来越得唐玄宗的器重，从平卢节度使，到骠骑大将军，其野心也越来越大。

据说安禄山这家伙特别会装蠢卖傻，以此来掩盖他的政治野心。随着皇上对他恩宠的加深，他进出宫中的机会越来越多，他曾说："臣生蕃戎，宠荣过甚，无异材可用，愿以身为陛下死。"见太子，安禄山不拜，左右指摘他，他满脸无辜道："臣不识朝廷仪，皇太子何官也？"皇上耐心给他解释："吾百岁后付以位。"安禄山这才急忙谢罪："臣愚，知陛下不知太子，罪万死。"这才再拜。

这一"无知"行为，倒让玄宗越发喜欢。

彼时杨贵妃得宠，她比安禄山年轻太多，安禄山却自称是杨贵妃的干儿子。玄宗也答应了。再入宫，安禄山先拜贵妃，再拜皇上，还振振有词："蕃人先母后父。"唐玄宗不怒反喜，让他与杨家兄妹以兄弟相称。就连当时在朝中一手遮天的宰相李林甫，也唯安禄山敢与他平起平坐。

安禄山是个大胖子。做张守珪养子那会儿，因张守珪嫌他胖，他还有所节制。等到成了贵妃的干儿子后，他就不再克制，体重达到330多斤，腹垂过膝，每每出行，都要有人抬着他的肩膀才能移步。每乘驿入朝，中途必得换马，不然马会被累死。如此一个大胖子，在皇帝面前跳胡旋舞，却是快疾如风。那抖来颤去的大肚子，逗得唐玄宗哈哈大笑："胡腹中何有而大？"

"唯赤心耳！"安禄山把皇帝的心思摸得太透了。皇帝想听什么，他说什么。

这个外表粗蠢的胡人，还有一份无比的耐心。他等到李林甫、杨国忠把李家天下搅和得差不多了，皇上越发沉湎于声色时，才慢慢把阴谋叛逆的心思露出来。

他开始在范阳城北修筑战垒，积蓄兵器、粮食，训练家奴，并暗使钱财，与胡商联系。他一步步壮大自己的力量，也一步步向皇帝伸手索权。

安禄山一步步走上逆反道路，与李林甫不无关系。李林甫，在相位19年间，为巩固自己的权位，将嫉贤妒能的本领发挥到极致。他不允许文人才子得势，更不许他们手握兵权。他直接上奏皇上："文士为将，怯当矢石，不如用寒族、蕃人，蕃人善战有勇，寒族即无党援。"自此，高仙芝、哥舒翰、安禄山、安思顺等蕃人，张守珪、牛仙客等寒族，渐渐走上节镇要位。

安禄山的阴谋之心，连李林甫都被瞒住了。及至杨国忠上台，安禄山更是全然不把这位新宰相放在眼里。他与杨国忠的隔阂越来越深，连唐玄宗也毫无办法。

安禄山的反心，杨国忠倒是早有察觉，他曾向皇上建议："陛下试召之，必不来。"

玄宗果真派使臣去召。安禄山闻命即至。

天宝十三载（754）正月庚子日，安禄山在华清宫拜见玄宗，向玄宗好一番哭诉："臣本胡人，陛下宠擢至此，为国忠所疾，臣死无日矣！"玄宗原本的一点疑虑，被安禄山那一哭全冲散了，他步下龙椅宝座，亲自扶他起来，好言相慰不说，又封其为尚书左仆射，赐实封千户。

安禄山铲除了自己谋反道路上最后一块拦路石。自此之后，杨国忠在玄宗面前渐渐失信，而他安禄山，越发得宠。

杜甫从长安回奉先时，安禄山已经在范阳起兵。只是，彼时消息闭塞，还没有传到长安城。玄宗还在和杨贵妃花天酒地，杜甫却已在为那个即将来临的乱世而忧心忡忡。

安禄山暗怀异志近十年，但唐玄宗确实待他太好了，他也不得不有所顾忌，想等皇上晏驾后再行动。无奈他与杨国忠的矛盾太深了，杨国忠频频在皇上面前进言，令他们两个的关系到了不共戴天的程度。他只好提前策反。

天宝十四载（755）十一月，安禄山于范阳起兵。15万大兵，皆是步骑精锐，他们从范阳出发，席卷河北各地。

唐玄宗登基40余年，海内承平日久，从上到下，奢靡之风日盛。而大部分的军事力量，都调集到边境，内地多府库空虚，有建制而少兵员。据称，当时州县府库中的兵器和铠甲均已生锈。乱起之后，临时招募的兵员，拉不开弓，拔不出剑，只能拿起棍棒抗击。

史料载安禄山大军渡过黄河逼近陈留（今河南开封）时，十几万铁骑扬起的烟尘把整个陈留城都罩住了。绵延数十里的队伍，震天动地的号角声与喊杀声，把守城的兵卒们吓得腿软手软，连武器都举不起来。陈留太守则直接打开城门投降。入城之后，安禄山得知以人质身份被押在长安的儿子安庆宗已被处斩，捶胸顿足，大哭一场，继而在城内大开杀戒，向城内列队相迎的官员与百姓举起了屠刀。

两天之后，叛军又抵荥阳（今属郑州），将荥阳城团团围住。这一次，安禄山叛军更是没费吹灰之力，只在城四面猛擂了一通鼓，城墙上的士兵竟然纷纷"自坠如雨"。

如此情形之下，安禄山大军如入无人之境，势如破竹，所过州县，烟尘漫天，鼓声震地。当地太守县令，或望风而逃，或直接大开城门迎接。大片城池，不日之间就落入安禄山叛军之手。

大难面前，皇帝和权臣把大唐的千百万苍生，拱手交出，任他们在叛军的铁蹄下哀号。国已不国，君已不君，杜甫这个芝麻大的小官又算得了什么？他也不得不被裹进了千万逃亡大军之中，在那个巨大的旋涡里，浮浮沉沉，任凭风吹雨打……

渔阳鼙鼓动地来

天宝十四载（755）十一月，安禄山起兵叛乱，不到两个月的时间，即攻下了东都洛阳。这个对大唐皇位垂涎已久的胡人，一进洛阳就被那座五光十色的大都市绊住了脚，天宝十五载（756）正月初一，安禄山在洛阳称大燕皇帝，改元圣武。

消息传到长安，唐玄宗自然也不会束手待毙。他要御驾亲征的呼声喊得很响。从朝中到民间，除了杨氏兄妹等人怕太子登基他们要倒霉而极力反对外，大家都在热切盼望皇上能亲自上阵，鼓舞士气，重振大唐雄风。

事实却出乎所有人的意料，一直等到天宝十五载（756）五月，安禄山叛军逼近潼关时，扬言要御驾亲征的皇帝，仍然按兵不动。

潼关位于今陕西省渭南市潼关县北，北临黄河，南踞山腰。《水经注》载："河在关内南流，潼激关山，因谓之潼关。"潼关始建于东汉建安元年，是关中的"东大门"，历来为兵家必争之地。此地地势高峻险要，易守难攻，素有"第一关"的美誉。

守得住潼关，也就意味着暂时守住了大唐。唐玄宗自然也认识到了这一点。他先派高仙芝和封常清两位将领在此驻守。高、封二位的有力驻守，果真让叛军萌生了退意。

无奈此时有人说两位驻守潼关的大将与叛军互相勾结，所以才迟迟不与叛军交战。唐玄宗听不得这一句，竟然下令将高、封二将斩首示众。又派哥舒翰领军前往。

哥舒翰，唐代安西（今新疆库车）人，是突骑施首领哥舒部落的后裔。天宝十一载（752），哥舒翰加封开府仪同三司，后进封西平郡王，升太子太保、兼御史大夫。哥舒翰是当时的名将，因赫赫战功而封王食邑。

"北斗七星高，哥舒夜带刀。至今窥牧马，不敢过临洮。"从这首当时流传的诗歌中，足见哥舒翰的德高望重。其幕下也是人才济济，卧虎藏龙。杜甫的好友高适，就投在哥舒翰幕府。

尽管此时的哥舒翰已是病体奄奄，但至少余威仍在。哥舒翰进驻潼关后，立即加固城防，深沟高垒，闭关固守，曾于天宝十五载（756）正月成功击退安禄山之子安庆绪大军的进攻。

安禄山以讨伐杨国忠为名起兵叛乱。大唐朝廷内部，哥舒翰与杨国忠的矛盾也深。见安禄山乱起，哥舒翰的属将王思礼趁此机会秘劝哥舒翰上表请诛杨国忠，哥舒翰不吭声。王思礼又请求带三十骑将杨国忠劫到潼关来杀了，哥舒翰这才发声道："如此，乃翰反，非禄山也。"

杨国忠面前也有人在力劝："今朝廷重兵尽在翰手，翰若援旗西指，于公岂不危哉！"这话让杨国忠坐不住了，他立即去找皇上："潼关大军虽盛，而后无继，万一失利，京师可忧，请选监牧小儿三千于苑中训练。"皇上答应了，杨国忠还不放心。他又募万人屯灞上，派亲信带领，名为御贼，其实是防备哥舒翰。

古往今来，将相不和于国家来说非祥兆。杨国忠的险恶用心，终让哥舒翰不安了。他上表请求将灞上军划归潼关，又借故把杨国忠统领灞上军的亲信杜乾运杀了。

杨、哥舒二人的矛盾由此越积越深，这正给叛军以可乘之机。安禄山见强攻不行，便命崔乾佑率几千老弱病残的士卒，屯驻陕军，却将其精锐部队隐蔽起来，意在诱使哥舒翰部队弃险深进。从兵法上讲，此计并不高深，奈何玄宗已彻底失去年轻时的英明，收到"兵不满四千，皆羸弱无备"的情报，他未加深虑就急急下令，让哥舒翰出兵收复陕洛。

"禄山久习用兵，今始为逆，岂肯无备！是必羸师以诱我，若往，正堕其计中。且贼远来，利在速战；官军据险以扼之，利在坚守。况贼残虐失众，兵势日蹙，将有内变；因而乘之，可不战擒也。要在成功，何必务速！今诸道征兵尚多未集，请且待之。"

哥舒翰不愧是久经沙场的名将，他一眼就识破了安禄山的鬼花招。如果唐玄宗能听信哥舒翰的这番谏言，此后的历史又是另一番样子吧。

当时的另两位大将郭子仪、李光弼也上言道："请引兵北取范阳，覆其巢穴，质贼党妻子以招之，贼必内溃。潼关大军，唯应固守以弊之，不可轻出。"

唐玄宗连这两人的话也听不进去了。他只信杨国忠。

杨国忠说，贼正无防备，哥舒翰却屯兵不出，必将贻误战机。

唐玄宗遂再次下令，令哥舒翰出潼关。为催哥舒翰出兵，前来潼关传旨的使者，竟项背相望，络绎不绝。六月初四，哥舒翰被迫引兵出关。据说，他出关时，抚膺恸哭。

六月初七，在灵宝（今河南灵宝）西原，哥舒翰率领的大军与叛军崔乾佑相遇。哥舒翰所料未错，那是乱军精心布置的一个骗局。灵宝南面靠山，北临黄河，中间是一条长约七十里的狭窄山道。崔乾佑预先把精兵埋伏在南面山上，又设计引诱唐军进入隘路。

可怜数万朝廷大军，不知是计，竟长驱直进，直到南面山上伏兵突起，滚木礌石从山上滚滚而下，才知道是中计了。但为时已晚，哥舒翰急令毡车冲击在前，试图杀开一条血路，却被叛军用熊熊燃烧的草车挡住。一时之间，山道上烈焰腾腾，烟雾弥漫，唐军完全失去了打击目标，只能乱发弩箭。殊不知又中了敌人一计，待唐军兵疲箭尽，叛军精骑又从南面山谷迂回至官军背后杀出。如此腹背受敌，官军自是乱成一团，哭爹叫娘，被乱箭射死者，被挤入黄河淹死者，不计其数。

灵宝之战，唐军大败。哥舒翰被强行绑缚在马肚子上，押往洛阳，后死于安禄山刀下。

六月九日，潼关失陷，叛军如洪水猛兽，一路杀向长安。所过之处，烧杀抢掠，生灵涂炭。

而此时长安城的百姓还在焦灼地等待天子率领大军平叛的消息。

玄宗也果真"不负众望"，六月十二日，他出现在勤政楼，并信誓旦旦地向百官表示，不日即准备御驾亲征。谁都不会想到这是那位老皇帝放的一颗"烟幕弹"。当百官还在为皇上的悲壮之举感激涕零时，六月十二日夜，宫中的天子、贵妃还有少数的文武大臣们，却正紧张地准备着悄然出逃的计划。潼关失守了，叛军不日就能杀到长安。大唐皇帝唐玄宗，当了逃跑帝王。

《资治通鉴·唐纪三十四》曾详细记载玄宗出逃一事："上移仗北

内。既夕，命龙武大将军陈玄礼整比六军，厚赐钱帛，选闲厩马九百余匹，外人皆莫之知。乙未（六月十三日），黎明，上独与贵妃姊妹、皇子、妃、主、皇孙、杨国忠、韦见素、魏方进、陈玄礼及亲近宦官、宫人出延秋门，妃、主、皇孙之在外者，皆委之而去。"

可怜那些被蒙在鼓里的文武百官，在六月十三日凌晨，还着紫穿绯，静静候在大明宫外，等候那两扇沉重的宫门打开，却不知一场巨大的灾难正悄悄逼近……

六月十四日午时，唐玄宗的大队人马逃至马嵬驿。

马嵬驿，又称马嵬坡，位于今陕西兴平市西约11千米处，离当时的长安大约110里。

一天一夜的急行，让将士们又累又饿。杨国忠原本就已惹得天怒人怨，将士们的吃饭问题，成为那天军队哗变的直接导火索。

龙武大将军陈玄礼，趁机煽动心怀愤恨的士兵们，声称这天下大乱，都是拜杨国忠所赐。将士们越发怒火中烧，欲在马嵬坡除掉杨国忠。这个消息很快就通过宦官李辅国传给太子李亨，李亨慑于父亲的威严，犹犹豫豫不敢下决定。

说来也巧，就在这节骨眼儿上，有几个随行的吐蕃使者前去找杨国忠要吃的，给了兵士们一个极好的借口。

"杨国忠与胡人谋反了！"人群中这一声喊，如一粒火星燃爆了将士们心中积压已久的怒火。众兵士一拥而上，杨国忠眨眼之间身首异处。

杨国忠被诛，他的儿子户部侍郎杨暄、杨贵妃的姐姐韩国夫人、秦国夫人随后也被杀死。御史大夫魏方进听见外面的喊杀声，试图出来制止，也被杀了。韦见素比他幸运一点，只是被兵士打伤了头部。

外面闹得沸反盈天了，唐玄宗才得知消息。此时的玄宗，已是一位72岁的老人了，耳聋眼花，再加上长途奔逃跋涉，已无半点皇上的

威仪。面对兵士们要诛杀杨贵妃的强烈呼声，他也唯有浊泪长流，掩面哭泣。

堂堂大唐天子，救不了自己心爱的女人。杨贵妃被缢死在驿馆的佛堂内。

很多年后，白居易以一曲《长恨歌》，且叹且惋，还原了当年马嵬坡下那一场惊心动魄的兵变、情变：

渔阳鼙鼓动地来，惊破霓裳羽衣曲。九重城阙烟尘生，千乘万骑西南行。翠华摇摇行复止，西出都门百余里。六军不发无奈何，宛转蛾眉马前死。花钿委地无人收，翠翘金雀玉搔头。君王掩面救不得，回看血泪相和流。

再来说杜甫。

天下将乱，杜甫在此之前已有预感。安禄山的乱军逼向潼关时，长安城中已是一片乱象。很多人开始收拾细软，四散奔逃。杜甫也夹在大批逃难的人群中。他先回奉先，再带着妻儿奔向白水，那里有他的舅舅崔顼。

与奉先和长安相比，白水县眼下离叛军还远，相对平静安全。

在白水县，杜甫一家住在舅舅的高斋中，家人团聚，又有舅舅的热情招待，杜甫的日子过得还不错。那是一处环境清幽之地，耳边终日泉水叮咚，眼前松影浮动。崔顼的住宅，建在高处，似立在木梢。人在斋中，居高临下。清风抚过，驱走盛夏的炎热。

杜甫的心，却不能清凉。他忧郁的目光越过丛林，直向潼关方向。大乱在即，草木皆兵。在杜甫的眼里，葱郁的山林，清澈的水光，都失去了平素的诗意。他在那里看到了刀光剑影，杀气弥漫。

潼关失守，唐军20万大军全线溃败。河东、华阴、冯翊、上洛的防御使闻风而逃。关中大乱。白水县也不再是安全的地方，成为沦陷区。上至皇上，下至平民，无不人心惶惶。

杜甫只好携带着家小，离开白水县，汇入逃难的大军，踏上了流亡之路。

与死神共舞的流亡之路

杜甫当时同重表侄王砅一家同在白水县避难，潼关失守，白水遭叛军袭击，两家又一起北上逃亡。从白水往北的路上，一路都可见行色慌张的逃难人。

杜甫上路时，原是骑着代步的牲口的，哪知才走出没多远，牲口就被人抢走了，只好步行。这一年，杜甫已经45岁，身体原就羸弱不堪，再加牲口被抢，他渐渐就落到队伍后面。避大路，抄小路，山路崎岖不平，路边杂草丛生，杜甫一脚踩空，掉进了蓬蒿坑里。尖锐的疼痛，从双脚漫向全身。

杜甫望天，欲哭无泪。

好在，走在前面的王砅发现了杜甫掉队。他折身返回，一路呼号着杜甫的名字，一路寻找。终于在十里开外，找到了这位满脸痛苦和无奈的表亲。王砅急急跳下马来，把杜甫扶上了自己的马。

在路上，不时有逃难者从杜甫和王砅的身边匆匆路过，他们满含贪婪、饥渴的目光，让人不寒而栗。兵荒马乱的年代，活命胜过一切。若不是王砅右手拿刀，左手牵缰，杜甫胯下的马，保不准又被人抢走了。

这份救命之恩，杜甫记了大半辈子。14年后，他在潭州（今湖南长沙市）写下《送重表侄王砅评事使海南》一诗。在诗中不胜感慨地追述当初白水逃难的窘迫情状：

> 往者胡作逆，乾坤沸嗷嗷。吾客左冯翊，尔家同遁逃。争夺至徒步，块独委蓬蒿。逗留热尔肠，十里却呼号。自下所骑马，右持腰间刀。左牵紫游缰，飞走使我高。苟活到今日，寸心铭佩牢。乱离又聚散，宿昔恨滔滔。

冯翊，即当时的白水县。

乱离中聚散无常，杜甫后来与这位重表侄分开了，长久无法见面，让他深感遗恨。

在重表侄的帮助下，杜甫重新与家人会合，继续赶路。

经过距白水县东北60里的彭衙故城（今彭衙堡）时，已是夜半时分。清冷的月光照着黑黢黢的荒山，林中不时划过一两声鸟啼，越发显出一丝荒凉鬼魅的气息。长途急行那么久，杜甫怀中的小女儿大哭起来。大人饿肚子，尚可忍耐。小儿不会忍。杜甫被女儿的哭声吓坏了，他不假思索地就伸出手掩住了女儿的嘴。谁料女儿哭得更凶。

荒郊野外，没有乱军的追杀，却有虎狼的觊觎。

儿子们毕竟大了些，他们一直紧紧跟在大人后面。看到路边有野果，会停下来，摘几颗塞进嘴里。那是还未成熟的苦李，又苦又涩，孩子们却还是皱着眉头强迫自己咽下去。

儿子的懂事，让杜甫更加难过。他悄悄扭头，看向另一边。

山风起了，月隐到了小山一样的黑云中。

一场大雨，来得毫无征兆。对逃难的人来说，无异于雪上加霜。没有雨具，老老少少只能光着脑袋，任凭大雨从头浇到脚。身上的衣衫，在雨的助力下，把人的手脚越裹越紧。脚下的路，原本就是高低不平极难走的，雨水一浇，越发泥泞，落下这只脚，拔不出另一只。

望着被雨帘罩住的世界，再看看身边狼狈不堪的妻儿，杜甫心如刀绞，又无计可施。他只得找一棵大一些的树，一家人躲在树下，望天，等雨停。

那雨，一直下了十来天。杜甫一家便在雨里、泥里行了十来天，行程极其缓慢。有时一天也走不出几里。全家人身上的干粮早就吃光了，只能像小儿子们那样，采些路边的野果子充饥，累了就躲在树下歇息一下。

这样走走停停，从白水，经彭衙，从彭衙再往同家洼。连日的雨，将石径弄得山水四流。一大早，杜甫和家人就踩着凉凉的水出发。夜晚，他们会尽量找远处有人烟的地方过夜。

杜甫原本想着在同家洼稍事休整，再往北逃出芦子关（今陕西安塞西北）。却不料，人困马乏之时，杜甫竟在同家洼意外地遇到了故人孙宰一家。

躲过乱军的追杀，逃过荒野猛兽的袭击，风里雨里，忍饥挨饿，跌跌撞撞一路前行。异地他乡，忽遇故人。诗人心中的滋味儿，恐怕连他自己的诗笔也道不明。

好友闻声打开门，把他们一家热情地请进屋里。杜甫被朋友的温情淹没，两行热泪，不可遏制地涌了出来。

看到眼前这风尘仆仆的一家人，男主人来不及过多寒暄，就急急忙忙把灯挑亮，去备热水，先让这一家人泡泡脚去乏，又忙着去剪纸作旗，为他们招那吓得出了窍的魂。之后才喊妻儿，出来与客人见面。

孩子们太过劳累了，现在忽然找到了一处舒适的睡床，未等饭熟，便睡熟了。孙宰的妻子忙着去做饭。杜甫和老友，灯下泪眼相望。一路的艰辛，千言万语，不知从何说起。

孙宰说：兄弟你留下来，我把家里的堂屋腾出来，你们住。

杜甫无话可回，只好把孙宰的一双大手握得紧紧的。

寻常的粗茶淡饭，冒着腾腾的热气被孙宰的老婆端上桌。孩子们被喊起来吃饭，他们一瞬间把盘子都舔得精光。

那一顿饭，是杜甫和家人自逃难以来吃过的最香最饱的一顿饭。

乱世里，能有人为你提供一席之地休息，有人为你捧上热汤热饭饱腹，就足以让人铭记一辈子。

至德二载（757），杜甫将妻儿安顿在鄜州，自己则追随新皇上到了凤翔。从凤翔回鄜州探家时，他再次路过曾经逃难的地方，昔日的艰难与好友的盛情再次浮现心头，杜甫遂写下《彭衙行》这首诗：

> 忆昔避贼初，北走经险艰。夜深彭衙道，月照白水山。尽室久徒步，逢人多厚颜。参差谷鸟吟，不见游子还。痴女饥咬我，啼畏虎狼闻。怀中掩其口，反侧声愈嗔。小儿强解事，故索苦李餐。一旬半雷雨，泥泞相牵攀。既无御雨备，径滑衣又寒。有时经契阔，竟日数里间。野果充糇粮，卑枝成屋椽。早行石上水，暮宿天边烟。少留同家洼，欲出芦子关。故人有孙宰，高义薄曾云。延客已曛黑，张灯启重门。暖汤濯我足，翦纸招我魂。从此出妻孥，相视涕阑干。众雏烂熳睡，唤起沾盘餐。誓将与夫子，永结为弟昆。遂空所坐堂，安居奉我欢。谁肯艰难际，豁达露心肝。别来岁月周，胡羯仍构患。何当有翅翎，飞去堕尔前。

那时，战乱依旧未平息，一对好友一别又是一年。杜甫多么渴望自己生出双翅，一下飞落到好友面前。

"这是一幅流民图，也是一卷风俗画，惊惶中见温暖，凄凉中显幽致，叙述中有感情，像生活一样真实，却不是生活的罗列。"陈贻焮教授在《杜甫评传》中如此评价此诗。

在好友的盛情挽留下，杜甫一家在孙家小住了几日。之后，他又携家人经华原（今陕西耀州区东南）、三川（今陕西富县南）赴鄜州。

三川县，因华池水、黑水、洛水三水汇合而得名。诗人一家经过此地时，正值三水暴涨，一片汪洋。人在山沟里走时，头顶不时有闪电划过，大雨像猛鞭一样抽下来。因地处黄土高原，雨水从四面八方的高处汇向低洼处，激流黄浊，波涛翻滚，似蛟龙飞蹿咆哮。可怜山间的那些小动物，走投无路，只能惊惶地跳上水中的小片高地，望着滔滔黄水哀鸣。

山水涨得很猛，洪流裹着泥沙，还有一些被冲倒的树木，滚滚而下。水口被木石堵塞，发出鬼哭狼嚎的吼声。沟壑两岸的松柏枝叶，被冲刷得只剩下光秃秃的树干。

那排山倒海一样的大水，早把孩子们吓傻了，他们紧紧抓住大人的衣角，小身子瑟瑟发抖。杜甫自年轻时代就走马闯天下，但那样的恶劣天气，还是让他心惊。

据说，地有三千六百轴，这回旋翻滚的洪水，恐怕要把地轴也冲裂。如果这样，这里的洪水与洛水汇合，再奔向黄河，不用一两晚就会流到潼关。

杜甫的心又开始痛了。他的耳畔，不再是眼前轰鸣的洪水声，而是千家万户男女老少的哭声。这样肮脏的洪水，会淹没几个州？有多少百姓又要失去家园？

> 交洛赴洪河，及关岂信宿。应沉数州没，如听万室哭。秽浊殊未清，风涛怒犹蓄。何时通舟车，阴气不黪黩。浮生有荡汩，吾道正羁束。人寰难容身，石壁滑侧足。云雷此不已，艰险路更蹐，普天无川梁，欲济愿水缩。因悲中林士，未脱众鱼腹。举头向苍天，安得骑鸿鹄。

——节选自《三川观水涨二十韵》

大雨倾盆，浊浪滔天，杜甫一家在三川山壑间，艰难前行。那真的是在闯鬼门关了。脚下稍有不慎，要么跌下深渊，要么被洪水卷走。

杜甫不为自己莫测的前途而愁，倒为数州遭劫的万室而叹。

那一趟与死神共舞的逃亡之路，终于被杜甫一家踩在脚下。穿过洪水泛滥的三川地区，杜甫一家来到了鄜州，将家安在了羌村。可杜甫并未在羌村停留太久。在那里，他听说太子已在灵武即位，即后来的唐肃宗。

杜甫又匆匆上路了，他要去找大唐的新皇上，去实现他的美政理想。

身陷长安

唐玄宗连夜出逃的随行队伍中，有太子李亨。

李亨，出生于唐睿宗景云二年（711），比杜甫大一岁。

历代皇宫大内，充满血雨腥风的争斗。大唐历史上的各种政变、决斗，更是层出不穷。皇子逼宫，生母弑子，手足相残。在赫赫皇权面前，亲情往往变得脆弱不堪。

李亨的太子做得很憋屈。他于开元二十六年（738）六月被立为太子，到安史之乱爆发时，李亨已做太子18年。这18年中，上有皇权在握，对他防之再防的父亲；下有宰相李林甫、杨国忠等人一直对他的太子之位虎视眈眈。从被推上政治前台的那一刻起，李亨似乎就没过过安心日子。

但他的野心，却一日都不曾放下。

马嵬坡下，六兵哗变不前。当时，太子李亨就在现场。有人通过宦官李辅国去向太子请示，他曾犹豫不决，不敢做决定。

其实，历史的真相，往往会为一些出色的政治表演所掩盖。

为发动那场兵变，李亨苦心筹划久矣。还在宫中时，他已派心腹宦官李辅国去拉拢陈玄礼，密谋策划以非常手段对付杨国忠。

玄宗离开京师时，全部随行队伍3000余人，太子的殿后人马就约有2000人，其中包括禁军中的精锐部队——飞龙禁军。李亨的儿子广平王李俶（后来的唐代宗李豫）和建宁王李倓"典亲兵扈从"，这给李亨发动政变提供了千载难逢的机会。

事实也正如他所料，杨国忠在马嵬驿被顺利斩杀。

杀掉杨国忠，其实只是太子政治计划中的第一步。杨贵妃也不过是他政治棋盘上的一颗小小棋子。他的终极目标，是杨贵妃身边的老皇上。让李亨始料未及的是，身为禁军首领的陈玄礼，在杀死杨贵妃之后，带头向唐玄宗表示效忠。

接下来的事态发展，变得对太子十分不利。原本就对他疑心重重的唐玄宗，把马嵬驿那一笔账，彻底算到了太子的头上。玄宗入蜀一事已成定局，太子受疑，不可能再扈从。父子二人，在马嵬驿分道扬镳。

李亨带一小部分兵马向甘肃方向另谋发展，一路上，可谓仓皇颠沛，狼狈不堪。天宝十五载（756）七月九日，李亨终于抵达朔方军治所灵武，一行人才得以稍事休整。七月十二日，李亨在灵武的南门城楼，自行宣布登基，正式改年号为至德，且将当年改为至德元载。西行入蜀的唐玄宗，被尊为太上皇。

太子于灵武即位的消息传到羌村，杜甫不禁喜从中来。顾不得多日流亡奔波之苦，草草安排好家事，就再一次出发了。

北上延州，走出芦子关，投奔肃宗，这个强烈的念头支配着杜甫，让他的步履变得坚定而又匆忙。

他又哪里想到，叛军不但占领了长安，还在鄜州布下了天罗地网。他人还没走出鄜州，就被叛军俘获，押回了已经沦陷的长安。

一个不入流的八品小官，满头白发，身体消瘦不堪，身上的衣衫也破烂不堪。这样的杜甫，在胡人的眼里，不过是一个普通的老人。他们不晓得杜甫的名气，更不晓得杜甫的来历。

这反倒成全了杜甫。他没有像其他俘虏一样被严刑殴打，也没有像其他官吏一样，被送到洛阳去任伪职。当然，这其中可能也与杜甫的有意隐瞒有关系。

杜甫被留在了长安。这一切，发生在至德元载（756）八月上旬。

时近中秋，杜甫身陷长安，家人还在鄜州，生死未卜。中秋月夜，杜甫自长安遥望家人寄身的鄜州，写下了那首著名的《月夜》：

> 今夜鄜州月，闺中只独看。
>
> 遥怜小儿女，未解忆长安。
>
> 香雾云鬟湿，清辉玉臂寒。
>
> 何时倚虚幌，双照泪痕干？

这首诗写思念之情，不从自己身处之地写起，而从被思念者那一方写起。不是单纯的诗歌技巧，而是杜甫的心与情。以自己的思念来表现妻子的思念，以自己的痛苦联想到妻子的痛苦。大诗人的细腻心思，今天读来仍让人感动不已。

与杜甫同朝为官的同僚，大诗人王维，时任给事中，为门下省正五品官员，他的名气与影响力皆比杜甫大得多。玄宗出逃他没随行，被叛军俘获押到了洛阳。

别看安禄山胡人出身，但他亦欲效仿当年的唐玄宗，广揽天下人才以附庸风雅。乱军占领长安后，安禄山没有设法巩固自己的政权，而是急着让手下四处搜捕朝中百官以及没来得及出逃的嫔妃、宫女，忙着把宫中府库的金银财宝、珍奇异物送往洛阳。他还下令把宫中原班的梨园弟子、乐工运至洛阳，以供自己享用。

像王维这样的大才子，诗、书、画、乐，都堪称绝妙，当然逃不过安禄山的眼睛。他强迫王维做官。王维不从，服下虎狼之药，把自己折腾得奄奄一息。安禄山不甘心，把王维囚禁在了菩提寺，不经他同意，就宣布了对他的任命。

还有另外一些文人，他们消极对抗，甚至抵死不从，换来的是安禄山的无情杀戮。

唐玄宗晚年皇上没做好，各种娱乐方式却花样翻新。安禄山在洛阳称帝后，在这方面也不甘其后。他在洛阳皇苑风景最好的凝碧池，大宴百官群臣，宴会上还编排了盛大的歌舞。

那是一种怎样的场景？贼兵手持刀剑利刃，列于舞台四周，满脸杀气。梨园弟子们，满目凄楚，泫然欲涕。国已破，君已逃，谁还有心思对着占领他们故园的胡贼载歌载舞？

表演队伍中，有一个乐工叫雷海青，他乐技好，性子烈，不惧安禄山的刀剑，更不买安禄山的账。他先是推病不至，后被安禄山差人强逼到场。当着群臣百官的面，雷海青把手上的乐器扔了，在舞台上扑地恸哭，头正冲着唐玄宗逃往的蜀地方向。雷海青的那一声长哭，轰然打开了众人的泪水闸门。现场瞬时乱作一团，哭声一片。

安禄山恼怒万分，他让人把雷海青拉出去，绑在试马殿前的柱子上，残忍肢解。雷海青大骂着"反贼"，气绝身亡。

这个消息传到了王维那里，大大触动了诗人的神经。身边无纸墨，他口占一绝《凝碧池口号》："万户伤心生野烟，百官何日再朝天？秋槐花落空宫里，凝碧池头奏管弦。"

王维身为安禄山的伪官，不能如雷海青一样怒目相向，于是便把自己的人格融进了诗里。

这首诗，后来救了王维一命。肃宗收复长安后，很多在安禄山手下任伪职的官员都被贬或被杀。王维有此诗在手，免于一难。

东都洛阳尚且如此，长安城内又如何？

从叛军攻入长安，到杜甫被捉回长安，不过两三个月的光景。长安这座当时世界上最宏伟、最繁华、人口最多、物产最丰饶的城，已经发生了天翻地覆的变化。

皇族高官的府邸被焚烧，林立的商铺被洗劫，未来得及逃走的王孙贵胄、妻妾家眷大多被处死，连襁褓中的婴儿也不能幸免。昔日人流熙攘、车水马龙的长安大街，如今已是断壁残垣，空气中浓浓的血腥味儿让人窒息。

这就是杜甫曾经待了十年的长安么？他几乎不敢相信自己的眼睛。

被捉回长安的杜甫，并没有彻底失去人身自由。反倒比平时有了更多的时间，可以在长安城里走走。当然，也不能光明正大地走。他只能趁着夜深人静，或者挑行人稀少的地方走。

步步惨景，令诗人心中一阵剧痛。在街巷中，在路边的荆棘丛里，杜甫不时会看到一双双惊恐不安的眼睛。是那些未来得及逃走的王孙贵胄。他们穿着破烂的衣服，但他们异于常人的高鼻梁，不同凡俗的气度举止，还是让杜甫一眼就辨别出了他们的身份。面对站在自己面前伤心哭泣的落难王孙，杜甫想安慰些什么，又不知从何说起。

王孙、百姓，在那场灾难面前趋向平等。

这年九月，身陷长安的杜甫写下《哀王孙》，但他何止哀王孙？

　　长安城头头白乌，夜飞延秋门上呼。又向人家啄大屋，屋底达官走避胡。金鞭断折九马死，骨肉不待同驰驱。腰下宝玦青珊瑚，可怜王孙泣路隅。问之不肯道姓名，但道困苦乞为奴。已经百日窜荆棘，身上无有完肌肤。高帝子孙尽隆准，龙种自与常人殊。豺狼在邑龙在野，王孙善保千金躯。不敢长语临交衢，且为王孙立斯须。昨夜东风吹血腥，东来橐驼满旧都。朔方健儿好身手，昔何勇锐今何愚。窃闻天子已传位，圣德北服南单于。花门剺面请雪耻，慎勿出口他人狙。哀哉王孙慎勿疏，五陵佳气无时无。

"忠臣之盛心，仓卒之隐语，备尽情态。"刘辰翁身历南宋亡国之痛，对杜甫此诗体味尤深，他曾如此评此诗。

后人言杜甫在诗中有歌颂帝王之语，对王孙的关爱暴露了他的忠君思想。

杜甫的忠君思想，伴随他终生。关爱落难的王孙，恰是杜甫广博的仁爱之体现。在那场灾难面前，百姓、王孙，所承受的痛苦，同样撼动人心。如果杜甫面对路边哭泣的王孙无动于衷，他就不是为后代人所推崇爱戴的"诗圣"了。

此诗娴熟地运用古乐府手法，有大笔涂抹，以写全貌，亦有工笔点缀，以补细节。他截取社会一个小小角落，选取一个小小镜头，通过对一位走投无路的王孙的描写，真实再现了长安沦陷后的悲惨与恐怖气氛。

杜甫以诗笔为史笔，以诗笔为画笔，向后人铺展开一幅时代画卷。没有这幅画卷，千百年后的我们，又如何能感知那一场历史动乱给大唐带来的巨大创伤？

国破山河在

时至至德元载（756）十月，离长安被攻破已三月有余。时任宰相的房琯，主动向肃宗请求带兵收复两京。

房琯（697—763），字次律，河南偃师人。房琯是弘文生出身，历任校书郎、县尉、县令、监察御史、刑部侍郎等职。安史之乱爆发后，他随唐玄宗入蜀，拜吏部尚书、同平章事。唐肃宗于灵武即位后，房琯前去投奔，并主动请缨平叛。此举深得肃宗嘉赏。房琯被委以平叛大任。

接到任命后，房琯率军兵分三路：命杨希文率领南军，从宜寿进兵；刘贵悊率领中军，从武功进兵；李光进率领北军，从奉天进兵。

十月二十一日，中军、北军遭遇敌将安守忠，两军在咸阳东边的陈陶泽展开激战。

房琯原本想沉住气，稳住乱军，以待战机。无奈监军宦官邢延恩不住催促，房琯只得草率带兵出战。在那次战争中，性情迂阔又好空谈的房琯犯了一个致命的指挥错误，他妄效古代车战法，以牛车二千乘，骑兵步兵夹着进攻。孰料敌人顺风鼓噪，牛皆震骇，接着又放火焚烧，人和牛皆大乱。

陈陶泽一战，官军大败，死伤多达四万余人，仅有数千侥幸逃脱。

乱胡完胜，他们回到长安城后，气焰更加嚣张，终日狂歌纵饮。身在长安城的杜甫，把这一切都看在眼里。想象官军失败后血流成川、尸横遍野的惨状，哀伤加愤怒一同袭来，便写下了那首血泪交织的《悲陈陶》：

孟冬十郡良家子，血作陈陶泽中水。野旷天清无战声，四万义军同日死。群胡归来血洗箭，仍唱胡歌饮都市。都人回面向北啼，日夜更望官军至。

诗的前半首虚写，后半首实写，无议论，无抒情，爱憎态度却一目了然。对官军惨败的悲痛之情，对乱军的憎恨之意，浸于字里行间。

两天后，即十月二十三日，房琯又亲自带领南军出战。复败。杨希文、刘贵惄降敌。

我军青坂在东门，天寒饮马太白窟。黄头奚儿日向西，数骑弯弓敢驰突。山雪河冰野萧瑟，青是烽烟白人骨。焉得附书与我军：忍待明年莫仓卒！

杜甫再次在《悲青坂》一诗中哀泣。

两次交锋，均以失败告终，官军中怯战情绪弥漫。在诗中，杜甫除表达了自己的悲伤情绪之外，还期望官军在后面的战争中能从容备战，以待战机。

进入十月，长安的冬天慢慢逼近。

从前线传回的消息，忧多喜少，让杜甫更加忧心如焚。他同长安的百姓一样日夜北望，盼肃宗领兵收复长安。杜甫的眼光，又远远地超越了城中百姓。他心中装着整个时局。

可惜，乱世之中，谁又能听到他一介穷书生的叹息。

黄昏时分的一场大雪，随西风狂舞，把长安城裹进了漫天的雪幕。真正的冬天来了。那是一个寒冷得让人透不过气的冬天。杜甫闷坐在冷似冰窟的屋子里，以诗疗伤，以诗取暖：

战哭多新鬼，愁吟独老翁。

乱云低薄暮，急雪舞回风。

瓢弃樽无绿，炉存火似红。

数州消息断，愁坐正书空。

——《对雪》

那漫天乱舞的雪花，多像杜甫此时缭乱的心绪。国仇家恨相交，穷困落魄相伴，面前的酒樽空空如也，炉中的火早已熄灭。杜甫牵念着他的国家，亦牵念着杳无音讯的家人。

这年除夕，杜甫孤身一人在长安。

身处沦陷的都城，能有两三知己，把酒共话，该是何等不容易的事。筵席上的朋友们在频频举杯，表达着结交新知的快乐，杜甫却不能。至德二载（757）正月，在与好友苏端、薛复相聚的筵席上，杜甫举起酒杯，长歌当哭，留下一首《苏端薛复筵简薛华醉歌》：

诸生颇尽新知乐，万事终伤不自保。气酣日落西风来，愿吹野水添金杯。如渑之酒常快意，亦知穷愁安在哉！忽忆雨时秋井塌，古人白骨生青苔，如何不饮令心哀？

挚友相聚，美酒相佐，满座才子佳士，是何等的赏心乐事。杜甫却无法不"大煞风景"。他看到了门外的战乱滔天，看到了秋雨里那个年老衰朽的自己。

一首"醉歌"，一腔无处流的血泪。席上的欢笑声渐敛，愁云惨雾萦绕。

从秋到冬，从冬到春，在那几个月时间里，杜甫到底洒了多少泪？长安城的大街小巷知道，默默流淌的曲江水知道，那些深锁的江头宫殿知道，长安城的草木花鸟知道……

> 少陵野老吞声哭，春日潜行曲江曲。
>
> 江头宫殿锁千门，细柳新蒲为谁绿？
>
> 忆昔霓旌下南苑，苑中万物生颜色。
>
> 昭阳殿里第一人，同辇随君侍君侧。
>
> 辇前才人带弓箭，白马嚼啮黄金勒。
>
> 翻身向天仰射云，一笑正坠双飞翼。
>
> 明眸皓齿今何在？血污游魂归不得。
>
> 清渭东流剑阁深，去住彼此无消息。
>
> 人生有情泪沾臆，江水江花岂终极！
>
> 黄昏胡骑尘满城，欲往城南望城北。
>
> ——《哀江头》

至德二载（757）的一个春日，杜甫悄悄来到曲江畔。

眼前已是春意盎然，池中新蒲，池上嫩柳，一如往年，新绿逼人眼。站在池畔的杜甫，却被眼前春意濡湿双眼。

春依旧，人无踪。眼前的宫苑紧锁，哪里还有当日的半点繁华？

身居长安十年，杜甫见识过曲江池畔最繁华的春天。他曾在那里写下一曲《丽人行》，不动声色地向大唐的最高统治者发出尖锐批判。而今，笑靥如花的美人，早已化为马嵬坡下的游魂。天子也去往剑阁深处，再无消息，他看不到今天长安大街上满城横行的胡骑，也看不到城中百姓望眼欲穿的泪眼。

满目美景，唤起了诗人满腔悲愤之意。江水江花，原本无情，但沾了杜甫的泪水，它们也懂得了呜咽。

同一时期，杜甫还写了那首著名的《春望》：

杜甫传

国破山河在，城春草木深。

感时花溅泪，恨别鸟惊心。

烽火连三月，家书抵万金。

白头搔更短，浑欲不胜簪。

初学此诗，笔者正在读小学五年级。课堂上老师带着学生摇头晃脑地背诵、翻译。台下的我却如坠五里雾中：大唐不是有开元盛世么？路不拾遗，夜不闭户，人人安居乐业，生活富足。又哪里来的"国破山河在""恨别鸟惊心"？

我那位老师照本宣科，把安史之乱这一最重要的历史背景隐去了。我不懂，又不好意思举手提问，遂向前后左右的同学求助。同学也说不出个所以然。

然后，我被老师请出了教室。原因是上课交头接耳乱讲小话，开小差。

这件事对我的影响一直持续到今天。我也做了一名语文老师，走上讲台。在讲这首诗之前，我花了大半节课时间来讲这首诗的时代背景。

大地春回，万象更新。春天是个适合思念生长的季节。

国破家亡，音讯全无。至德二载那个春天，杜甫的思念变得生疼。

他在那个春天写下《哀江头》，抒写破国之痛，又写下《春望》《一百五日夜对月》，书写对家人的牵挂与思念。

无家对寒食，有泪如金波。

斫却月中桂，清光应更多。

仳离放红蕊，想像颦青蛾。

牛女漫愁思，秋期犹渡河。

——《一百五日夜对月》

有人把这首诗视为《月夜》的姊妹篇。此诗与《月夜》在结构上恰好相反。此诗前半部分直叙自己的思家之意，后半部分写家人思念之情，前后映照，布局齐整。

杜甫是个重情的男人，对国家，对朋友，对妻子，对儿女，爱起来都是掏心挖肺。在他身陷长安的几个月里，他一边牵挂着朝廷，一边牵挂着家人。愁极了喝酒，想极了就写诗。这首《塞芦子》就写于那年春天：

五城何迢迢，迢迢隔河水。边兵尽东征，城内空荆杞。思明割怀卫，秀岩西未已。回略大荒来，靖函盖虚尔。延州秦北户，关防犹可倚。焉得一万人，疾驱塞芦子。岐有薛大夫，旁制山贼起。近闻昆戎徒，为退三百里。芦关扼两寇，深意实在此。谁能叫帝阍，胡行速如鬼。

芦子关在唐延州（今陕西安塞西北）境内。"塞芦子"，是说应派兵守住芦子关，阻止叛军西进。

这年正月，叛军首领史思明、高秀岩、蔡希德，共同出兵围攻太原，欲长驱朔方、河、陇，最终围攻灵武。叛军西攻，芦子关是必经之地。杜甫身在长安，把敌人的意图看得很清楚，他怕朝廷不备而上当，遂写此诗表示自己的担心。

仇兆鳌在《杜诗详注》中引王嗣奭云："此篇直作筹时条议，剀切敷陈，灼见情势，真可运筹决胜。"

王嗣奭看到的是杜甫的战略眼光，后人却被杜甫的忧国情怀而感动。

这次朝廷没让杜甫失望。李光弼大军在太原严加防御。史思明等人围城月余，未能攻下，反损兵折将达上万人。

同年正月，安禄山被自己的亲生儿子安庆绪伙同他的一个亲信给杀死了。安庆绪上台，调史思明守范阳，只留下蔡希德等人继续围攻太原。

二月，唐肃宗至凤翔。李光弼带军大破蔡希德军队，斩敌七万余人。蔡希德逃走。

时局正向着杜甫所期待的方向发展。

麻鞋见天子

至德二载（757）春天，杜甫困陷长安。

日子一天天在煎熬中度过。诗人瘦弱的胸腔里，承载的东西太多，家事、国事、天下事，压得他步履沉重，头颅低垂。

他试图到曲江池畔散一下心，但满目疮痍荒凉，带来的是更沉重的叹息。

家中妻儿和失散在各处的兄弟姊妹，也让杜甫牵肠挂肚。尤其两个儿子，宗文和宗武，更是让杜甫思念不止。自去年秋天同家人分别后，已过去了大半年。两个儿子，是否长得更苗壮、聪慧了？

> 骥子春犹隔，莺歌暖正繁。
>
> 别离惊节换，聪慧与谁论？

骥子是杜甫次子宗武的小名。宗武聪明活泼，尤得杜甫喜爱。他曾不止一次写诗提及。

身陷愁城，贼氛方炽，杜甫连摆摊卖药的机会都没有了。饿肚子又成常态。好在，他还有一些不错的朋友，时不时能接济他一下。隔三差五与这些僧俗友人聚一下，喝点小酒，谈谈心，顺便得些馈赠的饭食，日子也就过下去了。

长安城朱雀街南，怀远坊东南隅，有个大云经寺，寺里的住持赞公，曾是房琯的门客。房琯崇尚儒家理想，又素喜诗文，与赞公、杜甫二人性情甚是相合。赞公对杜甫也颇为照顾。他留杜甫在寺里住宿，供他吃喝，送他履巾。贫病交加之时能有友如此，杜甫只觉身上的病痛都消除了。赞公来索诗，杜甫提笔即来：

> 心在水精域，衣沾春雨时。洞门尽徐步，深院果幽期。到扉开复闭，撞钟斋及兹。醒醐长发性，饮食过扶衰。把臂有多日，开怀无愧辞……汤休起我病，微笑索题诗。

苏端，至德三载（758）进士，后任比部郎中。此时，他尚为布衣，也困居长安。杜甫曾在酒筵上，当着苏端的面大醉，大倒苦水。苏端了解他的难处，每每杜甫来访，总如贵宾降临一般，欢欢喜喜地迎接他。

兵荒马乱的年代，苏端家里也是少食无粮，他每次只能让儿子去采些梨、枣之类的果子来招待杜甫，陪杜甫喝酒谈心。

> 鸡鸣风雨交，久旱云亦好。
>
> 杖藜入春泥，无食起我早。
>
> 诸家忆所历，一饭迹便扫。
>
> 苏侯得数过，欢喜每倾倒。
>
> 也复可怜人，呼儿具梨枣。
>
> 浊醪必在眼，尽醉摅怀抱。
>
> 红绸屋角花，碧委墙隅草。

亲宾纵谈谑，喧闹慰衰老。

况蒙霈泽垂，粮粒或自保。

妻孥隔军垒，拨弃不拟道。

——《雨过苏端》

久旱遇雨，杜甫大喜。春雨贵如油啊，一年的收成又有了希望。咕咕乱响的肚子，早早就把杜甫从榻上吵起来。想了一周遭，最后还是习惯性地举步，迈向苏端家……

一场春雨过后，苏端家院子比平日更添生机。热情相迎的主人，出出进进招呼客人的孩子，让杜甫暂时忘掉抛妻别子的痛苦，融入那个快乐的家庭。不去想明天。也不再思念远方。

彼时，时局已然大变。

是年正月，安庆绪谋杀其父安禄山，以史思明为范阳节度使，兼领恒阳军事，封妫川郡王。安禄山占领两京后，曾将两京的财物成车成车地运往范阳。如今史思明又兵权在握，他的野心被财和权撑大了，人变得日益骄横。安庆绪也渐渐不被他放在眼里。

敌人内部的矛盾，给唐军收复失地创造了机会。二月，唐肃宗从彭原南迁到凤翔。

这两件事，让整个局势发生了改变。一些被困洛阳的官员，开始想方设法逃回长安，而身陷长安的官员，则有很多欲投奔远在凤翔的肃宗。

杜甫本来也欲奔向肃宗的，可他还未启程，那个曾无数次陪杜甫醉酒、发牢骚，与杜甫一起携手同游的穷博士郑虔回来了。长安陷落，郑虔被安禄山掠到洛阳，任命为兵部郎中。郑虔装病，一直不到任。这年春天，他趁着安氏父子内乱，找机会逃回了长安。

乱世里的故交重逢，在郑虔侄子郑潜曜驸马家池台。这一年，郑虔已是60多岁的老人，杜甫也已46岁，人过中年。战乱流离，加速了这对忘年之交的衰老。再见面，两人皆已尘满面，鬓如霜。劫后余生，面对离乱之悲痛，重逢之惊喜，何以诉说？唯有酒与诗。

> 不谓生戎马，何知共酒杯。
>
> 然脐郿坞败，握节汉臣回。
>
> 白发千茎雪，丹心一寸灰。
>
> 别离经死地，披写忽登台。
>
> 重对秦箫发，俱过阮宅来。
>
> 留连春夜舞，泪落强徘徊。
>
> ——《郑驸马池台喜遇郑广文同饮》

自杜甫一家移居奉先之后，杜甫便与郑虔联系渐少，如今旧地重游，春夜置酒，面对眼前歌舞酒筵，死里逃生的两个人，都不免有种恍若隔世之感。

"然脐郿坞败"，说的是汉末董卓。董卓曾筑坞于郿，此坞高厚七丈，号万岁城。后董卓为吕布所杀，曝尸于市。董卓体肥脂多，又逢当时天气炎热，死后油脂流了一地，守尸吏于他的脐中点火，竟一直燃烧到天亮。杜甫以此典影射当时的安禄山之死。

安禄山更是个名副其实的大胖子，腹垂过膝，每每穿衣解带，须两人抬起他的肚子，让亲随李猪儿用头顶着，然后才能取裤带或者系腰带。自兴兵作乱以来，安禄山越加骄奢无度，身体的过度肥胖，导致他的健康状况恶化。他的双目逐渐失明，脾气变得暴躁无常，动辄鞭打、杀害身边随从。

安禄山身边有一亲信，名唤严庄。外人的眼里，严庄地位高高在上，但做下人的甘苦，唯严庄自己知道。挨打受骂事小，哪一天安禄山脾气上来，把他脑袋砍下来的可能也不是没有。

还有契丹人李猪儿，他从十几岁就跟随安禄山。李猪儿人很机灵，是安禄山最贴身的一个阉人侍者。他平时侍奉安禄山的饮食起居，挨打受骂是家常便饭。

安禄山原立安庆绪为继承人，但其宠妾段氏生子之后，安禄山便把万千宠爱集于段氏及其子安庆恩，并渐生"废长立幼"之心。安庆绪也处于死亡的威胁之中。

一主二仆，三个人大有同病相怜、惺惺相惜之意，在这年正月初一，趁着安禄山疽病发作回帐休息之际，三人竟合谋将安禄山斩杀。

安禄山死时，肠子流了满床，其惨烈之状与董卓之死相类。安、董二人均是背叛朝廷的反贼。在诗中，杜甫丝毫不掩饰对此二人的深恶痛绝。

"握节汉臣回"，说的是郑虔。在杜甫眼中，这位历尽千辛万苦从叛军占领区逃回长安的老朋友，其悲壮的行径、忠贞不渝的气节堪与苏武相比。然而这位"白发丹心"的老臣，冒着生死危险逃回长安，最终得到的结果却是按罪官论处，若非有人出手相救，脑袋可能也掉了。

眼前意外相遇，一对老友只沉浸于人生的悲欢离合中，谁也未曾预料到将来的事。郑虔想不到他会在发白体衰的老朽之年被贬到几千里外的台州做司户参军，杜甫还在满怀希望地筹划着去投奔新皇。

在与郑虔喜遇之后不久，杜甫踏上了西逃之路。至德二载（757）四月，在大云经寺的僧人赞公的帮助下，杜甫从长安城西的金光门逃出，趁夜色直奔凤翔方向。

与此前的逃亡一样，这一次，依然艰险重重。彼时，正有一队叛军在城西，与郭子仪率领的唐军对峙。杜甫稍不小心，就可能被驻扎此地的叛军发现。好在，四月的长安城外，草木正深，给杜甫出逃提供了得天独厚的条件。杜甫潜行其中，专抄偏僻崎岖的小路，循着树木而行。如此提心吊胆，一直走到武功，抬眼看到太白山上的积雪，杜甫悬着的一颗心才慢慢放下。

太白山在眼前，凤翔近矣。

那一趟行程之后，杜甫写下了《喜达行在所三首》。

其一

西忆岐阳信，无人遂却回。

眼穿当落日，心死著寒灰。

雾树行相引，连山望忽开。

所亲惊老瘦，辛苦贼中来！

其二

愁思胡笳夕，凄凉汉苑春。

生还今日事，间道暂时人。

司隶章初睹，南阳气已新。

喜心翻倒极，呜咽泪沾巾。

其三

死去凭谁报？归来始自怜。

犹瞻太白雪，喜遇武功天。

影静千官里，心苏七校前。

今朝汉社稷，新数中兴年。

诗以"喜"为题，句中却是悲意更重。乱世逃离，山间穿行，危险与死亡时刻相伴。及至穿过千难万险，抵达皇上行在，犹如离家失母的孩子突然回到家的怀抱。杜甫怎能不喜极而泣？回望，又怎能不深感后怕？

杜甫千辛万苦逃出长安城，奔向凤翔，就为见他的天子。他如愿了。

那天，他穿着一双露脚趾头的破草鞋，一件连双肘都遮盖不住的破衣，扑倒在肃宗的面前。一路上的辛苦，略去不提。多年来的遭遇，杜甫却不能不诉。说到伤痛处，眼泪鼻涕都出来了。坐在龙椅上的肃宗也忍不住眼眶发热。旁边人阵阵唏嘘：这个又丑又老的老头儿，怎么会是大名鼎鼎的诗人杜甫？

一个月后，肃宗派中书侍郎张镐传召：襄阳杜甫，尔之才德，朕深知之。今特命为宣义郎行在左拾遗。授职之后，宜勤是职，毋怠！命中书侍郎张镐赍符告谕。至德二载五月十六日行。

拾遗为唐代谏官，武则天朝设，分左右拾遗，分属门下省和中书省。左拾遗六人，属门下省，品级为从八品上。掌供奉讽谏，大事廷议，小则上封事。也就是说，皇上下旨有不合理处，左拾遗有权提出意见或者建议。同时，拾遗还具有推荐贤良的责任和权力。

一个"从八品"的官职，品秩虽低，地位却清要。杜甫很看重自己的这份工作。新任左拾遗，请假回家探亲的话也就无法说出口。

自从去年八月告别妻儿，距今已有十个月。兵荒马乱，彼此音信不通。妻儿们是死是活，杜甫都不知道。他盼消息来，又怕消息来。有时候，没有消息反倒是好消息。这种复杂的心情，再次被杜甫写进了诗里。

一首《述怀》，写出诗人身遭乱离的不幸遭遇，也写尽诗人心中万千复杂滋味：

> 去年潼关破，妻子隔绝久。
> 今夏草木长，脱身得西走。

麻鞋见天子，衣袖露两肘。

朝廷愍生还，亲故伤老丑。

涕泪授拾遗，流离主恩厚。

柴门虽得去，未忍即开口。

寄书问三川，不知家在否。

比闻同罹祸，杀戮到鸡狗。

山中漏茅屋，谁复依户牖。

摧颓苍松根，地冷骨未朽。

几人全性命，尽室岂相偶。

嶔岑猛虎场，郁结回我首。

自寄一封书，今已十月后。

反畏消息来，寸心亦何有。

汉运初中兴，生平老耽酒。

沉思欢会处，恐作穷独叟。

麻鞋破衣见天子的窘迫，杜甫写出来了。那个场景，千百年后依然鲜活如昨，读之令人泪下。

对家人的思念、担忧、疑虑不安、想象推测，平白如话，又细腻真切，杜甫也委婉地写出来了。

诗中所用"赋"的手法，也颇引人注意。南宋刘辰翁评此诗："极一时忧伤之怀，赖自能赋，而毫发不失。"清代申涵光曰："此等诗，无一语空闲，只平平说去，有声有泪，真三百篇嫡派，人疑杜古铺叙太实，不知其淋漓慷慨耳。"

"三百篇嫡派"，是说杜诗继承了《诗经》"赋"的传统。杜甫取法于《诗经》，又有发展突破。心路是世界上最曲折微妙的路，汉语的表现力，在这里被杜甫发挥到了极致。

廷诤忤旨

杜甫冒死出长安，奔凤翔，破衣麻鞋见天子。天子也颇受感动，授他左拾遗清要之职。这样的结果，杜甫并不太满意。他想要个从六品以上的著作佐郎之类的官职，早在几年前的《进雕赋表》中就已明确向皇帝表示过。

不满归不满，杜甫工作还是极卖力。他在诗中对远在蜀地的唐玄宗提出批判：正是他对安禄山的纵容，才导致今天的大祸；对于新皇上，杜甫又寄予无限希望：肃宗中兴，回纥方助兵，两京虽未收复，四方犹受唐节制。

一个八品上的小官，心中装的是大唐天下。杜甫对时政有自己的看法，也敢于在人前直言，这是他人格上的闪光点，却成了他从政路上的致命伤。皇上历来自视君权神授，哪容底下人随便挑战自己的权威？

杜甫上任不久，就惹下大祸。这还要从上一年房琯请战收复两京说起。

至德元载（756）十月，宰相房琯主动请缨收复两京，却连遭兵败，杜甫写诗为几万血染沙场的唐军而哭。那时候，他也许并未想到，这两场战事，不但影响了宰相房琯的仕途，也将他自己的人生走向彻底改变。

至德二载（757）五月，房琯罢相，贬为太子少师。

兵败自然是导致肃宗对房琯不满的最直接的原因。细推而论，其被罢相的最根本原因也许是玄宗、肃宗父子的政治矛盾。

安史之乱爆发之后，玄宗抛下百官逃往蜀地。房琯得知后，与张均、张垍兄弟连夜追赶，追到长安城南十数里的山寺时，张家兄弟因家眷尚在城中，不肯继续前行。房琯独自继续追赶，直到是年七月，才在普安郡追上了玄宗一行。大难面前，臣子如此生死相随，玄宗大受感动，当即便任命房琯为文部尚书、同中书门下平章事，房琯由此一跃而成为宰相。抵达成都后，又加银青光禄大夫，可谓平步青云、扶摇直上。

肃宗于天宝十五载（756）七月十二日于灵武即位时，玄宗还蒙在鼓里。

七月十五日，抵达汉中郡的玄宗还听从房琯建议，下发分置的制诏，史书谓之"制置"。此"制置"之诏中，玄宗根本无让出皇位之意，他让太子李亨充天下兵马元帅，领朔方、河东、河北、平卢节度使；永王李璘充山南东道、岭南、黔中、江南西道节度都使；盛王李琦、丰王李珙，也皆充大都督，各有领地。

不得不说，做了四十余年皇帝的玄宗，尽管晚来昏聩，倒也还有一分临危不乱的气度。两个皇子中，太子李亨负责收复黄河流域，万一黄河流域失守，还有永王李璘负责经营的长江流域做后盾，唐王室的复兴，也还大有希望。

玄宗千思虑万安排，却根本没想到太子李亨竟然先行一步，自行在灵武宣布登基。当玄宗在成都得到消息时，只好无奈地承认这个现实，自动退位为太上皇。

当时被派到灵武宣布正式册封肃宗为大唐皇帝的，就是房琯。也是那次见面，房琯给肃宗留下了深刻的印象。

房琯在肃宗面前极力美言玄宗让位之意，又大谈特谈当前形势，大有以天下复兴为己任之势。其慷慨陈词的风度，加之素日的盛名，让肃宗对这位父亲派来的使臣一见倾倒，并委以平叛重任。

那两场平叛战争若能取胜，或许房琯，还有许多人的命运都会被改写。但他不通兵事，战争最终以数万将士血染疆场而告终。在那个节骨眼上，房琯又遭到贺兰进明、崔圆等人的诋毁，称他门下的琴客董庭兰倚仗其势而谋取私利。历来墙倒众人推，当此之际，房琯浑身是口也说不清。

肃宗便以此为借口，一道旨令就罢了房琯的官。肃宗对这个曾经效忠于父亲的大臣，终究还是心存芥蒂。

杜甫这个左拾遗，上任伊始就遇上朝中发生这件大事。

他与房琯是旧相识，素日就敬重房琯的为人。国家又处于危难之际，正需要房琯这样的正直之士。于公于私，杜甫都觉得自己应该站出来，履行左拾遗的职责。

文人从政，理性不足，感性有余。杜甫原本就是一个特别重感情的人，也敢于"言之刺骨"。在上书肃宗时，他为房琯力争："罪细，不宜免大臣。"

这等于是对肃宗的公开指责。

肃宗恼了。一个八品小官都敢这样对他指手画脚，成何体统？他命三司审讯杜甫，看看这杜甫与房琯到底是何关系。

时任宰相的张镐，也是当初被玄宗从蜀地派来辅佐肃宗的大臣之一。因其文武双全、为官清廉，奏议又多有补益，在肃宗面前说话颇有分量。

张镐对皇上说："甫若抵罪，绝言者路。"

向皇上进谏，是谏官的天职。治杜甫罪，等于堵塞天下言路。张镐一席话提醒了肃宗，杜甫这才免于一难。肃宗对杜甫的态度却从此大打折扣，基本不再拿正眼瞧他。

臣子犯罪，皇上赦免后，臣子还要进谢表，谢皇上不罚不杀之恩。杜甫骨头硬，脾气硬，他在谢表中写道：

琯，宰相子，少自树立为醇儒，有大臣体，时论许琯才堪公辅，陛下果委而相之。观其深念主忧，义形于色，然性失于简，酷嗜鼓琴，庭兰托琯门下，贪疾昏老，依倚为非。琯爱惜人情，一至玷污。臣叹其功名未就，志气挫衄，觊陛下弃细录大，所以冒死称述，涉近讦激，违忤圣心。陛下赦臣百死，再赐骸骨，天下之幸，非臣独蒙。

杜甫表面上对皇上不杀之恩感激涕零，实际上却是绵里藏针，再次为房琯申辩。肃宗再糊涂，也能听出话外音。他烦透了这个左拾遗。

杜甫任左拾遗在至德二载五月十六日，为房琯上疏申救在六月一日。前后不过半月时间，杜甫就几乎把自己千辛万苦求来的仕途走到了头。在旁人看来，杜甫也许天生就不是做官的料。

广德元年（763）八月，房琯卒于四川阆州。是年九月，杜甫作文祭奠，在《祭故相国清河房公文》中，他写道："拾遗补阙，视君所履。公初罢印，人实切齿。甫也备位此官，盖薄劣耳。见时危急，敢爱生死！君何不闻，刑欲加矣。伏奏无成，终身愧耻。"

对于廷诤忤旨这件事，杜甫一直耿耿于怀。不是后悔，而是遗憾。遗憾他未能让当年的皇上采纳他的谏言。在此后的诗中，他曾反复提及此事，到死都没能放下。

事实上，这件事也成了杜甫仕途中一个重要的转折点。肃宗因此疏远了他，朝廷中的一些政敌趁机群起而攻之，一年之后，杜甫以房琯同党的身份，被贬官远走。

眼下，肃宗还在忍着。但他又实在不想看到这个多嘴多舌的左拾遗。

这年八月，肃宗找了个冠冕堂皇的借口把杜甫从自己身边支开了：杜甫你家小不是还在鄜州么，你也该回去看看他们了。玄宗、肃宗父

子都有这样的嗜好。玄宗看不惯李白，赐金放还；肃宗看不惯杜甫，赐假北归。

这是杜甫期待已久的一个假期。去年八月告别，今又八月。一年的思念牵挂，早已让杜甫归心似箭。

然而在这样的时刻，被赐假回家探亲，杜甫的心里五味杂陈。感激有之，失落有之，莫可名状。

这一年，凤翔一带一直苦雨不止，直到闰八月初一，天才稍稍放晴。

杜甫在这天启程，奔向远在数百里之外的妻儿。

北　征

出发之前，杜甫照例去向皇上谢恩告别。

几个月前，他麻鞋破衣，出生入死见天子，在天子面前涕泪交流。而今杜甫也是两眼含泪，却不知如何来表达心中滋味。皇上赐他回家探亲，原本是件大好事。可战乱纷纷，国家前途未卜，他又如何放得下对皇上与国家的牵挂？

一袭青袍，无马无车，至德二载（757）闰八月初一日，杜甫只身一人，徒步从凤翔行在出发。雨后道路泥泞，杜甫步履沉重，神思恍惚。一步三回头，看一眼身后的凤翔行宫，再望一眼远处的青山。回家的路、与亲人团聚的喜悦被层层的愁绪遮挡。

路两边一片荒年的萧条之色。路上行人不多，偶尔有一两人走过，也是一身的伤，满脸的痛。那是从战场上退下来的伤兵。杜甫的目光落在他们还在流着血水和脓水的伤口上，如被火烫针刺一般，不敢停驻，却又挪不开。路边不时出现战士们饮马的水洼，在提醒诗人，现在还是战乱纷纷。大唐中兴之路，任重而道远。

走走停停，到那天傍晚时分，也没走出多远。斜阳下回望，凤翔行宫的旗帜似乎还在夕阳的余晖里若隐若现……

杜甫此次回鄜州，中间要经过麟游（今陕西麟游）、邠州（今陕西彬州）、宜君（今陕西宜君）几地。朝廷当时正在长安西北大力集结部队，准备收复京城。这些地区均已为官军所控制。杜甫此行，比先前逃亡时心情轻松了很多。只是战时打仗，公私马匹都已被军队征用。六百多里路，杜甫全要靠步行。也着实够人打怵。

自凤翔至邠州，两百三十余里，是杜甫回家的行程的三分之一。他实在累得走不动了，恰逢李嗣业将军正镇守邠州，杜甫遂写诗向他借马：

明公壮年值时危，经济实藉英雄姿。国之社稷今若是，武定祸乱非公谁？凤翔千官且饱饭，衣马不复能轻肥。青袍朝士最困者，白头拾遗徒步归。人生交契无老少，论心何必先同调。妻子山中哭向天，须公枥上追风骠。

——《徒步归行》

诗题下有原注："赠李特进。自凤翔赴鄜州，途经邠州作。"

李嗣业，京兆长陵人。据史料载，此人身长七尺，臂力超群，尤善使刀，战场上是一个令敌人闻风丧胆的主儿。开元年间从军以来，多次在西域立功。天宝十二载（753），加任为骠骑大将军。安史之乱中，他奉肃宗之诏领兵前往。出发前，李将军曾以刀割臂，向战士们立下铁血军规："所过郡县，秋毫不可犯。"

欲借骠骑大将军的黄骠马当坐骑，杜甫也真是被逼到绝处了。好在，他如愿以偿，从李嗣业那里借到了马，剩下的行程，就变得轻松了不少。

杜甫传

这年八月，杜甫抵达妻儿寄居的羌村。

那是一个晚霞铺满西天的黄昏，小村上空鸟鸣雀噪，动物们正忙着归巢。一身风尘，满脸倦容的杜甫骑马出现在羌村村口时，整个小村都为之轰动了。村民们涌向杜甫家的小院。低低的小院围墙上，瞬间趴满了人。他们为这劫后重逢的一家欢喜着，唏嘘着……

杨氏早已听到了丈夫归来的消息。她又惊又疑，不敢相信自己的耳朵和眼睛。一别一年无消息，他是否还活在这世上都不知道，如今，他又活生生地站在自己面前了。人还是那个人，只是那满头萧萧白发，皱纹纵横的瘦脸，几乎让人不敢相认。杨氏站住，眼泪不住地落下……

这个激动人心的重逢场面，杜甫以《羌村三首》记之：

其一

峥嵘赤云西，日脚下平地。

柴门鸟雀噪，归客千里至。

妻孥怪我在，惊定还拭泪。

世乱遭飘荡，生还偶然遂。

邻人满墙头，感叹亦歔欷。

夜阑更秉烛，相对如梦寐。

其二

晚岁迫偷生，还家少欢趣。

娇儿不离膝，畏我复却去。

忆昔好追凉，故绕池边树。

萧萧北风劲，抚事煎百虑。

赖知禾黍收，已觉糟床注。

如今足斟酌，且用慰迟暮。

其三

群鸡正乱叫，客至鸡斗争。

驱鸡上树木，始闻叩柴荆。

父老四五人，问我久远行。

手中各有携，倾榼浊复清。

莫辞酒味薄，黍地无人耕。

兵革既未息，儿童尽东征。

请为父老歌，艰难愧深情。

歌罢仰天叹，四座泪纵横。

三首诗，依然采用"赋"的铺陈手法，把诗人回家之后的情景生动再现。第一首写刚到家，夫妻相见，悲喜交集；第二首写还家之后诗人的苦闷情状；第三首写四邻百舍的来访。

"妻孥怪我在，惊定还拭泪。"动乱时代的亲人重逢，瞬间心里波涛翻滚，杜甫的诗笔，既可细入毫芒，又能力抵千钧。

"邻人满墙头，感叹亦歔欷。"关中的民俗风情扑面而来。关中民风淳朴，围墙低矮，一家有事，众邻关注。

儿女们日思夜盼的父亲终于回家了。他们依偎父亲怀中，又生怕父亲离去，不时抬头望着父亲的眼神，千百年后读来依然让人心疼。乱世里父亲的怀抱是他们暂时的避风港湾。可惜那个港湾，属于他们的时间太短了。

还有携酒前来敲门的父老乡亲，他们操一口浓重的关中口音，与杜甫话桑麻，话时局。在他们眼里，杜甫不是什么朝廷命官，大诗人的头衔他们也不去管。他就是他们的邻居，可亲可近，他们曾亲眼见过这一家人的艰辛不易，也曾陪杨氏和孩子们一起担忧、等待。

这所有的场景，杜甫都用白描手法叙述，语言浅显直白，却字字浓情扑面。

"一字一句，镂出肺肠，才人莫知措手，而婉转周至，跃然目前，又若寻常人所欲道者。真国风之义，黄初之旨。"明人王慎中也被此诗深深打动。

杜诗被后人称为"诗史"，不只是因为诗里记录了那个朝代的滚滚风云，也记录了日常的一颦一笑。杜甫写下高山大海的伟大，亦捕捉山花野果的细微。真正的大诗人，有大情怀，更有寻常人难以企及的细腻。

归来后，杜甫因眼前的悲喜而心潮难平。他提笔，写下《羌村三首》，如一位画家急就的速写，为人勾勒出一个个生活即景。

但有些思想与情感，需要时间的锻造与沉淀。在家待过一段时间后，与亲人重逢的喜悦渐隐，新的忧愁来袭。杜甫忧郁的目光，越过羌村的风和日丽，越过妻儿的盈盈笑语，又飘远了。

这年秋天，杜甫归家之后不久，写下了他诗歌史上第二首长篇巨制《北征》。

> 皇帝二载秋，闰八月初吉。杜子将北征，苍茫问家室。
> 维时遭艰虞，朝野少暇日。顾惭恩私被，诏许归蓬荜。
> 拜辞诣阙下，怵惕久未出。虽乏谏诤姿，恐君有遗失。
> 君诚中兴主，经纬固密勿。东胡反未已，臣甫愤所切。
> 挥涕恋行在，道途犹恍惚。乾坤含疮痍，忧虞何时毕。
> 靡靡逾阡陌，人烟眇萧瑟。所遇多被伤，呻吟更流血。
> 回首凤翔县，旌旗晚明灭。前登寒山重，屡得饮马窟。
> 邠郊入地底，泾水中荡潏。猛虎立我前，苍崖吼时裂。
> 菊垂今秋花，石戴古车辙。青云动高兴，幽事亦可悦。
> 山果多琐细，罗生杂橡栗。或红如丹砂，或黑如点漆。
> 雨露之所濡，甘苦齐结实。缅思桃源内，益叹身世拙。

坡陀望鄜畤，岩谷互出没。我行已水滨，我仆犹木末。
鸱鸟鸣黄桑，野鼠拱乱穴。夜深经战场，寒月照白骨。
潼关百万师，往者散何卒。遂令半秦民，残害为异物。
况我堕胡尘，及归尽华发。经年至茅屋，妻子衣百结。
恸哭松声回，悲泉共幽咽。平生所娇儿，颜色白胜雪。
见耶背面啼，垢腻脚不袜。床前两小女，补绽才过膝。
海图坼波涛，旧绣移曲折。天吴及紫凤，颠倒在裋褐。
老夫情怀恶，呕泄卧数日。那无囊中帛，救汝寒凛慄。
粉黛亦解苞，衾裯稍罗列。瘦妻面复光，痴女头自栉。
学母无不为，晓妆随手抹。移时施朱铅，狼藉画眉阔。
生还对童稚，似欲忘饥渴。问事竞挽须，谁能即嗔喝。
翻思在贼愁，甘受杂乱聒。新归且慰意，生理焉能说。
至尊尚蒙尘，几日休练卒。仰观天色改，坐觉祅气豁。
阴风西北来，惨澹随回鹘。其王愿助顺，其俗善驰突。
送兵五千人，驱马一万匹。此辈少为贵，四方服勇决。
所用皆鹰腾，破敌过箭疾。圣心颇虚伫，时议气欲夺。
伊洛指掌收，西京不足拔。官军请深入，蓄锐何俱发。
此举开青徐，旋瞻略恒碣。昊天积霜露，正气有肃杀。
祸转亡胡岁，势成擒胡月。胡命其能久，皇纲未宜绝。
忆昨狼狈初，事与古先别。奸臣竟菹醢，同恶随荡析。
不闻夏殷衰，中自诛褒妲。周汉获再兴，宣光果明哲。
桓桓陈将军，仗钺奋忠烈。微尔人尽非，于今国犹活。
凄凉大同殿，寂寞白兽闼。都人望翠华，佳气向金阙。
园陵固有神，扫洒数不缺。煌煌太宗业，树立甚宏达。

《北征》，共一百四十句，是杜甫五古中的第一长篇，是中国五古

诗中一颗璀璨的明珠，是杜甫用诗歌体写就的"陈情表"。时任左拾遗的杜甫，在诗中向肃宗皇帝汇报自己探亲路上及到家以后的见闻感想，更向皇帝表达自己忧国忧民、渴望国家中兴的殷切希望。

肃宗大发慈悲，将杜甫"放往鄜州"。杜甫心里比谁都明白其中的原因。假期何时结束？他是否还有机会重回朝廷为国效力？这些都是未知，也是杜甫回羌村后所面临的最大苦恼所在。身在旷野，心系朝廷。身心的分离，让杜甫寝食难安。他常常夜不能寐，在院外绕树彷徨。

他病倒了。

命运的挤压，是一种强大的力量。对于伟大的诗人来说，这种挤压愈强，艺术的喷发愈是绚烂。千年岩火，在地下奔涌，一旦化为火焰从火山口喷出，其力量足以摧枯拉朽。

极度的矛盾与痛苦，给了杜甫极度的倾诉欲望。《北征》就此诞生。

杜甫从蒙恩放归探亲开始写起，依次写了辞别皇上启程时的忧虑情怀，归途中所见所思，归家后与妻子、儿女团聚的悲喜交织，在家中关切国家形势并向皇上提出如何借助回纥兵的建议。诗的最后，诗人又回顾了安禄山叛乱后朝廷所做的种种努力与可喜变化，表达了自己对国家前途的信心、对肃宗中兴的期望。

全诗五大段，以时间与行程为线，以自己一路的所见、所闻、所感为珠，采用"以赋为主、有比有兴"的方法，串联起了安史之乱中山河破碎、民生凋敝的社会现实，也尽情倾诉了诗人满腹的忧国忧民之情。

诗人以有情之眼观无情之物，无情亦变有情。他怀着一腔忧伤与矛盾上路，沿途所见，处处都让他愁苦。他穿过茫茫原野，经历过虎吼崖裂的高山深谷，见证过白骨累累的战场。

战争的创伤与苦难的现实，历历在目。遥望前路，希望犹在，却是征程艰难。

"路漫漫其修远兮，吾将上下而求索。"行走在关中大地上的杜甫，青袍瘦马，心事重重，与那个披发徘徊在汨罗江畔的屈子，经历何其相似。他们的痛苦与执着也何其相似。

漫漫六百里北征路，一路苦与忧相伴交织。

杨伦在《杜诗镜铨》中引清人张上若的话说："凡作极要紧极忙文字，偏向极不要紧极闲处传神，乃反照之法，惟老杜能之。"当诗人因家国大事愁眉不展之时，他的双眸都会被路边的山花野果照亮。"菊垂今秋花""山果多琐细"，前一刻，诗人还在为虎吼崖裂的艰难而忧惧重重；下一刻，峰回路转，灿烂的金秋山景铺展眼前。

这些细腻传神的描写，让杜甫那趟行程变得更加真实可感，更能体现出诗人调整节奏、平衡布局的卓绝手法。闲笔不闲，此段秋景插入，恰如急管繁弦的宏大乐章中忽现的天籁抒情小曲，舒缓优美的旋律，让听众紧张的神经一下子舒缓了。

从艺术手法上来看，杜甫对起于《诗经》的"赋、比、兴"种种手法，运用得已经炉火纯青。

语言是情感的载体，文字的平淡或绚烂，不过是一种表象，一种技巧。技巧之下，是诗人欲说不能的苦痛。战场白骨，秋野山花，带来的不仅是视觉上的不同。后者以明丽写悲愁，令愁更添几层。

乱军烽烟正浓，国家正处于危难之中。朝野上下，从皇上到臣民，无一不在为眼前局势而忧心焦灼。杜甫却在那个时候被放归探亲，在这里欣赏这山花野果，这与他的本心何其相违。

这是贯穿诗中的情感主线。诗人眼中的一事一物，一花一草，都在为他这种情感的倾诉而服务。读此诗不可忽略这一点。

清人李因笃评此诗："上关庙谟，下具家乘。其材海涵地负，其力则排山倒岳。有极尊严处，有极细琐处；繁处有千门万户之象，简处有急弦触柱之悲。"

作为杜甫诗中的大篇之一,《北征》是一篇让人百读不厌的作品。它突破了齐梁宫体诗的绮丽藩篱,超越唐人山水、田园、边塞的歌咏范畴,以时事入诗,加入诗人的抒情与议论,其波澜壮阔与真实细腻,皆为前人所不及。

重返长安

至德二载(757)秋,杜甫在羌村家中,时刻关注时局战事,并满怀悲痛地写下《北征》长诗。

回头看一下彼时的大唐,仍是战乱纷纷,形势扑朔迷离。

闰八月二十三日,杜甫正在羌村休假,肃宗派郭子仪等人攻长安。在清渠战败的郭子仪,以回纥兵精为由,劝肃宗向回纥借兵助战。

九月,回纥怀仁可汗派遣其子叶护和帝德率领精兵4000余人来凤翔。杜甫《北征》中"送兵五千人,驱马一万匹",即言此事。也恰说明,杜甫此诗当作于是年九月之后。

肃宗对回纥兵寄望颇深,他不但亲自接见叶护,以盛宴款待,还特命儿子广平王李俶与叶护结为兄弟——李俶为兄,叶护称弟。此举让叶护大喜。肃宗似乎还不放心,又与回纥约定:"克城之日,土地、士庶归唐,金帛、子女皆归回纥。"这样的约定,自私又混账。

有了回纥兵的加入,九月二十日,驻扎于扶风的郭子仪大军开始向长安进发。

二十七日,郭子仪大军抵达长安西,在香积寺附近与叛军展开血战。这一次,唐军大胜,共斩敌六万余人。

二十八日,大军入长安。被乱军占领了一年多的长安城终于被收复。

因有约定在先，攻下长安后，叶护即要践约，广平王李俶急急拜在叶护马前："今始得西京，若遽俘掠，则东京之人皆为贼固守，不可复取矣，愿至东京乃如约。"西京因而暂时躲过一劫。

长安被收复后，叛军把所有的力量都集中用来守洛阳。洛阳的收复之路，变得越发曲折艰难。十月，官军与叛军在河南睢阳展开激战。真源令张巡与睢阳太守许远，率军苦苦守城。

接战春来苦，孤城日渐危。合围侔月晕，分守苦鱼丽。屡厌黄尘起，时将白羽挥。裹疮犹出阵，饮血更登陴。忠信应难敌，坚贞谅不移。无人报天子，心计欲何施？

张巡的一首《守睢阳作》，再现当时苦战实况。

事实上，那场守城战，远比张巡诗中所写的更为惨烈。因为兵粮俱尽，张巡最后杀其爱妾，煮熟犒赏将士。许远则系其奴僮给士兵吃。城中的麻雀、老鼠及铠甲上的皮子，也被煮了吃了。

睢阳城最终还是失守了，张巡、许远等36人皆不屈就义。睢阳城沦陷三日后，同平章事兼河南节度使张镐率军赶到，大败叛军，重新夺回睢阳，也为收复洛阳扫清了一大障碍。

十月十九日，肃宗从凤翔出发还都。二十二日，行至咸阳以东数里的望贤宫，肃宗收到收复东京的捷报。二十三日，肃宗入西京。

至德二载（757），对大唐王朝来说是战乱频仍又否极泰来的一年，一场又一场的收复战，打得艰辛，但终成正果。对46岁的杜甫来说，称得上是惊心动魄与悲喜交加。他穿越道道生死线，奔向皇上，被授左拾遗，上任没几日就差点犯下滔天大祸，被赐还回家探亲，与家人团聚，却又日日为时局而焦虑。

两京收复，皇上回京。百姓似乎又看到中兴希望。

这年十一月，杜甫携妻儿从羌村回到长安。

乱后重建的长安城，有人欢喜有人忧。

广平王李俶被立为楚王，朝廷加封郭子仪为司徒，李光弼为司空，其余在战争中的功臣，也皆晋爵有赏。

加官晋爵的人喜气洋洋，还有些人则是愁云压顶、大难临头。

受过安禄山封赏的官员，被从洛阳押回长安，他们被迫脱去鞋帽，聚在含元殿前向皇上谢罪。谢罪之后统统被投进了大牢。这些投降的罪官，分六等治罪。投降安禄山的原河南君等18人于城南独柳树下问斩，陈希烈等7人赐自尽于大理寺。还有很多罪行较轻的，则被流放。

杜甫的好朋友郑虔，乱后被迫接受水部侍郎一职，但他一直装病不曾就任，且曾向灵武传密信，以示忠于朝廷。郑虔回长安后并未受到肃宗的表彰，而是以罪官身份，被囚禁于杨国忠的旧第。

《图画见闻志》卷五载："唐安禄山之陷两京也，王维、郑虔、张通皆处贼庭。洎克复之后，朝廷未决其罪，俱囚于杨国忠之旧第。崔圆相国素好画，因召于私第，令画数壁。当时，皆以圆勋贵莫二，望其救解，故运思精深，颇极能事。后皆从宽典。至于贬窜，必获善地。"

由于崔圆的解救，郑虔才免于一死，从轻发落，罪在次三等，被贬到离长安四千里外的台州（今浙江临海）任司户参军。

杜甫回到长安时，郑虔早已踏上流放路。

郑虔大半生怀才不遇，如今国家中兴在望，他却踏上流放之途。万里伤心地，白发流放人。余生再见的机会，恐怕再也没有了。杜甫为老友打抱不平，却连亲自送他的机会也没有。只得以一首《送郑十八虔贬台州司户伤其临老陷贼之故阙为面别情见于诗》，泣别老友：

> 郑公樗散鬓成丝，酒后常称老画师。万里伤心严谴日，百年垂死中兴时。苍惶已就长途往，邂逅无端出饯迟。便与先生应永

诀，九重泉路尽交期。

"万里伤心，正为严谴之故；百年垂死，乃在中兴之时。严谴、中兴四字，含无限痛楚。"仇兆鳌如此评此诗。尤其是诗的最后两句，直言死别，沉痛悱恻之情，令人动容。

这年冬天，杜甫继续在长安担任左拾遗一职。

当时，追随肃宗的大小官员大多受到了奖励，就连从宰相位置上被贬下来的房琯，也被任命为紫光禄大夫，晋封清河郡公。唯有杜甫，在左拾遗位置上动也没动。可见肃宗对他的成见之深。

杜甫亦明白这一点。他只能越发小心谨慎，时刻不忘自己的职守。

一首《春宿左省》记录的就是他在这一时期任左拾遗的情形：

> 花隐掖垣暮，啾啾栖鸟过。星临万户动，月傍九霄多。
> 不寝听金钥，因风想玉珂。明朝有封事，数问夜如何。

这是一首精致凝练的小诗，诗按时序推进，前四句写宿省之景，花隐，鸟栖，日已暮；星临，月近，夜而宿。以花鸟星月来映衬皇宫的庄严辉煌，章法井然。后四句写宿省之情，听钥、想珂，宿而复起，数问夜如何。诗人的恪尽职守与小心谨慎之状，如在眼前。

这首小诗作于乾元元年（758）春天，这个春天，杜甫在长安过着较为闲适的生活。官职虽不高，但因在皇上身边，也能时常出入一些重要场合。彼时，贾至任中书舍人，王维任太子中允，岑参任右补阙，闲来无事时，几位好友也常常在一起喝喝小酒，作诗唱和。

相较于先前的逃难生活，杜甫应该满足了。

现实并非如此。杜甫依然会借酒浇愁。

微薄的俸禄，常让日子捉襟见肘。街头平平常常的酒，在杜甫看

来也十分昂贵。曲江池畔，花飞蝶舞，带给杜甫的却是人生短促、韶光易逝的万点浓愁。

"一片花飞减却春，风飘万点正愁人。"杜甫醉眼蒙眬，步态踉跄地走在春深莺老的曲江池畔。江上空寂的华堂，翡翠鸟兀自鸣唱，苑边墓冢旁，玉麒麟颓然倒卧。

皇上是回来了，曾经的繁华大唐却远去了。

细观风物，深思人生。莫可名状的惆怅忧伤，化作漫天红雨，洒也洒不完。

浓愁无法消散，口袋里又无钱买酒。杜甫索性把身上正穿的春衣也当了。

朝回日日典春衣，每日江头尽醉归。

酒债寻常行处有，人生七十古来稀。

穿花蛱蝶深深见，点水蜻蜓款款飞。

传语风光共流转，暂时相赏莫相违。

——《曲江二首》其二

彼时的大唐局势，并不容乐观。

李亨在太子位上十八年，一直以"仁、孝、谨、静"的乖巧形象示人，也正是这四个字，让他能在太子之位上坐稳。十八年来他恪守为子、为臣的规矩，也养成了懦弱无能、谨小慎微的性格特点。国难之时，肃宗自行宣布登基，本就无甚底气。等太上皇从蜀地归来，这份惶恐就化为了警惕。

唐玄宗本就是权势欲极强的帝王，退居太上皇，不过情势所迫而已。私下里他对权势的欲望依然在蠢蠢欲动。

肃宗当初在灵武宣布登基即位之前，就先让群臣上谏五次才"勉强"答应。长安收复后，至德二载（757）十二月，玄宗返回长安。为迎接玄宗返京，肃宗特意脱下黄袍换上紫袍，以太子之礼迎驾。玄宗又将黄袍亲自替他穿上，他伏地顿首，推辞再三，不得已才接受。此后数日，肃宗又累次上表，请求避位东宫，归政于玄宗。玄宗自然不允。

这一片苦心，亦是肃宗的机心。玄宗的余威仍在，他不得不顾忌。

果然，玄宗还京之后，第一件事就是对蜀郡、灵武的扈从功臣大加分封赏赐。

朝廷中的文武百官，也很自然地站了两队。一队站在老皇上身后，一队紧跟新皇上。

玄宗以前做皇帝时住在兴庆宫，自蜀返还后，仍然居于此处。兴庆宫在皇城之东，与皇城之间有夹城相通。肃宗最初还恪守人子之道，经常动问父亲饮食起居。玄宗也偶尔会在宦官高力士、大将军陈玄礼的陪伴下到大明宫来走走。肃宗又命玉真公主、如仙媛、王承恩以及梨园子弟陪伴玄宗解闷。

兴庆宫有座长庆楼，南临大道。玄宗有事无事喜欢登楼远望。过路的父老路人，都认识这位老皇上，对他感情也深。每每见到楼上的玄宗，都要瞻拜高呼万岁。玄宗亦安然接受，还常常置下酒食款待。

这一切，被肃宗近侍李辅国添油加醋传到了肃宗耳朵里："上皇居兴庆宫，日与外人交通，陈玄礼、高力士谋不利于陛下。今六军将士尽灵武勋臣，皆反仄不安，臣晓谕不能解，不敢不以闻。"

肃宗懦弱，又架不住身边有这么个心狠手辣的宦官。在李辅国的一再挑拨和怂恿下，年迈的太上皇终于被请出兴庆宫，移居西内，实际上就是软禁。那些与唐玄宗来往密切的官员，无一例外地被排挤和疏远。

杜甫安安稳稳在长安做一个八品小官的梦再次破灭。他被贬往华州任司功参军，时为乾元元年（758）六月。

杜甫传

第五章　颠沛流离，天涯流落

华州小吏

至德二载（757）十一月重返长安，乾元元年（758）六月被贬再次出长安，前后不过半年多时间。那半年多，恰似杜甫人生中一场短暂的春梦，梦中的繁华稍纵即逝，梦醒时分，纵然心里有太多不甘，也只能无奈接受。

在杜甫离开长安赴华州的前夕，故人孟云卿来访。

孟云卿，字升之，山东平昌人，生于开元十三年（725），比杜甫小13岁。天宝年间，他曾赴长安应试，未第，直到30岁后方举进士，在肃宗朝任校书郎。孟云卿留诗不多，现存的不过17首，多以朴实无华的语言反映当时的社会现实，与杜甫诗风颇为相近。

这一年，孟云卿33岁，杜甫已是满头华发。

故人相见，秉烛对饮，重逢之喜，离别之悲，一时全部充塞心头：

乐极伤头白，更长爱红烛。相逢难衮衮，告别莫匆匆。

但恐天河落，宁辞酒盏空？明朝牵世务，挥泪各西东。

一首《酬孟云卿》，除却浓浓的离情，还将杜甫当时的苦闷也尽隐其中。

第二天，杜甫告别长安亲友，自金光门出长安。金光门是隋唐郭城的正西门，为重要的交通要道与军事节点。头年四月，杜甫就是从此门逃出长安，奔赴凤翔。当时的长安西郊，到处是安史叛军。那情景想来仍然让人心惊胆寒。那吓破的胆，惊掉的魂，似乎到现在还没有招回来，却又要匆匆离开了。

> 此道昔归顺，西郊胡正繁。
>
> 至今残破胆，应有未招魂。
>
> 近得归京邑，移官岂至尊。
>
> 无才日衰老，驻马望千门。
>
> ——《至德二载甫自京金光门出间道归凤翔乾元初从左拾遗移华州掾与亲故别因出此门有悲往事》

两鬓斑白的衰朽之人，那一腔热情、满腹忠心，又有谁能懂？这一次离开，也许自己的政治生涯就永远结束了。

杜甫转身打马，疾驰而去。六月骄阳下，他的身影渐远渐小。"千门万户次第开"的长安，终被抛在身后。从此之后，杜甫再没有回到长安朝廷中去。

杜甫是以贬官身份来华州的。他的顶头上司，那位郭姓刺史，完全无视这位大诗人的诗名与才华，没有丝毫的赏识之遇也就罢了，还来个落井下石，不断给杜甫施压。

司功参军，官儿小，事儿不少。既要管理地方祭祀、礼乐、学校，又要对选举、医疗、考试这些工作负责。杜甫的工作每天堆积如山，从早忙到晚，从日落忙到深夜，常常还理不出个头绪。加之天气炎热，办公条件又简陋，白天苍蝇嗡嗡飞，打不走，挥不掉，晚上毒蝎竟然爬上床。

从长安的左拾遗，到华州的司功参军，有着天堂与地狱一般的落差。

此情此境，几乎让诗人崩溃发狂。

　　七月六日苦炎热，对食暂餐还不能。每愁夜中自足蝎，况乃秋后转多蝇。束带发狂欲大叫，簿书何急来相仍。南望青松架短壑，安得赤脚蹋层冰。

苦闷归苦闷，牢骚归牢骚，在华州的那一年里，杜甫对社会的关注不减丝毫，也算尽心尽职。在《乾元元年华州试进士策问五首》中，杜甫就变乱中关于赋税、交通、征役以及币制等迫切的问题，提了很多建议。这些建议大多围绕一个中心思想：请为老百姓减负。这些建议，自然不合统治者的心意，能被采纳多少也未可知。

这年秋天，来华州不久，杜甫写了《留花门》一诗，诗中更见诗人对彼时大唐形势的担忧。

　　北门天骄子，饱肉气勇决。高秋马肥健，挟矢射汉月。自古以为患，诗人厌薄伐。修德使其来，羁縻固不绝。胡为倾国至，出入暗金阙。中原有驱除，隐忍用此物。公主歌黄鹄，君王指白日。连云屯左辅，百里见积雪。长戟鸟休飞，哀笳曙幽咽。田家最恐惧，麦倒桑枝折。沙苑临清渭，泉香草丰洁。渡河不用船，千骑常撇烈。胡尘逾太行，杂种抵京室。花门既须留，原野转萧瑟。

花门，即花门堡，在居延海北，位于今内蒙古自治区北花门山堡。因曾为回纥领地，唐人便以花门代指回纥。

杜甫在诗中明确表明自己态度：花门不可留。留之是祸患。

唐肃宗为早日收复长安，不顾后患向回纥借兵，又与回纥定下约定："克城之日，土地、士族归唐，金帛、子女皆归回纥。"

对于朝廷这样的举措，杜甫早已在《北征》一诗中表示了自己的担忧。

长安城克，叶护欲行抢掠，碍于东京未复而暂且罢手了。那份恶果，终究还是应验了。收复两京之后，大量回纥兵屯于关辅地区，他们大肆搜刮抢掠府库及民间财物，其野蛮程度，与安史叛军无异。

清人张潽曾评价道："经国之计，忧深虑远，岂寻常韵言可及。"读此诗，已远不能仅从诗歌技巧等层面来论其成就。诗为心声。透过此诗，看到杜甫对天下局势的深刻洞察，对国家命运的深切忧虑，方不负诗人的一片苦心。

也难怪诗人忧虑。彼时大唐，可谓内忧外患，民生凋敝。安史之乱爆发，对大唐觊觎已久的外族纷纷乘虚而入。西有吐蕃，趁西域防务空虚，占领西部土地；海路方面有大食，登上南方海岸，围攻广州一带。而长安城内，统治者内部也是相互倾轧，争权夺利，哪管百姓死活。

杜甫远在华州，欲"强自宽"都不能。

这年重阳佳节，杜甫偶至蓝田，在崔氏庄与友人聚饮。这原本是赏心乐事，杜甫却在那天的酒筵上再次举杯长叹。

"老去悲秋强自宽，兴来今日尽君欢。"老友相聚，杜甫强展笑颜，他并不想一味煞风景的。蓝田山两峰峥嵘，四壁悬绝，明净的蓝溪水从山崖跌落，飞溅如玉。眼前美景良朋，举杯只谈风月。多好。

杜甫终究做不到。朋友们正觥筹交错，谈笑风生，他忽然长叹：

"明年此会知谁健？醉把茱萸仔细看。"

时世艰难，谁又能保证今朝的欢聚会不会是最后一次？

"胡马大宛名，锋棱瘦骨成。竹批双耳峻，风入四蹄轻。所向无空阔，真堪托死生。"杜甫爱马，开元二十九年（741）他写下《房兵曹胡马》，胡马的神骏威武力透纸背。那时，杜甫初登诗坛，也如那匹蹄下生风的胡马一样，充满勇猛向前的进取精神。

十余年后，杜甫眼里只有一匹让他唏嘘不已的瘦马：

"东郊瘦马使我伤，骨骼硉兀如堵墙。"

那是杜甫在长安郊外看到的一匹弃马，它老了，病了，再也不能在战场上陪着主人驰骋杀敌，就被部队随意地丢弃在路旁。它皮肤干裂，毛色灰暗，毛皮夹杂着泥水和污渍。那是一个寒冷的冬天，马的身上还沾满了冰霜。

那样一匹马，触动了诗人内心的悲痛。他想起了自己的老朋友房琯，也借此自叹。

"当时历块误一蹶，委弃非汝能周防。"自己原本一腔忠心为国为君，孰料会因此触怒皇上，以致被疏远、被遗弃，被贬到华州这样的小地方。

《瘦马行》，具体写作时间不详，但此诗作于华州却无异议。诗中透露出的情感，也颇能契合杜甫在华州时的心境。

洛阳寻亲

仕途上百般不得意时，思家之情便在心底泛起。乾元元年（758）年末，杜甫告假，匆匆踏上回洛阳老家的探亲之路。

杜甫没想到，才出华州城，就在城外遇到熟人。当时司勋员外郎杨绾家的一个晚辈，彼时在襄阳任少府。杨少府去长安，路过华州，正与杜甫兜头相遇。

异地他乡遇故知，惊喜之余自然少不了嘘寒问暖。问候完杨少府，杜甫赶忙打听老朋友杨绾的消息：你家杨员外，可是别来无恙呵？

杨绾，华州华阴（今陕西华阴）人，博学多识，尤工文辞。天宝十三载（754）参加进士试，当年登科三人，杨绾为首，因此越级授右拾遗。安史之乱时，肃宗在灵武即位，杨绾于乱贼统治区一路乞食，奔赴行在。肃宗下诏授其为起居舍人，知制诰。说起他的经历来，与杜甫倒有相似之处。只是，在科场上，他比杜甫更得意些，毕竟是进士及第。

这些年来，杜甫断断续续做些采药、卖药的营生，也曾欠下不少人情债。比如眼前这位杨少府，一看到他，杜甫就想起了曾经许给杨绾的诺言：他曾答应过给他捎一些上好的茯苓的。

无奈生活多艰，一份小小的承诺也难兑现。如今看到杨绾的晚辈，杜甫只能以一番插科打诨，让杨少府代问老朋友安：

寄语杨员外，山寒少茯苓。归来稍暄暖，当为劚青冥。
翻动神仙窟，封题鸟兽形。兼将老藤杖，扶汝醉初醒。

——《路逢襄阳杨少府入城，戏呈杨员外绾》

"杨员外，现在天气寒冷，山上茯苓很少。等我从洛阳回来，天气也暖了，我一定去山上寻找。到有青气的松树下，翻起龙蛇的洞穴，给你找结成鸟兽形状的上等茯苓，封好题名寄给你。再顺便在山上给你找一根老树藤做根拐杖，你喝多了好当扶手。"

题下原注："甫赴华州日，许寄员外茯苓。"

不说当初承诺，只道这首诗中轻松戏谑的语气，在那一时期杜甫

杜甫传

诗中比较少见。茯苓未寄，偏又许寄藤杖。寄藤杖，只为员外"醉初醒"时作扶手。诗人痴趣，既显与杨员外的亲切友好，又显那一路上他的心情之好。

读此诗时，笔者眼前还浮现一景，是着布衣草鞋身背药篓的杜甫，在山中攀岩附壁，在杂草树丛中，仔细辨认寻找。柴胡、丹参、当归、茯苓、半夏……如果能与杜甫对饮，随便提起一个中药名，也许就能引得他滔滔不绝。

与杨少府告别后，杜甫继续东行。晓行夜宿，不日就抵达湖城（今河南三门峡灵宝市）境内。

湖城靠近黄河，故称"河县"。彼时正是寒冬季节，狂风呼啸，顺河而来，卷起漫天尘土，吹得人马难立，眼睛都难以睁开。杜甫只得以手遮目，以防沙尘入眼。

湖城有杜甫故人刘颢，又赶上了那样的扬沙天，杜甫忍不住去老友府上叨扰了一番。因急着赶路，他并未在刘家久留。那天黄昏时分，杜甫就匆匆出城了。他弓腰缩肩，双唇紧闭，尽可能减少风沙侵入的机会。但那冰冷刺骨的寒风，还是从杜甫的衣领、袖口，从他裸露在外的鼻孔钻进来，把仅有的一点热气掳走。行至湖城城南，风势稍减，杜甫方驻马喘口气，睁开眼睛一看，是孟云卿。故人似是从天而降。

这年六月，杜甫离开长安赴华州的前夕，曾与孟云卿彻夜对饮长谈。"明朝牵世务，挥泪各西东。"他们在长安挥泪相别，却不料时隔半年又于途中意外相见，真是别有一番惊喜滋味。

杜甫随即携友重返刘颢府上。一路上还跟云卿叨叨：要不是刚才刘颢尽地主之谊热情招待我，我也懒得拉着你再重返回来叨扰。

刘颢也果真够朋友，见杜甫携友重返，立即张灯设宴，款待两位朋友。

乱世中的人生，太多无常；乱世中的欢会，尤显珍贵。杜甫、孟云卿原都是爱国志士，席间如何避得开对时局的关注。尽管杜甫有言在先，只喝酒，不谈时事。可国家仍然陷于纷乱的战争中，又哪能不去提？

这年六月，杜甫出长安之时，朝廷以开府仪同三司李嗣业为怀州刺史，充镇西、北庭行营节度使。九月，李嗣业、朔方郭子仪、河南崔光远等七节度使及平卢兵马使董秦将步骑共二十万大军，合讨安庆绪。自几大节度使合围安庆绪以来，战场上虽也偶有小胜的消息传回，但终未奏凯。

几位老友，借酒言欢，更是借酒浇愁。

是夜，刘家待客厢房里炭火闪烁，窗外清辉流泻。几个大男人从长安陷落，国家残破，谈到洛阳收复，寒尽春生，情绪时低沉，时高昂。不知不觉中，东方渐白，晨鸡已开始啼唱。

杜甫喝醉了，回头想想与友人梦一样的相遇，再看眼前的杯盘狼藉，欢会匆匆，离别又至，喝醉了的杜甫忍不住击节高歌：

> 疾风吹尘暗河县，行子隔手不相见。湖城城南一开眼，驻马偶识云卿面。向非刘颢为地主，懒回鞭辔成高宴。刘侯叹我携客来，置酒张灯促华馔。且将款曲终今夕，休语艰难尚酣战。照室红炉促曙光，萦窗素月垂文练。天开地裂长安陌，寒尽春生洛阳殿。岂知驱车复同轨，可惜刻漏随更箭。人生会合不可常，庭树鸡鸣泪如线。

> ——《湖城东遇孟云卿，复归刘颢宅宿宴，饮散因为醉歌》

这一次，他是努力让自己开心了，努力让自己的语言轻松一些。但他的笑，却是那样勉强。笑容未敛，眼角已湿。

杜甫是一个家庭观念很强的男人。一生在为自己的政治理想奔波

之时，他从未忘记为人夫、为人父、为人兄的责任。这一点，很多与他同时代的大诗人都无法与他相比。频频在诗中提及妻儿、兄弟姊妹的，也只有杜甫。

他这次回洛阳探亲，先去了首阳山下的陆浑庄。

冬日的陆浑庄，呈现出慵懒而又落寞的样子。战乱虽未直接波及这个小村，却还是给它带来了不小的影响。村子里景物依旧，却难得见到几个熟悉的人。尤其是杜甫最想见的家中亲人，几个弟弟和妹妹，他一个也没有见到。

杜甫的弟弟杜颖，此时在济州一带谋生。杜甫这次回老家时，山东一带还未收复，洛阳、济州两地相隔甚远，连传递信息都难。

千里迢迢回来探亲，迎接自己的只有一个空空的老家。杜甫的心情可想而知。

> 丧乱闻吾弟，饥寒傍济州。人稀吾不到，兵在见何由。
> 忆昨狂催走，无时病去忧。即今千种恨，惟共水东流。
>
> ——《忆弟二首》其一

杜甫得知弟弟杜颖在济州一带谋生，还是在前年他被反贼捉进长安的时候。如今归家，依然天涯相隔不得相见。千愁万恨无处可诉，只能诉诸创作：

> 且喜河南定，不问邺城围。百战今谁在，三年望汝归。
> 故园花自发，春日鸟还飞。断绝人烟久，东西消息稀。
>
> ——《忆弟二首》其二

花自开落鸟自鸣，从安史之乱起，到现在已经三年时间了，杜颖都不曾回老家。杜甫在第二首诗中向弟弟发出呼唤："三年望汝归。"

是呀，没有人陪伴的老家，哪算老家。没有亲人陪伴的春天，春光再美也枉然。良辰美景，无人共赏，徒添惆怅。

乾元二年（759）那个春天，杜甫怀着满腔的落寞，又踏上回华州的路。

寻亲不遇，一路上却也不断有惊喜。杜甫回程时偶遇杨少府、孟云卿，返程时竟又遇到年轻时代的好友卫八处士。

卫八，姓卫，排行第八。处士，即隐居不仕的人。此人生平不可考。他与杜甫年轻时代的交情，也不可考。但从杜甫的这首《赠卫八处士》中，却能猜到，卫八是杜甫生命中极为重要的一位好友。

> 人生不相见，动如参与商。今夕复何夕，共此灯烛光。少壮能几时，鬓发各已苍。访旧半为鬼，惊呼热中肠。焉知二十载，重上君子堂。昔别君未婚，儿女忽成行。怡然敬父执，问我来何方？问答乃未已，儿女罗酒浆。夜雨剪春韭，新炊间黄粱。主称会面难，一举累十觞。十觞亦不醉，感子故意长。明日隔山岳，世事两茫茫。

时隔二十载再见面，少壮轻狂的杜甫已是白发苍颜；昔日未成婚的卫八，也已儿女成行。儿女们见父亲的友人来，跑前跑后，热情张罗。

"夜雨剪春韭，新炊间黄粱。"想来这应是卫八一家待客的最高规格了。

烛光之下，杜甫与卫八举杯再举杯。二十余年的沧桑，如何说得尽。朋友的盛情，又怎是一个"谢"字了得。

"明日隔山岳，世事两茫茫。"酒喝高了，悬在诗人眼角的泪，终于还是落下来。

读杜甫此诗，已能明显感觉其感情与笔调的变化。年少的轻狂不再，取而代之的是中老年以后的沉稳与笃实。平缓的语气，朴素的字句，将隐忍的感情娓娓道出。正如钟惺在《唐诗归》中所言："只叙真境，如道家常，欲歌，欲哭。"

庄子曰："朴素而天下莫能与之争美。"杜甫此诗，有庄子所道的朴素之大美，有直击人心的力度。

有友如此，人生长路上纵使再多寒凉，也能有带泪的笑靥覆盖沧桑。

安、史之争

杜甫兴冲冲地回洛阳探亲，迎接他的却是人去楼空的荒凉。亲人们不得见，他只得怅然踏上返回华州的路，才发现回程的路已今非昔比，处处破碎，处处哭声。杜甫的那趟行程变得艰难重重。

彼时的唐军与叛军仍处于胶着状态，孰胜孰负，局势仍旧一片迷茫。

至德二载（757）正月，安禄山之子安庆绪弑父称王，结束了安禄山统治时代。乱军内部的分裂，恰好给了唐军反击的机会。是年九月，长安收复，十月，在陕郡之战后，安庆绪无法再在洛阳立足，率千余人逃往邺城（今河北省临漳县），唐军乘机收复东京。肃宗也于此月回到长安。

因肃宗当时忙于迎接太上皇还京事宜，未及时派军追击乱军残部，又给了安庆绪以喘息之机，他在邺城驻扎下来，在河北各郡招兵买马，各处残余势力纷纷前来会合，很快又集结起6万余人。

彼时，史思明正在范阳驻守，安庆绪封他为妫川王，兼范阳节度使。

范阳是安禄山起兵发家的老窝，当初他从东西两京掠夺的金银财富，多半蓄积于此。史思明手握兵权，如今又坐在安氏聚宝盆边上，想到自己与安氏出生入死，安氏雄霸一方，自己却在其子手下俯首称臣，心中大有不甘，野心也开始日渐膨胀。

安庆绪逃往邺城后，其原来的部将蔡希德、田承嗣、武令珣等先后投奔，只有范阳的史思明，不派兵，不派使者，漠然视之。安庆绪大怒，派安守忠等三人，带5000多骑兵赶往范阳。名义上是征兵，实际上是准备偷袭史思明，将其除掉。谁料走漏了消息，史思明先下手为强，把安庆绪派来的三位使者一举拿下，公然与安庆绪翻了脸。

史思明随后向大唐奉上归降书：他欲率领其管辖范围内的13个郡以及13万兵力一并归降。

适逢朝廷大力用人之际，肃宗得到消息，自然大喜，立即封史思明为归义王，还兼范阳长史、河北节度使，连史思明的七个儿子，也都被授予显赫官位。

史思明受封后，立马斩杀了安守忠和李立节两人，以示对朝廷忠心。之后，他走遍河北地区，替朝廷广做宣讲，除相州为安庆绪所控制外，河北数州都相继归降。

肃宗乐昏了头，对这个经历复杂的降将首领丝毫不疑。

史思明，突厥人，原名窣干，居营州柳城，少年时代即与安禄山交好，两人曾一起做过捉生将。论智商情商，他比昔日的安禄山也丝毫不逊色，战场上也是一员猛将。安禄山装愚卖傻，赢得唐玄宗的信任。史思明则以骗发家，走上领兵为将的道路。

唐玄宗开元二十四年（736），史思明因欠官府钱走投无路，遂北走奚族地区。那是一趟充满惊险又颇具戏剧性的行程，史思明在其中

杜甫传

充当了一回高明的导演兼演员。

奚族人一向排外，史思明到此地不久就被他们抓住。按照当地人的规矩，凡入侵本地的异族人，杀无赦。面对奚族人的腾腾杀气，史思明却不慌不惧，大大方方应承道：吾乃大唐朝廷派来的和亲使者，你们若杀了我，势必会影响你们整个部族。

这一招果真奏效，刀光剑影立马换成美酒玉帛。奚族首领盛情款待这位"大唐使者"之后，又派了300名使者和杰出的奚族部将琐高与史思明一同返回大唐，拜见玄宗皇帝。

结果当然很惨，那些使者一到平卢就被杀掉，琐高则被五花大绑，押到了幽州节度使那里。

史思明此举让他一鸣惊人，此后他官运亨通，先当果毅，又升将军。为示宠溺，唐玄宗后来特赐其汉名——史思明。

与安庆绪决裂之后，史思明一边大张旗鼓归降大唐，一边暗暗招兵买马壮大力量。终于还是引起了肃宗的警觉。

乾元元年（758）五月，朝廷以乌承恩为副使，前往史思明处，欲伺机除掉他。出发前，李光弼对乌承恩严加嘱托，让他果断行事。乌承恩倒也卖力，他多次扮成妇人，潜入史思明手下诸将身边"策反"。孰料乌承恩对形势估计不足，他前脚才离开，那些被"策反"的将士后脚就进到史思明帐中。

就连乌承恩夜睡的床下，也被史思明派进了奸细。

"吾承上命除此逆胡！"乌承恩深夜对儿子的密语，原原本本落到床下人的耳中。

结果可想而知，乌承恩的计划失败不说，还把李光弼的书信以及写有应该诛杀的叛将名单让史思明搜了去。史思明大怒："吾等已降，为何还如此待吾等！"

杀掉乌承恩和他儿子以及从属200多人之后，史思明再度反叛。

原本明朗的战局，又陷入一片阴晦之中。

乾元元年（758）九月，肃宗命郭子仪等7名节度使及平卢兵马使共领步兵约20万大军，扑向邺城，围攻安庆绪。又命李光弼、王思礼两名节度使率所部助攻，以宦官鱼朝恩为观军容宣慰处置使，监领各军行动。

十月，郭子仪、崔光远等部北渡黄河，与李嗣业联手，大败安庆绪军于卫州（今河南卫辉），并诛杀叛将安庆和。此后，唐军乘胜追击，在邺城西南再次大败安军，杀敌3万余人。安庆绪元气大伤，只得退守邺城，并以让出帝位为条件，向史思明求助。

史思明对安氏大权垂涎已久，认为此时正是取而代之的绝佳时机。接到安庆绪的求助信，他立即率兵13万，自范阳南下声援。十二月，史思明击败崔光远，占魏州（今河北大名）。乾元二年（759）正月，史思明在魏州筑坛，自称大圣周王。

是年三月，郭子仪等60万步骑围剿邺城，大败，遂退守河阳（今河南孟州一带），断河阳桥，以保东京洛阳。这又给了叛军以喘息之机。史思明纠集残兵败将，很快又集结13万大军，驻扎于邺城城南。

当时唐军吃了败仗，溃散之后留下了大批武器与粮食。有了粮食，安庆绪又有了底气，他又开始不买史思明的账。史思明逆反之心再度被激发，他以歃血同盟为由，将安庆绪等人骗至帐下，再将其杀害。

之后，史思明带兵进入邺城，收降安庆绪残部，然后留儿子史朝义驻守，他自己回范阳。是年四月，史思明在范阳称帝，更国号为大燕，自称应天皇帝，年号顺天。范阳被改名为燕京。

历史是一出大剧，舞台上的大幕徐徐拉开，随之而来的就是刀光剑影，烽烟四起。硝烟弥漫中诗人杜甫上场，他行走在陕洛大地上的身影，仓皇而孤独，弱小而无助……

"三吏""三别"，名垂千古

新安（今河南新安县），在洛阳之西，距洛阳古城30多千米。乾元二年（759）初夏时节，杜甫黯然离开洛阳，重返任所华州。新安是杜甫离开洛阳后到的第一站。

这天傍晚时分，杜甫抵达新安县。人未走近，一阵铺天盖地的哭喊和斥骂声就直入耳膜：是一队正在抓丁的兵卒，押解着一群未成年的孩子，推推搡搡、骂骂咧咧地前行。那些孩子大多还满脸稚气，却又满脸的恐惧与泪水。他们声嘶力竭，试图挣脱兵卒的押解，重回送行亲人的怀抱，又一次次被无情地扯开。再看那些衣衫不整的妇女，拉着孩子的手，死也不舍得松开……

杜甫被眼前的景象震惊到了，他明白眼前是兵卒在征兵，却无法理解，为什么会抓这么小的孩子。情急之下他也顾不得许多，拉了一个兵卒就到路边询问："难道是因为你们新安县小，再没有其他可征的兵丁了么？"

"昨夜才下的兵帖，说没有壮丁就依次抽选未成年的男子。"兵卒回答得理直气壮。

"可这些抽来的孩子太小了，他们又如何守得住王城呢……"杜甫欲再问下去，但不耐烦的兵卒，早已转身走开。只留杜甫满面悲痛地立于路边。

兵卒说得没错。彼时，因与叛军交战正炽，成年的"丁男"早已被抓尽了。父兄死于战场后，就轮到了未成年的儿子或者弟弟。这些男孩的结局，也不会比他们的父兄好到哪里去。此时生离，无异于死别。被抓的孩子哭得撕心裂肺，即将失去儿子的母亲哭得肝肠寸断。

还有一些瘦骨伶仃的孩子，估计家人早已丧生于战乱，他们连前来送行的人也没有，只能独自嘤嘤哀泣。那连绵不绝、声震山河的哭声，把杜甫的心都哭碎了，他欲上前安慰，却发现语言在那时如此苍白。

客行新安道，喧呼闻点兵。借问新安吏：县小更无丁。府帖昨夜下，次选中男行。中男绝短小，何以守王城？肥男有母送，瘦男独伶俜。白水暮东流，青山犹哭声。莫自使眼枯，收汝泪纵横。眼枯即见骨，天地终无情。我军取相州，日夕望其平。岂意贼难料，归军星散营。就粮近故垒，练卒依旧京。掘壕不到水，牧马役亦轻。况乃王师顺，抚养甚分明；送行勿泣血，仆射如父兄。

——《新安吏》

此诗前半部分写征夫上路的情景，着笔不多，寄情却深。王嗣奭在《杜臆》中评价此诗云："此时瘦男哭，肥男亦哭，肥男之母哭，同行同送者哭。哭者众，宛若声从山水出，而山哭水亦哭矣！至暮，则哭别者已分手去矣，白水亦东流，独青山在而犹带哭声，盖气青色惨，若有余哀也！"

面对如此凄惨的场景，杜甫把泪流进心里，勉强上前安慰这些被抓的"中男"：各位都不要哭了吧，哭坏了身体就不好了。这都是天地无情啊，我们大唐的士兵进攻相州，本来有望朝夕之间就能收复取胜。谁料战场上敌情难料，我军估计错了形势，导致兵败星散。

这样的安慰，何其无奈，又何其苍白无力。

未成年的孩子上战场，他们能做什么呢？无非就是挖挖战壕，放放战马。这些都不算是危险繁重的事情。何况唐军军队又是正义之师，讨伐反贼的战争也属正义之战，想必一切都会顺利的。军队里的主将

们也会像爱护家人一样爱护兵士。

杜甫用文人的美好设想，来预想这些孩子们的未来。不是他太天真，而是他太慈悲。他不忍把这些稚气未退的孩子与流血牺牲联系在一起。

若要收复大唐的疆土，战争无可避免，伤亡亦无可避免。

杜甫忧国，希望战争早一点取得胜利；杜甫也忧民，百姓的哭声让他不忍卒听。两者形成尖锐的矛盾，入诗化成一种极度的痛苦，熬煎着他的灵魂。

哭声渐远，队伍远去，杜甫却久久挪不动脚步。一声长长的叹息，自胸臆间冲出——那是一声比哭还沉重的叹息呵！

如果说，《新安吏》描画的是一幅群像，接下来的一首《石壕吏》，则是一幅缩影。诗人把情感的焦点，直接对准了一个被战争摧毁的家庭。

那天晚上，他投宿石壕村（今河南陕县东南英豪镇）。那一幕妻离子散、家破人亡的人间惨剧，被杜甫撞了个正着。

暮投石壕村，有吏夜捉人。老翁逾墙走，老妇出门看。吏呼一何怒，妇啼一何苦！听妇前致词：三男邺城戍。一男附书至，二男新战死。存者且偷生，死者长已矣！室中更无人，惟有乳下孙。有孙母未去，出入无完裙。老妪力虽衰，请从吏夜归，急应河阳役，犹得备晨炊。夜久语声绝，如闻泣幽咽。天明登前途，独与老翁别。

石壕吏比新安吏更加残暴无情。新安吏尚与杜甫交谈，按帖选丁。石壕吏则完全一副胡作非为的嘴脸，他们不分男女老幼，见人就抓，且抓人不在白天，而是借夜幕的掩护强行入室。

石壕村一家的遭遇太惨烈了：三男中已有两男战死，室中只留一个吃奶的小儿，还有出入无完裙的儿媳妇。老翁和老妇也许低估了那些酷吏的恶，他们以为那样的惨境会换来一丝同情，换来一次高抬贵手。然而老妇还是被抓走了。老翁跳墙逃走暂时躲过一劫，返家后面对的却是与老妻的永远分离。

那个夜晚发生的一幕，几乎纤毫毕现地呈现在诗人的眼中、耳中、心中。他用最简洁的语言，叙述了一个何其复杂的故事。全篇句句叙事，无抒情，无议论，其浓情爱憎，却一目了然。

"夜久语声绝，如闻泣幽咽。天明登前途，独与老翁别。"诗至此，戛然而止。其幽幽泣咽，却千年不绝，震撼着后世读者的心灵。

这首只有120个字的诗，历来被评论家们认为是"三吏""三别"中最为精彩的一首。诗人以高度凝练的语言和惊人的深度，刻画出了安史之乱中唐朝统治者与人民的矛盾。

《潼关吏》，"三吏"中最后一首。

潼关是都城长安的最后一道防线，当初哥舒翰兵败潼关，潼关失陷，长安随即陷入乱军之手。大唐历史，从此掀开了灾难重重的一页。而今两京收复，潼关也重新被唐军占领。

作为一处战略位置极重要的军事要塞，肃宗吸取教训，派重兵把守，又千方百计加固关隘。杜甫路过潼关的时候，士卒和劳役们正在热火朝天地加固围墙。想起当年的潼关陷落，再看眼前这火热场景，诗人一路上的郁闷之情被荡涤去许多，他忍不住上前与守关小吏攀谈起来。

士卒何草草，筑城潼关道。大城铁不如，小城万丈余。借问潼关吏，修关还备胡？要我下马行，为我指山隅：连云列战格，飞鸟不能逾。胡来但自守，岂复忧西都？丈人视要处，窄狭容单

车。艰难奋长戟，万古用一夫。哀哉桃林战，百万化为鱼。请嘱防关将，慎勿学哥舒！

——《潼关吏》

看得出，彼时镇守潼关的将士们也是信心满满。他们觉得现如今的潼关，有天险，有坚固的城墙，有坚守的将士们，正是"一夫当关，万夫莫开"。面对那位向自己夸耀的小吏，杜甫却嗅出了恃险轻敌的味道。他不得不语重心长地告诫守关将士们：一定要慎之又慎，千万莫像三年前的哥舒翰那样，让悲剧重演。

哥舒翰潼关之败，原因有诸多方面。根本原因在于统治者玄宗轻信人言，统筹失策。这一点，杜甫也许没看到，又也许看到了，只是不愿意提及。

写作"三吏"组诗时，杜甫的心情处于极度的矛盾与痛苦中：对于朝廷的平叛战争，他是支持的，因为这是维护国家统一的行为；对于因这场战争而牺牲的百姓，他又极为同情。对于发动安史之乱的叛贼，他无比痛恨；对不体恤民情，不顾百姓死活的统治者他又无比愤慨。激愤、悲痛、讽刺、哀伤，如此种种复杂的情感，在诗人的心里翻滚交织，化成了这组千古名篇。

"三吏"以客观叙事的形式，记录下杜甫一路上亲身经历的战乱现实，"三别"则以所写人物本身的口吻叙述，是古乐府化境。在艺术表现形式上，两组诗有巨大差别。在思想情感与立意上，却指向同一个方向。

《新婚别》讲述的是刚成婚的新郎新娘就得在清晨告别。新郎即将应征出发，新娘送别，故题为《新婚别》。王嗣奭评曰："一篇都是妇人语，而公揣摩以发之。"

兔丝附蓬麻，引蔓故不长。嫁女与征夫，不如弃路旁。结发为君妻，席不暖君床。暮婚晨告别，无乃太匆忙！君行虽不远，守边赴河阳。妾身未分明，何以拜姑嫜？父母养我时，日夜令我藏。生女有所归，鸡狗亦得将。君今往死地，沉痛迫中肠。誓欲随君去，形势反仓皇。勿为新婚念，努力事戎行。妇人在军中，兵气恐不扬。自嗟贫家女，久致罗襦裳。罗襦不复施，对君洗红妆。仰视百鸟飞，大小必双翔。人事多错迕，与君永相望。

旧时女子，婚前多不与丈夫见面。诗中的女子，与丈夫"暮婚晨告别"，两个人的婚床都还没有捂暖，丈夫就被征走。新娘此时也顾不得害羞，向夫君敞开心扉，倾诉衷肠。

欢聚如此短，离别如此长。多情的新娘，在伤感着眼下的别离，又深明大义。她深知平息叛乱的重要性，所以又极力鼓励丈夫在战场上奋勇杀敌，不要为新婚所牵绊。

这首诗中感动人心的力量千年不散。

《垂老别》，通篇皆为老翁之语。一位年迈老翁，已为国家献出自己的骨肉儿孙，却依然难逃被征上战场的命运。老翁自己走路都需拐杖，却依然担心老妻天寒衣单，老妻明知丈夫此去不得再见，还是努力劝他多加餐饭。

四郊未宁静，垂老不得安。子孙阵亡尽，焉用身独完。投杖出门去，同行为辛酸。幸有牙齿存，所悲骨髓干。男儿既介胄，长揖别上官。老妻卧路啼，岁暮衣裳单。孰知是死别，且复伤其寒。此去必不归，还闻劝加餐。土门壁甚坚，杏园度亦难。势异邺城下，纵死时犹宽。人生有离合，岂择衰老端？忆昔少壮日，迟回竟长叹。万国尽征戍，烽火被冈峦。积尸草木腥，流血川原丹。何乡为乐土，安敢尚盘桓？弃绝蓬室居，塌然摧肺肝。

浦起龙曾在《读杜心解》中说："忽而永诀，忽而相慰，忽而自奋，千曲百折。末段又推开解譬，作死心塌地语，犹云无一寸干净地，愈益悲痛。"

这世界上最大的悲痛，不是生离，不是死别，而是明知前方是死途，却要眼睁睁看着自己最亲的人一步一步踏上去。这世间最触动人心的离别，不是呼天抢地，牵住不放，而是咽泪装欢，彼此宽慰，其缠绵悱恻之情，足以使天地动容。

杜甫一路向西，沿途所见的战争悲剧越多，他内心的痛苦也越多。山河破碎，天地失色。百姓的哭声，让诗人的心在泣血。

一对是新婚燕尔的年轻夫妻，一对是相濡以沫的老夫老妻，他们人生虽然不幸，到底还有亲人可别。在"三别"最后一首中出现的这位老兵，连家也没有，更没有告别的对象。第二次被征上前线，他只能自言自语，自我安慰。

> 寂寞天宝后，园庐但蒿藜。我里百余家，世乱各东西。存者无消息，死者为尘泥。贱子因阵败，归来寻旧蹊。久行见空巷，日瘦气惨凄。但对狐与狸，竖毛怒我啼。四邻何所有？一二老寡妻。宿鸟恋本枝，安辞且穷栖。方春独荷锄，日暮还灌畦。县吏知我至，召令习鼓鼙。虽从本州役，内顾无所携。近行止一身，远去终转迷。家乡既荡尽，远近理亦齐。永痛长病母，五年委沟溪，生我不得力，终身两酸嘶。人生无家别，何以为蒸黎。

一位老兵，在邺城战场上战败，黯然回乡。家乡早已面目全非，人去室空，荒草成堆，一派凄惨景象。为了活下去，老兵重新开始耕作。这样的生活也没能持续太久，县吏很快知道了他回乡的消息，再次召他去当兵。一无所有的老兵，已经无家可别，去远去近，对他来说已经没有区别。可他仍然放不下已经去世五年被抛骨于沟壑的母亲。生不得养，死不得葬。面对如此人生，他悲愤诘问："人生无家别，何以为蒸黎？"

蒸黎，即平民百姓。人到了无家可别的地步，还算是什么百姓呢？

这悲愤至极的一问，不是诘问自己，而是直接指向唐朝最高统治者：百姓不能为百姓，君上何以为君上？

此句可视为"三吏""三别"组诗的总结，是诗人代天下千万苦难深重的百姓，向统治者发出的严厉谴责与强烈控诉。

王嗣奭评这两组诗："非亲见不能作，他人虽亲见亦不能作。公以事至东都，目击成诗，若有神使之，遂下千载之泪。"

杜甫本人晚年亦曾在《览物》中回忆说："曾为掾吏趋三辅，忆在潼关诗兴多。"

国家不幸诗家幸。安史之乱后的数年间，杜甫留下的诗最多，也最具史料研究价值。

如果没有目睹当时的乱离景象，杜甫不可能如此生动、深切地记录下来。如果没有一颗忧国忧民的心，杜甫亦不能把那些乱离景象化成伟大的诗篇。

顾随讲唐诗，讲到王维和杜甫的差别处，他说："王维'秋槐叶落空宫里，凝碧池头奏管弦'亦不过是伤感而非悲哀，浮浅而不深刻……伤感是暂时的刺激，悲哀是长期的积蓄，故一轻一重。诗里表现悲哀，是伟大的；诗里表现伤感，是浮浅的。屈原、老杜诗中所表现的悲哀，右丞是没有的。"

与杜甫生于同一时代，曾同朝为官的王维，在被安禄山掳向洛阳之时，也曾拒不接受伪职，也许他有大悲哀，只不过把它深深埋进心里，诉诸笔端时，却给人以情浅意淡的感觉。他把自己的生之乐趣，融入佛诗、佛画、佛乐，融入残破的山水。

不似杜甫，一生都活得那么认真、热烈而又沉痛。

"三吏""三别"写法各异，但它们在对汉魏乐府优秀传统的继承方面，又是相通的。六首诗，无不深刻、生动、典型地再现了当时的社会现实，刻画出人民的精神风貌。这两组诗，无论是思想意义还是艺术造诣，均达到了前所未有的高度。在杜甫本人的诗歌创作过程中，这两组诗已比《兵车行》《丽人行》更进一步，达到了其现实主义诗歌创作的又一个高峰。

罢官亦由人

乾元二年（759）初夏时节，杜甫行走在从洛阳回华州的大地上。回华州的路，因战乱而变得崎岖。沿途的所见、所闻、所感，凝结成千古名篇"三吏""三别"。对于杜甫的诗歌创作之路来说，那是一趟值得纪念的伟大旅程。但对于当时的杜甫来说，却是苦不堪言。

杜甫未曾料到，回华州之后，日子更加不好过。

这年夏天，关中大旱，田里秧死苗枯，造成了严重灾荒，百姓只得到处去逃难。朝廷却无暇顾及这些流离失所的百姓，而是忙于平叛战争和统治阶级内部的争斗。杜甫一边为流离失所的百姓焦虑，一边为当时的局势忧心，再加上华州酷热的干旱天气，可以说是倍感煎熬。

太阳日日从东方升起，正午时候似个火球一样悬挂头顶，赤金色的阳光仿佛把厚厚的大地都给晒透了。加之久无雷雨，即使偶尔下一点也解决不了任何问题。天上的飞鸟都被热死了，池塘里的鱼在泥泞中挣扎喘息。天地之间，一片昏黄，举目之处，唯见一些嵩草，也是无精打采的样子。

百姓如何活？只能远离家园，四散逃难。

眼前的干旱已够令人焦灼。当时还有比这更让人焦心的事情：彼时，黄河之北的大片土地，还在叛军手中。

也不知道大唐的军队，现在都在做什么。若是当年贞观年间的魏徵、房玄龄、杜如晦这些贤臣良相在，局势绝不会是现在的这个样子吧。

在《夏日叹》中，杜甫心忧天旱，又心怨朝廷。这与他在写"三吏""三别"之时相比，思想情感已发生了微妙的变化。

炎炎盛夏逢大旱，白天酷热难挡，几乎把人的肠子都蒸熟了。怎么才能求得万里长风，飘飘然吹起人的衣裳？终于盼到太阳下山月亮升起来，皎洁的月光洒在山野之上，诗人赶紧打开窗户，让那漫山遍野的月光倾窗而入。

诗人的心，从来都是敏锐的，哪怕在最苦难的时候，他也不会忘记去欣赏。银色月光下，远处是黛青的山，近处有小虫子扇着透明的小翅膀在空中飞舞，如果没有战乱，这该是何等静谧祥和的夜晚。

生命其实本没有高低贵贱之分，不过是自己有自己的乐趣和生活罢了。那一刻，站在窗前的杜甫，心里有了片刻难得的清凉。眼前飞舞的小虫，让他联想到了人间万物。万物有生命，各有各的生活。各自遵循各自的生活轨道，多好。

他的清欢，来得何其短暂。月光下，一阵凄凉的胡笳声从远处飘来，瞬间冲淡了诗人眼中的喜悦。那声音是从华州城北飘来的，来自戍守的将士，他们整夜都在忙着警戒。

彼时，洛阳地区已经陷入战乱，华州的形势也渐趋危急。

那些执戈守边疆的兵士们，他们一年到头驻守在那里，又适逢这大旱天气，怎样洗澡？也许只能站在烈日下相互观望吧。

《夏夜叹》的内容与思想感情皆与《夏日叹》相似，唯一不同的是一写日，一写夜，一写逃难百姓，一写守关将士。覆巢之下，安有完卵。在彼时的大唐，又有谁躲得过？

　　　　永日不可暮，炎蒸毒我肠。安得万里风，飘飘吹我裳。昊天
出华月，茂林延疏光。仲夏苦夜短，开轩纳微凉。虚明见纤毫，
羽虫亦飞扬。物情无巨细，自适固其常。念彼荷戈士，穷年守边
疆。何由一洗濯，执热互相望。竟夕击刁斗，喧声连万方。青紫
虽被体，不如早还乡。北城悲笳发，鹳鹤号且翔。况复烦促倦，
激烈思时康。

　　　　　　　　　　　　　　　　　　　　　——《夏夜叹》

　　战乱已让人苦不堪言，再加上这大旱和燥热，让诗人越发思念太
平盛世的大好时光。

　　这些年，杜甫的路越走越难。他越是走向众生深处，与底层百姓
的接触也就越密切，看问题的角度也在不断发生变化。他的生活越是
落向低处，对百姓的苦难就越能感同身受，诗歌的境界也越走向高处。

　　元代黄庚在《和毛峦先生杂咏》中写："耽书自笑已成癖，煮字元
不来疗饥。"一语道破古代读书人生计难保的辛酸窘迫。

　　在华州，杜甫虽有司功参军一职，依然难逃此等命运。《新唐书》
记载，乾元二年（759），杜甫由于"关辅饥，辄弃官去"。

　　关中大旱，关辅地区闹饥荒。杜甫一介华州微官，拖儿带女，生
活日渐成问题。但那并不是他辞官的唯一原因。杜甫辞官，还有一个
重要原因，是他对朝廷的失望。

　　哀莫大于心死。从初入长安求仕，到冒死追随新帝，再到直言进
谏而受冷落排挤，杜甫一路走来，对统治阶级内部的争斗看得越来越
清楚。看清楚了，也就越来越失望。

　　对于肃宗，杜甫曾寄予深厚的期望。他期待这位皇帝能引领大唐

走向中兴。在他此前所作的诗中，杜甫曾不止一次地表露自己的这份热望。现实又如何呢？肃宗执政后完全被宦官李辅国架空。李辅国独揽朝政，以"助肃宗清除异己"为旗号，大肆攻击玄宗旧部，在朝廷内掀起激烈的党争。

杜甫便是其中的牺牲品。只要李辅国等人当政，他在政治上就不会有任何出路了。华州的这点小官，做与不做，又有什么差别？从洛阳回华州前前后后所经历的一切，让杜甫彻底放下了对朝廷的幻想。

杜甫的辞职信，写得甚是艰难。他内心所经历的那些挣扎，都省略不说。他只怅然记叙了辞官这件事。

> 日月不相饶，节序昨夜隔。玄蝉无停号，秋燕已如客。
> 平生独往愿，惆怅年半百。罢官亦由人，何事拘形役。

这首《立秋后题》，作于乾元二年（759）立秋之后，可视为杜甫的正式辞职信。

他辞职了，在那个秋蝉凄凉嘶叫，秋燕即将离开的秋天。

"西陆蝉声唱，南冠客思深。那堪玄鬓影，来对《白头吟》。露重飞难近，风多响易沉。无人信高洁，谁为表予心。"高宗仪凤三年（678），时任侍御前史的骆宾王，因上疏论事触忤武后，被冠以贪赃罪名下狱。他在狱中作《在狱咏蝉》以表自己的凄伤与悲哀，也表明自己遭诬莫辩的悲愤之情。

比骆宾王更早一些的虞世南，由隋入唐，官至秘书监。他亦有《咏蝉》诗："垂緌饮清露，流响出疏桐。居高声自远，非是借秋风。"

蝉，栖高饮露，有着清华隽朗的高风逸韵。在古代文学作品中，它向来是高洁之士的象征。杜甫诗中的"玄蝉"却是号呼不停，这与诗人本身的形象亦何其相似。

杜甫传

秋蝉，生命已近尾声，号呼自是凄凉。

秋燕，随季节的流转南北迁徙，一生漂泊无定。

在诗的最后，诗人故作洒脱：说走咱就走，罢官由自己，何必受人约束？

由此可见，辞职是杜甫深思熟虑之后的决定，亦是一个迫不得已的决定。污浊混乱的社会现实、大唐统治阶级内部的黑暗，让他迈出了这艰难的一步。

前一年七月抵达华州，次年即辞职走人，杜甫在华州，待了不过一年余，却留下了光彩耀目的一笔。在华州，杜甫生活艰难，却始终不曾放弃生活的热情，他曾遥望华山，发出"安得仙人九节杖，挂到玉女洗头盆"的感慨；也曾在风景秀丽的郑县西溪亭上题诗抒怀："巢边野雀欺群燕，花底山峰远趁人。"小人趋炎附势，君子孤独忧伤，他寄诗给长安的老朋友高适："天上多鸿雁，池中足鲤鱼。相看过半面，不寄一行书。"似怨实念。彼时，因为李辅国的谗毁，高适由扬州大都督府长史、淮南节度使调回京城任太子少詹事。杜甫也许比任何人更能理解这位老朋友的心情吧。

在华州那一年，杜甫留下的40余首诗作，或感慨时事，或忧愁苍生，或怀亲念友，其中的《怀卫八处士》《洗兵马》《瘦马行》和"三吏""三别"组诗，皆为脍炙人口的千古名篇。今天的渭南人民，仍以此为荣。

初至秦州

乾元二年（759）秋天，48岁的杜甫辞去华州司功参军一职，携男挈女，一路往西，再次踏上流亡之路。

相较于先前的几次流亡，这一次，也许才算是真正逃难了。前番尚有济世之志，有希望朝廷重用的热望在胸。而今，杜甫彻底掐灭了自己的这一理想，只为糊口而漂泊。

"罢官亦由人，何事拘行役。"天下之大，大丈夫何处不能安家？他凭借着一腔豪情支撑，不顾一切地转身离去。等杜甫从辞职的短暂畅快中清醒过来，茫然四顾时，才发现，他能去的地方其实并不多。

长安，朝廷所在地，那里不会再欢迎他，他也不愿再踏上那片伤心地；洛阳，已陷于战乱之中，非避难之所。向南至襄阳，往东至绥阳（今河南商丘），都已被安史之乱波及，一路上不少地方仍被叛军占领。这些地方都不能再去。

思来想去，唯有长安以西700多里地的秦州，尚可投奔。

秦州（今甘肃天水），是当时陇右道东部的一个重要城市，在六盘山支脉陇山的西边。从秦汉到唐朝，这里一直是各民族杂居的区域。相较于经济文化发达的长安、洛阳等城市，这里地旷人稀，还时常受西域、吐蕃的侵扰，也算不得避难的理想之地。

战乱灾荒之中，有亲朋可以相依，也许是杜甫投身此地的唯一理由。当时，杜甫有一个从侄杜佐正在秦州。当年在长安资助过他的赞公和尚，因被疑为房琯同党，也被驱逐出长安，云游去了秦州。

七月，杜甫与家人告别华州，一路向西，经长安而往秦州去。

西行途中，陇山是杜甫一家往秦州的必经之地。此山位于宁夏、甘肃、陕西三省交界之处，即今日六盘山南延支脉。

《三秦记》中有记载："陇坂九回，不知高几里，欲上者七日乃得越。"

1935年，红军万里长征路过此地，毛泽东曾以一首豪情满怀的《清平乐·六盘山》来表达红军战士们勇往直前的钢铁意志和抗战必胜的坚定信念："天高云断，望断南飞雁。不到长城非好汉。屈指行程二万。六盘山上高峰，红旗漫卷西风。今日长缨在手，何时缚住苍龙？"

一首战斗进行曲，一声响亮雄浑的号角，何等的振奋人心，激扬斗志！

面对同样的天险，千年前的大诗人却是愁容满面，满目悲凄。还写下了《秦州杂诗二十首》（其一）：

满目悲生事，因人作远游。迟回度陇怯，浩荡及关愁。

水落鱼龙夜，山空鸟鼠秋。西征问烽火，心折此淹留。

这些年，杜甫经历了太多的悲伤事，如今为投奔亲友才来到这秦州。而这里到底算不算可投奔之处，他心里也没底。只好一路走，一路打听前方的战事。心中凄惶不安，脚步也变得迟滞。穿越鱼龙河，再过鸟鼠山，沿途奇丽的山川盛景，杜甫再无心欣赏，只觉得漫山遍野都是萧瑟凋敝之气。

是的，秦州确非理想的避难之地。杜甫一家抵达秦州之后，很快就体味到现实的残酷。那里果真不太平。趁唐朝动乱，外族时不时就会前来烧杀抢掠，弄得当地居民胆战心惊。走在秦州城的大街上，杜甫除了看到来往的使者和军队，还看到了数以千计的蕃帐。看来，降戎的力量已经远远超过了当地的居民。更让诗人忧心的，是那些胡人少年，他们跃马扬鞭的矫健身姿，与唐朝少年的羸弱，形成鲜明的对比。

纵然如此，杜甫还是决定在秦州安家了。

杜甫一家住进了一处极为破败简陋的住宅，那里蓬门荜户，门前荒草没膝。这是从侄杜佐为杜甫一家临时找到的安身之所。

时已入秋，秋雨终日连绵，天空仿若一个巨大的灰色帐幔，消弭了白天与黑夜的界限。檐前悬挂的布幔终日湿淋淋的，风都掀不起。

山上的云气，从山顶一直涌下来，堆在院墙角。院子里的浅井旁边，几只瘦骨嶙峋的鸬鹚，在探头探脑，试图找些可以饱腹的东西。院子里低洼处，日日积着水，连蚯蚓也不得不钻进屋子里去避潮。

这就是杜甫初到秦州住的地方。

当年在长安，杜甫也曾遇上这样连绵不绝的秋雨，在秋雨中发出长叹。而今的愁，比昔日更浓、更凉。

杜甫奔秦州来，有极大一部分原因是想要投奔赞公和尚。可在那个年代，消息闭塞，战乱频仍，就是在小小的秦州城，要找一个故人，也是极不容易的事。安顿家人住下来后，杜甫就开始在秦州的大街小巷间四处打听。却多是满怀希望而去，带着失望而回。数日过去，老朋友的影子也没有见到。

一家人，数张口，总要等着吃饭。那就采药去吧。他把采回来的草药晾晒、捆扎、整理清楚，再拿到秦州的集市上去卖，换回糊口的口粮。

杜甫没想到，他的卖药生活还会给他带来意外的惊喜。那个秋风萧瑟的黄昏，当他卖完手头的药，正准备收摊儿回家时，一个熟悉的身影蓦然闯入眼帘：那个身披黄袍，手持锡杖的人，不是赞公和尚又是谁？

人世机缘，就是如此吧。踏破铁鞋无觅处，得来全不费功夫。眼前的赞公和尚还是一派仙风道骨，眼前的杜甫却与长安的左拾遗有了天壤之别：脱下官服，一袭布衣，满脸沧桑，他甚至连秦州街头的一个普通老头儿也不如了。

那一夜，杜甫与赞公在南郭寺彻夜长谈。窗外秋声飒然，寺院内已是菊残莲败了。一轮圆月，洒下满地清辉，将一对老友的剪影映在禅房粉壁。时事让人如此担忧，人生如此飘忽不可预测。赞公和尚到底是出家人，比杜甫豁达得多，他不时的宽慰之语，让杜甫心里暖和了许多。那一夜，他们直谈到东方渐白，才各自转身睡去。杜甫就此

写下《宿赞公房》一诗：

> 杖锡何来此，秋风已飒然。
>
> 雨荒深院菊，霜倒半池莲。
>
> 放逐宁违性，虚空不离禅。
>
> 相逢成夜宿，陇月向人圆。

赞公和尚虽遭放逐，也不曾放弃禅宗。那个月圆之夜，杜甫与他共宿僧房，尽诉别后思念。这个天生携带一颗惆怅诗心的大诗人，注定生命中多与忧愁相伴。他终究做不到赞公和尚那样的超脱，暂放下羁旅之愁，思乡、思亲、思友之愁又起。于是又作一首《月夜忆舍弟》：

> 戍鼓断人行，秋边一雁声。露从今夜白，月是故乡明。
>
> 有弟皆分散，无家问死生。寄书长不达，况乃未休兵。

杜甫独立月下，想念远方消息全无的几个弟弟。战乱，让他们手足分离，思念却从未从诗人的心中离开。

杜甫有四个弟弟，当时幼弟杜占随诗人同在秦州，其余三个弟弟杜颖、杜观、杜丰，则散落各地。

"露从今夜白，月是故乡明。"古今多少漂泊天涯的游子，会因杜甫的这一句诗而泪湿双睫。

金圣叹说："诗非异物，只是人人心头舌尖所万不获已，必欲说出之一句说话耳。"

杜甫此诗，道出了天下游子望月思念家乡的共同感受。

初到秦州的这个秋天，除思念流落各地的弟弟，杜甫还曾写诗给高适，给岑参，给流放台州的郑虔，给孟元卿……

这些人中，杜甫思念最深、最为牵挂的一个人，当属李白。当年山东兖州一别，两位好友再没有见过面。李白却从未远离，杜甫曾一而再，再而三地为他咏诗。

乾元元年（758），李白加入永王李璘幕府，李璘兵败，李白亦受牵连被流放夜郎（今贵州桐梓）。杜甫得此消息，一直为好友担忧不止。日有所思，夜有所梦。来秦州之后，杜甫竟然接连三夜梦到李白。醒后痛愁交加，也便有了那感人肺腑的《梦李白二首》：

其一

死别已吞声，生别常恻恻。江南瘴疠地，逐客无消息。故人入我梦，明我长相忆。恐非平生魂，路远不可测。魂来枫叶青，魂返关塞黑。君今在罗网，何以有羽翼。落月满屋梁，犹疑照颜色。水深波浪阔，无使蛟龙得。

其二

浮云终日行，游子久不至。三夜频梦君，情亲见君意。告归常局促，苦道来不易。江湖多风波，舟楫恐失坠。出门搔白首，若负平生志。冠盖满京华，斯人独憔悴。孰云网恢恢，将老身反累。千秋万岁名，寂寞身后事。

故人相隔千里，音信皆无，却连续三夜进入梦境。若非生死至交，哪来此等奇异之事。若非做梦者为杜甫，谁又有这样的如椽巨笔，能描摹这份至真至挚的人间友情？

两首诗，内容与艺术手法上各有侧重。

其一，从死别、生别写起，开首即如阴风袭来，将人引入一种凄凉悲惨的氛围。从陇上到江南，音信不通，关塞重重。好友是死是活，

杜甫传

杜甫不知。但凭猜测，诗人只觉得凶多吉少。梦中相见，诗人才如此将信将疑，乍喜还悲。是魂也，是魄也，是人也，是鬼也。

尤其"魂来枫叶青，魂返关塞黑"两句，写两地之景，阴沉凄惨；写心理感受，真切逼真。真乃神来之笔也。

只等诗人从梦中惊醒，恍惚之中看到落月的一缕斜光，照在屋梁之上，才重返现实。而诗人心底的牵挂却是更深了……

第二首，为第一首的续篇，两位大诗人梦中相见，又要匆匆离别。一个局促不安，诉说远道奔波之艰难；一个满腹担忧，忧江湖风大浪险，怕友人舟楫失坠。"出门搔白首"的细节刻画出一个暮年不得志的李白形象。

若非长年累月的思念积累，这样的细节，又如何能被诗人轻易捕捉入诗？

对李白特别的思念、牵挂、担忧，让这两首诗有了特别的力量。

两位举世大诗人，性格不同，经历却相似。满腔报国志，又都郁郁不得志。这是杜甫写下这两首怀友诗的感情基础。他为李白鸣不平，亦是为自己诉委屈。他为李白哭，亦为自己哭。

事实上，杜甫在秦州一梦、二梦、再梦李白的时候，李白已经遇赦放还。只是杜甫还没得到这个消息。除这两首诗之外，杜甫还写下一首《天末怀李白》：

> 凉风起天末，君子意如何？鸿雁几时到？江湖秋水多。
> 文章憎命达，魑魅喜人过。应共冤魂语，投诗赠汨罗。

杜甫在盼望友人的消息来时，李白可有消息来过？可曾读到这几首感动后世的诗？后人无从得知，更不曾读到过李白对这份感情的回应。真乃人间千古遗憾。

吾道属艰难

陶渊明说：久在樊笼里，复得返自然。

他不喜欢官场的污浊黑暗，便毫不犹豫地转身。在南山下开荒种田，修篱种菊。他的田园，成了后世文人永远都在追随的梦，甚至成了一种文人情结。

杜甫也一样。他曾不止一次做过归隐林下的梦，现实却总是让他在为一家的生计而奔波。杜甫来秦州，最主要的投靠人是从侄杜佐，他与这位侄子的交往自然也最多。或者侄子来他的陋室看他，或者他拄杖到侄子家去。《佐还山后寄三首》便生动地记录下了杜甫那一段时期的生活：

> 山晚浮云合，归时恐路迷。涧寒人欲到，村黑鸟应棲。
>
> 野客茅茨小，田家树木低。旧谙疏懒叔，须汝故相携。

在这首诗里，杜甫是一位十足的唠叨老人样子。杜佐在秦州比杜甫住得久，对于当地的地理情形肯定比杜甫熟悉，但杜甫还是忍不住细细叮咛：天色已晚，浮云聚拢，你回家可千万别迷了路。你家附近不是有个寒涧么，等到那里，说明你就快到家了。太阳下山后，山黑林暗，鸟儿也都归巢了。我这里的茅屋实在太小，田家的树木也都很低矮……

这所有的叮咛，也许只是一种铺垫，最后一句，才是诗人的婉曲心事：你叔叔我生性疏懒，将来还要依靠你的帮助呢。

第二首就更有意思了，是向杜佐讨米吃。

　　白露黄粱熟，分张素有期。已应春得细，颇觉寄来迟。
　　味岂同金菊，香宜配绿葵。老人他日爱，正想滑流匙。

　　杜甫身为长辈，又有着一份知识分子的清高，如何开得了这个口？好在杜甫能写诗，生活中无物无事不能入诗。

　　他在诗中对侄子说：白露时节已过，你家地里的黄粱应该熟了吧。先前你曾说过要送些粟米给我，还特意叮嘱人把米舂得很细，是担心叔叔年纪大了牙口不好吧。是不是正是这个原因，才耽误了一些时间啊。新鲜粟米的味道，可不是金菊能比的，香喷喷的粟米，配上绿葵这样的小菜，那可是我老人家的最爱了。想到此，那松软的新米仿佛就在我的勺子里滑动了。

　　笔者少时生活的乡下，有一种说法名为"告说"。一个人看上了别人家的东西，想要又不便明说，便拐弯抹角地表达出来。聪明的主人，若有意给，一下子就明白了。若无意，"告说"就成了"白说"。

　　杜甫在这里即是向侄子"告说"，只不过比我们乡下那些人"告说"得更俏皮有趣。

　　第三首，连"告说"也省了，直接向侄子索要：

　　几道泉浇圃，交横落慢坡。葳蕤秋叶少，隐映野云多。
　　隔沼连香芰，通林带女萝。甚闻霜薤白，重惠意如何。

　　诗中说，你家山坡上菜园子里有几道泉水浇灌，整个菜园子都青翠如幰。秋天叶落，山村空旷，野云掩映，泉水潺潺，多么美啊。听说你家的薤菜长得很好，不如再给我一些怎样？

　　前面要黄粱，后面再要薤菜，杜甫与这位侄子关系之亲近由此可见，亦可知杜甫此时生计的无着无落。不管是跟谁索要，都是让人难为情的事。难为杜甫能把生活中这样一件难事，以诗来解决，且写得那么美，那么委婉。想那杜佐接到此诗，即便心中略有想法，也会莞尔一笑，赶紧给这位叔叔备米摘菜送了去。

来秦州日久了，杜甫的心也稍稍安定了下来。这一时期，尽管日子依旧贫寒，但他的心情还是不错的。他写了很多诗，给远方的亲人，朋友，也给当地的侄子，还有赞公。没事的时候，他会离家到周围去转转，向左邻右舍打听一下。他有长久在秦州安家的打算了。

经过一番认真的考察思量，有两个地方入了杜甫的眼。一个是东柯谷，另一个是仇池。他在《秦州杂诗二十首》（其十三）中倾诉了自己对东柯谷的遐想：

传道东柯谷，深藏数十家。对门藤盖瓦，映竹水穿沙。
瘦地翻宜粟，阳坡可种瓜。船人近相报，但恐失桃花。

杜甫诗中的东柯谷是个风景相当不错的地方。那里住着数十户人家，家家青藤爬满屋顶。家前屋后，竹林掩映，清澈的溪水缓缓流过铺着细沙的河道。那里的土地也还算肥沃，一般的土地可用来种植粟米，向阳的坡地可以种瓜种果。

这样一处所在，不正是陶渊明笔下的桃花源吗？

事实远不是那回事："传道东柯谷"，诗开首一句，即把理想与现实分开——后面所有的美景，原是诗人道听途说。那时，杜甫连东柯谷都还没去过呢。心中的向往已经无限铺展开。文人的快乐，有很多时候都得益于这份丰富的想象力。文人的痛苦比常人多，也常常缘于此。

思来想去，杜甫最终把目标锁定在了离东柯谷不远的西枝村。

杜甫一想到就立刻付诸行动，于是急忙去南郭寺，拉上赞公和尚陪他一起前往考察。还写下了《寄赞上人》一诗：

> 一昨陪锡杖，卜邻南山幽。年侵腰脚衰，未便阴崖秋。重冈北面起，竟日阳光留。茅屋买兼土，斯焉心所求。近闻西枝西，有谷杉漆稠。亭午颇和暖，石田又足收。当期塞雨干，宿昔齿疾瘳。徘徊虎穴上，面势龙泓头。柴荆具茶茗，径路通林丘。与子成二老，来往亦风流。

在赞公的陪同下，杜甫前往南山去寻找未来的栖身之处。从诗中描述看，那趟行程，杜甫并没有找到如意归宿。杜甫年老体衰，对居住的条件也有了诸多要求，阴冷潮湿的地方，地势不平的崖边，都被他一一排除了。他想要找一块向阳又地势平坦的地方，置田建屋，终老天年。那样的好地方，又哪里那么容易找到。山前山后，山上山下，转了一天，累得腰酸背痛，一无所获。

杜甫并未灰心。他约赞公哪天有空再去探寻一些更远的地方。听说西枝村的西边有个山谷，那里长满了杉树和漆树，又朝阳，后山的田地也肥沃，种上庄稼肯定能丰收。

杜甫甚至已经想象到自己在此处定居之后的美好日子：他在茅屋备下清茶，等候赞公来访，或者踏着林荫小道，去拜访赞公的林丘。二人你来我往，何等快意风流。

那当然又是杜甫一厢情愿的想象而已。他定居西枝村的愿望终究没有实现。在秦州的日子，却已日显窘迫。

杜甫到秦州时是秋天，随着冬天的迫近，气温越来越低。缺衣少食的穷苦人家，最怕严冬的来临。杜甫可以偶尔向侄子要米要菜，却不能老是向人伸手。无俸无禄，无米无粮，亦无过冬的寒衣。一家数口的生计问题，又似一块巨石一般压上了杜甫的心头。正如他写作的

《空囊》一诗：

> 翠柏苦犹食，晨霞高可餐。世人共卤莽，吾道属艰难。
>
> 不爨井晨冻，无衣床夜寒。囊空恐羞涩，留得一钱看。

世道艰难，天寒地冻。家中无衣无被，杜甫躺在空空的床上，整夜瑟缩不能成眠。他只得开一个黑色的玩笑，来缓解。他说饿了就餐霞食柏吧。为了不显得自己囊中羞涩，好歹都要在口袋里留一文钱。

没有经历过饥饿的人，也许不能理解杜甫的这种心情。

20世纪30年代，女作家萧红曾写过一篇让人触目惊心的散文《饿》，在那篇文章中，女作家赤裸裸地表达着对饥饿的感受，对生活的拷问，她问：桌子可以吃吗？草褥子可以吃吗？

饥饿是一头凶猛的野兽，所过之处，可令草木不生，斯文扫地。

人至半老，杜甫的骨头却越来越硬。他又背起自己的药篓，上山了。

采药卖药，是他扔下的旧行当。也是眼下他唯一的求生之路。

他甚至还想过，到太平寺泉水的下游，开辟一块药田。

残酷的命运，连诗人这点微薄的愿望也不肯让他实现。冷饿交加，杜甫的疟疾又发作了。身上时寒时热，杜甫觉得自己身上的脂髓可能都要被耗尽了。

秦州，终究不是诗人的世外桃源。

诗人在努力维持一家生计之时，也努力在自己的心里开辟出一方田园。《秦州杂诗二十首》，记录了杜甫一家在秦州的艰难生活，也记录下了秦州的风物人情。他还给自己的弟弟、李白、高适、岑参、郑虔寄诗，抒发困顿中对亲情和友情的重视。

在这期间，有一首《佳人》，曾引发后人无限的猜测与争论。

　　绝代有佳人，幽居在空谷。自云良家子，零落依草木。关中昔丧败，兄弟遭杀戮。官高何足论，不得收骨肉。世情恶衰歇，万事随转烛。夫婿轻薄儿，新人美如玉。合昏尚知时，鸳鸯不独宿。但见新人笑，那闻旧人哭。在山泉水清，出山泉水浊。侍婢卖珠回，牵萝补茅屋。摘花不插发，采柏动盈掬。天寒翠袖薄，日暮倚修竹。

关于此诗的旨意，历来众说纷纭。

宋人黄鹤曰："甫自谓也。亦以伤关中乱后老臣凋零也。"

清仇兆鳌曰："天宝乱后，当是实有其人，故形容曲尽其情。旧谓托弃妇以比逐臣，伤新进猖狂、老成凋谢而作，恐悬空撰意，不能淋漓恺至如此。"

读诗忌穿凿附会。这两种说法，也许都失之偏颇。倒是清人黄生的解释客观一些："偶然有此人，有此事，适切放臣之感，故作此诗。"

自华州辞官，杜甫的诗便鲜少涉及时政，但心中块垒却不可能消失。连年的战乱灾荒，从关中逃亡到秦州的难民不在少数，在秦州这样一个各方难民杂居的地方，遇到那样一位佳人少妇也实在是极为可能的事。

佳人为夫家所弃，幽居空谷；诗人对朝廷忠心耿耿却遭放逐，不改其志。心有惺惺相惜之意，写来自然是情味弥漫，感人至深。

天寒、日暮、幽谷、修竹、清清的泉水、倚竹怅望的佳人。

细思这所有的意象，与彼时身居秦州的诗人何其吻合。

这样的意象，却注定只能出现在诗人的诗里。

回到现实，杜甫面对的则是"吾道属艰难"的局面。翠柏清露只能明志，不能疗饥。为生计所迫，杜甫不得不再次把忧伤的目光投向远方。

同谷悲歌

寒冬迫临，杜甫一家在秦州的生活再次陷入困顿之时，同谷县的一位"佳主人"，恰当其时地给杜甫发来一封热情洋溢的邀请信，邀请杜甫一家前往同谷一起居住：

"来吧，这里的冬天像初秋一样，到现在还是草木葱茏。这里山水幽静，物产丰富。同谷一带盛产薯蓣，吃饭不成问题。山崖上还出产一种特别好吃的蜂蜜。冬天也能在竹林里挖到新鲜的冬笋……"

朋友信中的描述，让杜甫拿信的手都激动得发抖了，恨不得腋下生出双翼直接飞过去。

乾元二年（759）十一月，杜甫一家再次上路，从秦州前往同谷。

八月抵达，十一月离开，杜甫在秦州一共住了三个月，不足百天。

秦州地处战略要塞，人多事杂，杜甫虽已离开朝廷，但仍然免不了要看官员们的迎来送往。秦州亦无多少好山好水可游，所谓的世外桃源，都是诗人一厢情愿的想象。秦州的土地贫瘠，也根本无法满足杜甫丰衣足食的梦。

离开秦州，他几乎是迫不及待。

血红的落日，隐向边塞的寒山背后，成群的乌鸦开始在城头集结。那天半夜时分，杜甫一家乘着马车离开他们生活了三个月的临时居所，一路向同谷方向而去。

那是一趟充满希望的旅程，同谷县的宜居生活是一盏明亮而温暖的灯，照着这一家人前行的路。天寒路滑，诗人却走得步履坚定。累了在小溪边饮一下马，偶尔也会抬头看看天空的寒星斜月。孩子们在马车上睡着了。一股豪壮之气突然从诗人胸中升起：乾坤如此宏大，

我的求道之路还长着呢。

从秦州往同谷，沿途要经过铁堂峡、盐井、寒峡、法镜寺、青阳峡、龙门镇等地。天寒地冻，道险路滑，旅程的艰辛可想而知。这年十一月，经过数天的跋山涉水，杜甫一家终于抵达同谷县。

同谷县南七八里的地方，有一个凤凰村，杜甫一家在那里搭建了一间茅屋，就此定居下来。

凤凰村边有凤凰山，凤凰山下有凤凰台，凤凰台下还有万丈潭，潭边有个飞龙峡。"山峻路绝踪，石林气高浮。安得万丈梯，为君上上头。"若不是为生计所迫，眼前的壮丽之景不知又要勾起诗人多少诗思。

而今，站在凤凰台下的杜甫，无喜有忧。他想象着凤凰台上或许有失亲的雏凤，正在寒风中嗷嗷待哺。如果可以，他宁愿牺牲自己的性命，"心以当竹实""血以当醴泉"来饲养此瑞鸟。待这只瑞鸟长大，定会口衔瑞图飞入长安。到那时，大唐便可中兴，百姓便会安享太平。

"再光中兴业，一洗苍生忧。"这是杜甫至死都不曾放下的一个心愿。

杜甫以诗记录那个时代的景象，也喜欢把自己的日常行程入诗。从秦州前往同谷县的行程中，杜甫按所经路线写了十二首纪行诗。抵达同谷县后，又连续作了七首诗，题为《乾元中寓居同谷县作歌七首》。

令人奇怪的是，在这些血泪交进的诗中，那个极力邀请他前来的同谷"佳主人"再也没有出现过。杜甫是个情感丰富又细腻的诗人，亲朋好友的点滴相助，他都常作诗以谢。如在秦州，向侄子索米要菜，他都兴味盎然地写下来。杜诗中再没有那位朋友的身影出现，或许那位"佳主人"只是心血来潮向杜甫发出了邀请，而杜甫一家真的奔他而来的时候，他又躲远了。

杜甫当初初至秦州，亦是人生地不熟。好歹还有从侄杜佐相助。

如今在同谷，杜甫才真正体味到什么叫孤立无援。又逢隆冬时节，大雪纷纷，除却一间临时搭建的茅草屋，杜甫一家可以说一无所有。饥饿、寒冷、孤独，大人仰天愁叹，孩子因饥饿啼哭，一家人已被逼至了生死边缘。

诗人再无力自我解嘲，心中血化作眼中泪，无声长流。

天寒日暮，青山苍茫。蓬头乱发的老人，步履蹒跚地穿行在同谷的山间。他是大唐伟大的现实主义诗人杜甫。在那个时代，却过着这样的日子。

他的手脚都冻裂了，长长的口子，渗着血珠。他花白的胡子上，沾着寒冬的霜雪与风尘。他急匆匆地追随着一只在树枝间攀援跳跃的猿猴，因为它们是山的主人，知道哪里的橡树上有可充饥的橡树果实。

弯腰，细心辨认，小心捡拾。

抬头，仰望苍穹，悲风四起。

一声悲歌，冲出诗人的胸腔和喉咙。那哪里是诗、是歌，那分明是诗人在天地间一声绝望悲愤的呐喊。那一声喊，让同谷的山川为之失色，让树上的猿猴为之落泪。

有客有客字子美，白头乱发垂过耳。岁拾橡栗随狙公，天寒日暮山谷里。中原无书归不得，手脚冻皴皮肉死。呜呼！一歌兮歌已哀，悲风为我从天来。

千百年后再读此诗，心中也不禁阵阵绞痛。

那一声哀吼，才是杜甫同谷生活的序曲，接下来，诗人以诗笔蘸血泪，继续描画他们在同谷的日子。

长镵长镵白木柄，我生托子以为命。黄精无苗山雪盛，短衣数挽不掩胫。此时与子空归来，男呻女吟四壁静。呜呼！二歌兮歌始放，邻里为我色惆怅。

很显然，山中偶然拾到的一些橡子，根本无法抵御来势凶猛的饥饿。杜甫不得不再另想办法。他找了一把白木长柄的锄头，融入大雪纷飞的山野。在同谷山间，有一种被当地人称为"黄独"的野生山芋，到了初冬时节，苗即枯死，根茎则深埋在土里。杜甫现在把那把白木长柄的锄头视为全家人的救星。有它在，他可以挖到能用来充饥活命的黄独。

灾荒年月，山间的黄独也不是那么容易找到。有时候出门大半天，却常常一无所获。两手空空回家，还未进门就听到门内儿女的哭叫声，杜甫只能长歌当哭。

那情形，真是"邻里为我色惆怅"。

在那穷山恶水的地方，杜甫在为一家人的生计而朝夕奔波着，心里却没有放下远方的亲人。他的三个弟弟，天各一方。不知他们在哪里，过得怎么样。他们又是否能想到自己的兄长，如今在这山谷内将要饿死。

有弟有弟在远方，三人各瘦何人强！生别展转不相见，胡尘暗天道路长。东飞驾鹅后鹙鸧，安得送我置汝傍。呜呼！三歌兮歌三发，汝归何处收兄骨！

想到流落天涯不得相见的几个弟弟，杜甫恨不得飞到他们身边。想到自己如果死在这深山里，日后兄弟们恐怕连自己的尸骨也找不到。杜甫第三次放歌。

第四歌，为妹妹而歌。妹妹在钟离，早早经历了丧夫之痛，一个人拉扯着年幼的儿女讨生活。

"长淮浪高蛟龙怒，十年不见来何时。"杜甫多想有一叶小舟，载他乘风破浪前去与妹妹相聚。可战乱依然，南国大地上烽烟遍地。杜甫也只能"呜呼！四歌兮歌四奏"。

这一歌，"林猿为我啼清昼"。

把思绪从远方的亲人身上拉回来，再回到眼前。杜甫看到的是同谷山里的悲风，水流湍急的溪水。一场接一场的冬天寒雨，把树叶凋零的枯树淋得透湿。这座黄蒿古城，也被裹进了浓重的云雾里。那样凄冷的冬日，那样人烟稀少的旷野，倒成了白狐和黄狐的乐园。它们在山间跳上跳下，让杜甫越发感慨不已。

"我生何为在穷谷，中夜起坐万感集。呜呼！五歌兮歌正长，魂招不来归故乡。"

这第五首歌，杜甫是招自己早已飞回故乡的魂魄。故乡遥遥，兵荒马乱，魂归何其难。

第六首诗中，杜甫摇身一变化成勇士，持剑斩妖除魔。"呜呼！六歌兮歌思迟，溪壑为我回春姿。"依然是表达自己盼望大唐海晏河清，扫除群贼叛乱。

第七首诗，可视为这组诗的一个总结，集中抒发诗人的身世飘零之感。

男儿生不成名身已老，三年饥走荒山道。长安卿相多少年，富贵应须致身早。山中儒生旧相识，但话宿昔伤怀抱。呜呼！七歌兮悄终曲，仰视皇天白日速。

杜甫这句"富贵应须致身早"，是用他半生的飘零换来的惨痛感悟。长安卿相，多是少年人。与山中旧相识说起那些长安往事时，满

腹的心酸，终于令诗人搁笔。

抬眼望天，仿似白日在飞速地奔跑。时不待我，光阴与命运一同催人。

这一曲同谷悲歌唱完，杜甫准备再次上路。

从乾元二年（759）十一月抵同谷，到十二月离开，杜甫一家在同谷停留的时间仅有短短的一个月。那一个月，给杜甫留下的惨痛记忆，多与饥饿、寒冷、贫穷相关。而那些饥寒交迫的日子，终于让诗人再次下定决心迁徙。

这一次，他选择的地方是西蜀成都。

一岁四行役

安史之乱爆发时，唐玄宗逃出长安，直奔西蜀，自然也是经过深思之后做出的选择。位于长安西南方向的成都，处于四川盆地，温暖温润的气候，肥沃的平原，让这里自古物产丰饶，被称为"天府之国"。而绵延险峻的秦岭山脉，则似一道天然的屏障，把这里与外界隔开，使其少受战乱的波及。

杜甫把家迁往成都，还有另外一个重要原因，就是他的好朋友严武、高适等人，彼时都在西南任职，去那里也算有个奔头。

同谷一月，来去匆匆，这里的饥寒生活曾让诗人连发七首哀歌。七首哀歌响彻云霄，令风云闻之变色。但这里也有幽静的山水，淳朴的人情，它们又让诗人有几分不舍。临别之际，诗人又前往万丈潭和白崖山，去看了看那里的潭水和奇石。左邻右舍，听说这家才来不久的新邻居又要搬走，也都赶来送行。

穷人最能体察穷人生活的不易。在同谷，与诗人相伴的多是这些挣扎在贫困线上的穷苦人，他们同诗人一样，蓬头乱发，面呈菜色，眼里却满是真诚与不舍。眼前一别，差不多亦是永别了。杜甫与他们一一告别，泪水一次又一次涌出眼眶。

这样离别，是何其无奈。这一年，杜甫已经48岁，颠沛流离的生活、缺衣少食的日子，已把他摧残成一位十足的白发老人了。

从同谷启程前往成都，几千里漫漫长路，杜甫用十二首纪行诗，生动而又翔实地记录下他这一路的颠沛流离。

《发同谷县》是十二首纪行诗中的第一首。题下有注："乾元二年十二月一日，自陇右赴成都行。"此注解明确了杜甫一家离开同谷启程的日子，即为这年十二月一日。

贤有不黔突，圣有不暖席。况我饥愚人，焉能尚安宅！始来兹山中，休驾喜地僻。奈何迫物累，一岁四行役。忡忡去绝境，杳杳更远适。停骖龙潭云，回首白崖石。临岐别数子，握手泪再滴。交情无旧深，穷老多惨戚。平生懒拙意，偶值栖遁迹。去住与愿违，仰惭林间翮。

"贤有不黔突，圣有不暖席。况我饥愚人，焉能尚安宅！"诗的前四句，从古代圣贤说起，相传孔子和墨子，为了自己的政治理想四处奔波，常常是到达一个地方，连席子还没捂热，烟囱还没有熏黑，就又匆匆启程。圣贤之人都为了世人奔波，而我杜甫一个又穷又蠢笨的人，怎么能够安心在家里待着呢？

此四句，看似是自我解嘲，实则有诗人不舍的济世之志。

"奈何迫物累，一岁四行役。"诗人的这一声长叹，又饱含多少心酸与艰辛。

在凤凰村与村民们挥手告别之后，杜甫一家很快就来到了离同谷

杜
甫
传

县不远的木皮岭。此地是入蜀的必经之地，因地势险要、道路难行，路过的人无不谈之色变。冬季翻越木皮岭，路险且滑，况且杜甫还拖着几个年幼的孩子。

他在《木皮岭》诗中写："汗流被我体，祁寒为之暄。远岫争辅佐，千岩自崩奔。始知五岳外，别有他山尊。仰干塞大明，俯入裂厚坤。再闻虎豹斗，屡蹶风水昏。"

木皮岭之险，让翻越此山的杜甫在大冬天都汗流浃背，寒意全无。站在木皮岭上四望，远处的山峰，似乎都要向这座山俯首称臣。它们从冬日呼啸的寒风中竞相奔走而来，随时都有崩塌瓦解的危险。

这样的气势，让杜甫想起自己曾经登临过的五岳。五岳归来不看山。木皮岭却有不同于五岳的险。抬头仰望，它直入云霄，似能堵塞日月；低头俯视，它又似俯冲而下插裂厚土。配以山间的虎啸豹吼，山风搅动的云暗烟涌，以动衬静，动静相映，令人读之毛发生寒。

木皮岭险峻，却亦有秀美之处。杜甫的诗笔可以记录磅礴的万千气象，也不会轻易放过那些纤弱细小的美。

"高有废阁道，摧折如短辕。下有冬青林，石上走长根。西崖特秀发，焕若灵芝繁。润聚金碧气，清无沙土痕。忆观昆仑图，目击悬圃存。"

在途中，不时可见废弃的古栈道凌乱散落，如同车上的辕木一样断裂开来。一片片冬青林覆盖于群山之上。路边的石头上交错盘绕着裸露在外的树根。

再抬头看西面的山崖，更是清秀。那山形如一丛巨大繁茂的灵芝，山形舒展，木石莹润，不见沙土，金色的崖壁，绿色的植被，让整座山壮美得宛若神话中昆仑天都的悬圃。

"对此欲何适，默伤垂老魂。"面对这样的美景，诗人却是黯然伤魂。他在诗的最后如此感慨，实在出乎人的意料。

细细思量，又似乎在情理之中。

成都虽然有相对安稳的环境和富足一些的生活，可那里毕竟是偏远之地，离当时的政治中心长安和洛阳都远了，也就意味着杜甫要离自己的梦想和壮志越来越远了。而今他融身于这壮丽的山川大地之上，大自然的伟大，更显个人的渺小，而命运前途又是如此不可捉摸，怎能不让杜甫神伤？

木皮岭，是杜甫入蜀途中第一道险关。事实上，与后来他们所经历的重重险境相比，木皮岭之险，实在不算什么。

"蜀道之难，难于上青天。""黄鹤之飞尚不得过，猿猱欲度愁攀援。"蜀道之险、之难，李白早已在他的诗里惊呼过。《蜀道难》作于天宝初年，彼时，年轻的李白怀着满腔济世理想，意气风发。蜀道上的艰难跋涉，亦充满着一种浪漫主义情调。

杜甫走蜀道时，已是年近半百的老人，他病体疲弱，拖儿带女，又有满腹的不得志时刻压在心头。蜀道之难，在杜甫笔下，是实实在在的难。他无法像李白那样，让自己的诗思飞扬。旅途的艰难险阻，把他的目光紧紧牵住。他一边走，一边记，一路上的担惊受怕，惊吓之余偶然的陶醉，他都如实记录下来。

从同谷往木皮岭，从木皮岭到嘉陵江畔，从嘉陵江到绝壁上的栈道与飞仙阁、龙门阁，再到桔柏渡和剑门关，直到目的地成都。这一路上，诗人一家多少次与死神擦肩而过，又经历了多少次希望与绝望的反复。从这十二首纪行诗中，可以找到诗人最真实的步履轨迹。

十二首纪行诗，亦是一幅壮丽的山水长卷。无限风光在险处。杜甫身入险地，以诗人的眼睛来欣赏记录沿途的江山胜景。《木皮岭》《龙门阁》《白沙渡》《飞仙阁》……单从这一长串的诗题，便觉得有扑面而来的壮美。

这是后世读者之幸，但对于我们的诗人来说，那却是一趟九死一生的旅程。

湍急的嘉陵江，让诗人"临风独回首，揽辔复三叹"；悬崖绝壁间的栈道上，让人步履蹒跚、心胆俱裂；龙门阁上，诗人"目眩陨杂花，头风吹过雨"；桔柏渡口，雾气中江上那座用竹索架起的长桥，让人抖抖簌簌不敢迈步。

嘉陵江给诗人一家留下无数的惊险时刻，却也让诗人对它产生了一份特别的情感。临别之时，他甚至有了东游的想法。

剑门山，在今天四川剑阁县东北二十五里处。《大清一统志》中记载："大剑山在保宁府剑州北二十五里，蜀所恃为外户。其山峭壁中断，两崖相嵌，如门之辟，如剑之植，故又名剑门山。"剑门山又分大剑山和小剑山，两山紧密相连，东临嘉陵江，西接五指山，绵亘一百多里，自古便以地势险要而闻名。

李白曾道：剑阁峥嵘而崔嵬，一夫当关，万夫莫开。

离开嘉陵江，杜甫一家抵达剑门关。面对剑门天险，杜甫亦写下一首《剑门》：

> 惟天有设险，剑门天下壮。连山抱西南，石角皆北向。两崖崇墉倚，刻画城郭状。一夫怒临关，百万未可傍。珠玉走中原，岷峨气凄怆。三皇五帝前，鸡犬各相放。后王尚柔远，职贡道已丧。至今英雄人，高视见霸王。并吞与割据，极力不相让。吾将罪真宰，意欲铲叠嶂。恐此复偶然，临风默惆怅。

晋代张载的《剑阁铭》，被后人视为描写剑阁的千古名篇。

杜甫此篇，与张载作品内容相似，也是从剑门的险峻写起，再议论地形险要与治乱的关系。杜诗比前人作品更加打动人的地方，在于他诗中洋溢着的爱国热情。面对这道自古被视为天险的屏障，杜甫除慨叹大自然的鬼斧神工之外，更多的是对国家统一、天下太平的强烈渴望。

杨伦在《杜诗镜铨》中对这首诗的评价极高，他说："以议论为韵言，至少陵而极。少陵至此等诗而极，笔力雄肆，直欲驾《剑阁铭》而上之。"

以议论入诗，多为诗家所忌。因议论会破坏诗意之美。杜甫写诗，却常将眼前景与对时事的感慨自然缩合，如盐入水，化而无痕，让人丝毫不觉得生硬别扭。大抵也因为他心底的那份真诚，真诚是这个世间抵达人心的最有力武器。

过了剑门关，再向西南行了大约一百五十里地，杜甫于这年腊月底抵达成都。

那是一个暮色四合的傍晚，杜甫一家人沐浴着夕阳的余晖走进成都古城。几千里山水长路，一路上险象环生，而今终于站在这片陌生的土地上了。杜甫的心里，说不出是欢喜还是惆怅。

驻足四顾，呈现在眼前的是全然陌生的世界。这里离自己曾经生活过的中原与关中，都有着太大的差别。成都的繁华比不了长安、洛阳，可那高耸的城墙，华丽的屋舍，严冬未凋的草木，随处可见的歌舞，嘹亮的笙歌，还是让杜甫眼前一亮。

斜阳夕照中，成群的鸟儿正掠过诗人的头顶，咿呀归巢。

这些鸟儿尚有家可回，他们一家却从此流落在这远离家乡的天涯了。

"成都再美，我也只是过客。这里的生活并不适合我呵。自古以来，客居他乡的人有的是，我又何必独自哀伤？"

初至成都，杜甫的心里便经历了一番痛苦挣扎。千里跋涉之后的放松，初至异域之城的陌生与情怯，远离中原的怅惘，怅惘之余的自我开解，这种种复杂的心路历程，都被他一一写进了诗里。

杜甫传

翳翳桑榆日，照我征衣裳。我行山川异，忽在天一方。但逢新人民，未卜见故乡。大江东流去，游子去日长。曾城填华屋，季冬树木苍。喧然名都会，吹箫间笙簧。信美无与适，侧身望川梁。鸟雀夜各归，中原杳茫茫。初月出不高，众星尚争光。自古有羁旅，我何苦哀伤。

这首《成都府》，是杜甫从关中赴蜀地纪行诗中的最后一首，自此之后，他的人生又翻开全新的一页。

回顾一下杜甫的乾元二年（759），真是苦难频仍、颠沛流离的一年，也许堪称诗人一生之最。

这一年，他从洛阳到华州，从华州到秦州，从秦州到同谷，再从同谷到成都。

一匹老马，一双老迈的腿，杜甫就凭着这些走过了几千里长路。

这一年，他看遍了中国山川河流的绮丽壮美，也经历了九死一生的重重磨难。他曾数次在死亡线上挣扎，又一次次挣脱命运的束缚，勇敢向前。终于抵达这处"锦城风流地"。

痛苦与磨难，于诗人来说常常是一笔财富。前提是，诗人没有被这些痛苦与磨难压倒。在这一年中，杜甫的人生经历了痛苦的深渊，他的作品也抵达前所未有的高度。从"三吏""三别"，到《秦州杂诗二十首》，到同谷七首哀歌，再到赴蜀沿途的十二首纪行诗，这些诗不仅仅记录了诗人当时的行踪与心路历程，从艺术技巧方面，很多诗也堪称经典，为我们认识那个时代提供了珍贵的历史素材。

顾随先生曾经在《驼庵诗话》中对杜甫前往秦州以前的作品极力推崇："杜甫入蜀后佳作少，发秦州以前作品生的色彩，力的表现鲜明充足，后作渐不能及。"

也许这只是顾老一家之言。杜甫晚年的作品也多有佳作，有些已至炉火纯青之境。

第六章　蜀中岁月

浣花溪畔草堂起

锦江城，一座被古今文人墨客无数次写进诗文中的美丽之城。

李白写："九天开出一成都，万户千门入画图。草树云山如锦绣，秦川得及此间无。"

张籍写："锦江近西烟水绿，新雨山头荔枝熟。"

刘禹锡亦写："濯锦江边两岸花，春风吹浪正淘沙。"

多年前，李白从这里出发，入长安，游齐赵，流落江南，再没有回过这里。张籍和刘禹锡，这两位唐代大诗人，皆比杜甫晚出生半个多世纪。他们来到成都，在锦江畔流连歌吟的时候，杜甫已经去世多年。

与他们相比，杜甫倒更像锦江城的主人。他与锦江城的情缘，不在一诗一词间，他曾与那里的山山水水，一草一木，亲密无间地接触过。

在成都府西侧七里的地方，林花掩映之中，一条明净的小溪终日

缓缓流着。此溪即为浣花溪。浣花溪，三字一出口，便透着一股灵动与芬芳之气。浣花夫人的传说，更是为这条普普通通的小溪蒙上了一层神秘与浪漫的面纱。

传说曾有一位美丽的农家姑娘，就住在离溪水不远的地方。溪边的深潭也就成了她常常光顾的地方。她在潭边汲水，洗衣，临清流而自照。清清的潭水，养育出水灵灵的姑娘，水灵灵的姑娘有着潭水一样清澈纯洁的心。

有一天，姑娘又来潭边洗衣，一个遍体生满恶疮的过路僧人，突然跌进了水里。僧人从水里爬起来时，浑身的衣裳都已透湿。他脱下沾满水的破袈裟，请求这个姑娘给他洗洗。这事如果发生在现代，美丽的姑娘也许早已大喊大叫着逃离。可浣衣的姑娘二话没说，很爽快地就把僧人的袈裟接了过来。

接下来的一幕，美得让人窒息。当姑娘在潭水中给僧人洗袈裟时，神奇的事情发生了，袈裟每在水面上漂动一次，就有一朵朵的莲花随之涌出一次。姑娘不断地漂洗，就不断地有朵朵泛着清芬的莲花在潭中出现，又随潭水漂流而去。

姑娘惊呆，回头欲问时，那位僧人早已无影无踪。

或许是姑娘遇到了神仙，又或许她本身就是神的化身。

那个潭，从此被称百花潭，那条溪，被称为浣花溪。洗衣的农家姑娘，成了人人敬仰的浣花夫人。

杜甫初到成都，便来到了浣花溪。浣花溪畔有一座草堂寺。杜甫一家暂时寓居在寺中。

彼时，高适正在距离成都不远的彭州出任刺史，听说杜甫来成都了，来不及拜访，先写了一首《赠杜二拾遗》来问候：

传道招提客，诗书自讨论。佛香时入院，僧饭屡过门。

听法还应难，寻经剩欲翻。草《玄》今已毕，此外复何言。

高适是杜甫的老朋友，也是杜甫众多友人中仕途最顺达的一位。也许是不了解真情，也许是善意调侃，高适在诗中打趣道：听说你杜二现虽客居草堂中，却仍然在研究讨论诗书。日子想来不错呀。在院子里就能听到佛法，吃饭时还会有僧人为你无偿提供僧饭。如今你已经能像扬雄作《太玄》那样，写出鸿篇巨制，以后还将写些什么呢？

接到老友这样一首问候诗，杜甫真是哭笑不得。异地他乡，总算是有朋友关照问候自己了。可草堂寺的日子，远不像朋友所想的那般轻松闲适。

在《酬高使君相赠》中，杜甫回答朋友的调侃："古寺僧牢落，空房客寓居。故人供禄米，邻舍与园蔬。"

哎呀，老朋友呀，我们一家也仅仅借草堂寺的一间空屋暂时容身而已，并没有在寺里蹭饭。日常所用的米与蔬菜，都是一些老朋友还有左邻右舍送给我们的。吃饭都成问题，哪里又有经书可讨论，有闲心去作《太玄》那样的鸿篇巨制？不过写些诗赋而已。

杜甫一家在草堂寺一直住到乾元三年（760）开春。在这期间，他陆续与成都附近的不少故交好友取得了联络。

成都府尹裴冕、彭州刺史高适，以及杜甫在成都府当司马的一位表弟王十五，他们都曾对初来乍到的杜甫一家提供过援助。有这些热心的朋友，杜甫也有了在成都定居的决心和勇气。

开春之后，天气渐暖，浣花溪畔，无数只蜻蜓上下翻飞，抖动着七彩羽毛的鸂鶒在浣花溪上相依相偎、沉浮嬉戏。杜甫日日流连于浣花溪畔，他在物色一处可以架屋建堂的地方来定居。

在浣花溪西侧，有一方林塘，林木葱茏，风景清幽。战国时期蜀郡太守李冰，曾在成都建了七座桥，以对应天上北斗七星。南门外的

那座桥，本名长星桥。当年诸葛亮送费祎出使东吴，临行之际，费祎曾感叹曰："万里之行，始于此桥。"长星桥自此改名为万里桥。

浣花溪畔，林塘互映，哪天兴致来了，说不定直接乘船往东吴故地游览一番。如此风景佳胜处，独缺一草堂矣。

杜甫的草堂还在筹划中，他却已在诗意盎然地勾画未来图景：

> 浣花流水水西头，主人为卜林塘幽。已知出郭少尘事，更有澄江销客愁。无数蜻蜓齐上下，一双鸂鶒对沉浮。东行万里堪乘兴，须向山阴上小舟。

当杜甫轻轻搁笔，从自己的纸上田园中抬起头来，片刻前的欣喜之意又渐渐隐去。建草堂的理想地已选好，空空的口袋却让诗人发起愁来。一座再简单的茅屋，也还是需要一定的经费的。他们一家，现在身无分文。

异地他乡的江畔，诗人正为接下来的建房之事而长吁短叹，猛一抬头，就看到他的表弟王十五，彼时的成都府司马，一路热情地打着招呼过桥而来。杜甫在《王十五司马弟出郭相访兼遗营草堂赀》一诗中还提及了此事。

> 客里何迁次，江边正寂寥。肯来寻一老，愁破是今朝。
> 忧我营茅栋，携钱过野桥。他乡唯表弟，还往莫辞遥。

世间的人情冷暖，杜甫已品尝太多。王十五不是锦上添花，而是雪中送炭，到底是亲人啊。以后还望你不辞劳累，常来常往。接过表弟递上来的钱后，诗人只能如此一遍遍重复着自己的谢意和期望。

有了钱，万事不再难。茅屋择时开工了。杜甫是总设计师，亦是亲力亲为的建筑师。全家老少齐上阵，再加上左邻右舍前来帮忙，杜甫的草堂一寸一寸地长高，一点点有了屋子的模样。

他的目光又从茅屋四散向远方。

"绿树村边合，青山郭外斜。"这是孟浩然诗里的田园。

杜甫有草堂，岂可无竹无树？

以诗索要，这对杜甫来说，已经不是第一次。在成都浣花溪畔建草堂时，杜甫再次将这种本领发挥到极致。

他向一个叫作萧石的县令索要一百棵桃树苗，还要对方春天之前送来："奉乞桃栽一百根，春前为送浣花村。河阳县里虽无数，濯锦江边未满园。"（《萧八明府堤处觅桃栽》）

他向绵竹县令韦续索要该县特产绵竹："华轩蔼蔼他年到，绵竹亭亭出县高。江上舍前无此物，幸分苍翠拂波涛。"（《从韦二明府续处觅绵竹》）

听说桤树长得快，三年即可成材，杜甫又向绵谷县尉何邕要桤树苗，一要还要不老少："草堂堑西无树林，非子谁复见幽心。饱闻桤木三年大，与致溪边十亩阴。"（《凭何十一少府邕觅桤木栽》）

院中竹子有了，还少青翠不老的松树。他又向涪江县尉韦班索求松树苗："落落出群非榉柳，青青不朽岂杨梅。欲存老盖千年意，为觅霜根数寸栽。"（《凭韦少府班觅松树子栽》）

"草堂少花今欲栽，不问绿李与黄梅。石笋街中却归去，果园坊里为求来。"（《诣徐卿觅果栽》）为了让草堂周围有些花果树，杜甫还亲自跑到石笋街徐家登门访求。李子，黄梅，只要是果树，杜甫就兴冲冲地扛回来。

除了索要这些绿植果树，杜甫还曾向韦班要过大邑县烧的瓷碗："大邑烧瓷轻且坚，扣如哀玉锦城传。君家白碗胜霜雪，急送茅斋也可怜。"（《又于韦处乞大邑瓷碗》）

历来朝廷官员，附庸风雅者多。唐代的官员虽远不及后来的大宋——宋代官员把风雅演绎到了极致，很多高级官员同时又是大文人。但从杜甫这一系列的讨物诗也可看出，杜甫在当时西南官员们心目中，还是颇受欢迎的。一首诗过去，想要的东西就有人送到草堂来。当然，这也可能与杜甫故交成都府尹裴冕有关，身为成都府的行政长官，那些县尉、县令想巴结都还来不及。

有了众友帮助支持，杜甫的草堂大约在这年春末建成。

风餐露宿，流落天涯的一家人，终于有了一处安身之所。新居落成之日，杜甫堂前堂后，左看右瞧，怎么也看不够，还写下了《堂成》一诗：

> 背郭堂成荫白茅，缘江路熟俯青郊。
>
> 桤林碍日吟风叶，笼竹和烟滴露梢。
>
> 暂止飞乌将数子，频来语燕定新巢。
>
> 旁人错比扬雄宅，懒惰无心作解嘲。

白茅盖成的草堂，背向成都城郭而建，锦江正从草堂脚下流过。站在堂前，俯瞰即是青葱的郊野。沿江的小路，杜甫已走过很多次了。草堂外的桤树林，虽才栽下去不久，但已绿树成荫。茂密的叶子遮挡了热辣的阳光，风在叶间低吟浅唱。笼竹枝梢，滚动着晶莹的露滴。有几只乌鸦和燕子，已经迫不及待地携儿带女，到这里安家了。

这是杜甫生命中最让他安心舒适的一个家，他的得意和沉醉呼之欲出。

有人把他的草堂与扬雄的草玄堂相比，杜甫忙说：不不不，我是一个懒惰之人，可无心像扬雄一样作《解嘲》这样的文章。

汉人扬雄的故宅草玄堂亦在成都西南。扬雄是继司马相如之后西汉最著名的辞赋家，辞官后于草玄堂内喝酒著作，鲜少与外界来往。他曾作《解嘲》，以表明自己不愿趋炎附势，宁可淡泊名利来写他的《太玄》。

杜甫不欲与扬雄比较，却又以扬雄自喻。"三年饥走荒山道"之后，眼前这清静安宁的日子来得太过不易，索性连《解嘲》这样的表白文字也不愿写。

春光无限，生机益然。杜甫把自己的身影融进了锦江畔的林荫道，融进了草堂周围的花果林，他抬头看蝶飞蜂舞，饶有兴致地看新燕筑巢，偶尔也为他的花儿们、树们去松一下土，拿掉枝丫间的一个小虫子。

阳光在叶子上跳舞，云在头顶追赶风的脚步。

这个被命运之鞭驱赶了大半生的老诗人，脸上终于有了平静恬适的笑模样。

江村事事幽

在各方朋友的帮助下，杜甫的草堂终于建成。杜甫向往已久的田园生活，在他面前渐次铺展。

相较于战乱频仍的中原、关中大地，这里暂时没有战乱的侵扰。杜甫所住的江边小村，仅八九户人家，正可谓"黄发垂髫，怡然自乐"。草堂四周江流曲折，一派恬静幽雅。晨光夕照中，饱经离乡背井之苦的诗人，绕着江村，徐徐而行。

看不够的山水，吟不完的诗。

在这一段时期内，杜甫创作了一系列描绘江村田园风光的诗。诗中亦出现了难得的恬静。《田舍》《为农》《南邻》《野老》《江村》《泛

溪》等，都是这一时期的艺术结晶。

光阴悄然流转，于这年春末建成的草堂，一抬脚就迈进了初夏。

人勤地不懒，春天时东讨西取来的花果树苗，都已开枝散叶。它们同主人一样，正式在这个江边小村落地生根了。竹篱茅舍，柴门轻掩，院子里春天栽下的枇杷，已经结实，青黄的枇杷果成双成对地站上枝丫，已泛出淡淡的香；清江江畔，古道蜿蜒，江面上帆影点点，是打鱼人在忙着撒网。

身边的一草一木，一物一事，都是诗，都让杜甫沉迷。他甚至有了长期在这里定居下去的打算，如陶渊明一样，做一位自给自足、自娱自乐的农人，再不去考虑什么国家大事了，只在江畔喝酒觅诗，不亦快哉！

> 锦里烟尘外，江村八九家。圆荷浮小叶，细麦落轻花。
>
> 卜宅从兹老，为农去国赊。远惭勾漏令，不得问丹砂。

《为农》一诗中有"圆荷浮小叶，细麦落轻花"一句。圆圆的小荷叶浮在水面上，小麦花正轻轻飘落。只此两句，江村初夏的生机与活力，就跃然纸上。有人说杜甫写诗有时毫不讲道理，不考虑用词与句式，却又字字如铸铁，定不可移。诗至老到，信手拈来，却浑然天成。这里的倒装句式，用得实在妙。

"远惭勾漏令，不得问丹砂"一句讲的是求仙问道。葛洪为东晋道教学家、炼丹家、医药学家，他曾因炼丹之名而得到了一个勾漏令的职位，而杜甫则连炼丹求长生都懒得去说了。这倒让他有点内心有愧。杜甫年轻时代可是想要狂热地追随李白去寻仙问道的。

眼前岁月静好，有酒有诗，有贤妻稚子相伴，还有热情的故人不时伸手相助。夫复何求？

清江一曲抱村流，长夏江村事事幽。

自去自来堂上燕，相亲相近水中鸥。

老妻画纸为棋局，稚子敲针作钓钩。

但有故人供禄米，微躯此外更何求？

这首《江村》，可视为杜甫这一时期的代表作之一，亦是他初来成都时平静恬适生活的最好写照。全诗紧紧围绕"事事幽"三个字，从不同的侧面来表达诗人的欣喜满足之情。

梁间燕子，穿堂过户，自由来去；江上白鸥，时远时近，相追相随。梁上燕，水中鸥，是眼前实景，亦是诗人的理想寄托。在诗人的眼里，这两种可爱的小生灵都有一种忘机不疑、乐群适性的意趣。景物如此幽静，人情则更让人赏心惬意。

那个不远千里万里，一路相随的女人杨氏，大概是古代大诗人的妻子中出镜率最高的一位。虽然后人连她的真实名字也不知道，含蓄的诗人也从未在他的诗中正面描写这位贤妻的容貌与才情，但从诗人一路走来对她的思念与感激之情来看，这是一位德才兼备，又有生活情趣的女子。

"老妻画纸为棋局，稚子敲针作钓钩。"棋局最宜消夏，清江正好垂钓。只是一家人初来乍到，无棋盘棋子，亦无钓鱼的钓钩。可他们不缺生活的热情。无棋盘，老妻纸上画；无钓钩，稚子敲针做。妻、子皆在忙碌，而诗人则以多情之眼，捕捉日子里的温馨瞬间。妻子的痴情憨态，儿女们的天真无邪，都被他细心采撷，永久地录进了他的诗里。

有人说，杜甫一生都在穷愁的夹缝中穿行，他眉心那个大大的"川"字，从来就没有消失过。这话也对，也不全对。至少，在上元元年（760）夏日时节，杜甫一家在浣花溪畔的草堂内是生活得其乐融

杜甫传

融的。

说"这话也对",是因为即便在"事事幽"的江村,即便面对"老妻画纸为棋局,稚子敲针作钓钩"的天伦之乐,杜甫亦不曾放下心底的悲苦与忧愁。

"但有故人供禄米,微躯此外更何求?"细心的读者,能透过诗人的欣悦表象,读懂背后的重重忧虑。眼前岁月静好,前提是有故人提供禄米,如果有一天这些供给中断呢?微躯此外,无复可求,正说明自己有所求而不得。

一代才华横溢又满腹经世之志的大诗人,最终却要沦落到靠人接济过活,这样的生活,又让人何其辛酸与悲愤?

"愁极本凭诗遣兴,诗成吟咏转凄凉。"杜甫曾作诗《至后》,自道其作诗之甘苦。这首《江村》便是一个极好的例证。本写闲适,写着写着,落寞惆怅不请自来。不是诗艺使然,而是杜甫沉郁婉曲的心境所至。

他不是不会笑,只是笑着笑着,眼里便起了愁云。

相较于杜甫前半生笼罩的愁云惨雾,江村的忧愁总算是淡了、少了。日子的主旋律,是轻盈,是欢悦。平静的心情之下,诗人的视野自然也更为开阔,感觉亦更敏锐。他总能从自然界的万事万物中,发现令他欣喜的种种细节,而他的诗笔,足够他轻松自如地记录他所看到的世界。

搬进草堂很久了,杜甫也前前后后光顾了很多地方,但也仅限于陆上。水上风景,他一直无缘得见。这年秋天,杜甫终于来了一次痛快的水上泛舟。他决定溯溪西行,到草堂西边那片从未去过的树林看看。

落景下高堂,进舟泛回溪。谁谓筑居小,未尽乔木西。

远郊信荒僻，秋色有余凄。练练峰上雪，纤纤云表霓。

童戏左右岸，罟弋毕提携。翻倒荷芰乱，指挥径路迷。

得鱼已割鳞，采藕不洗泥。人情逐鲜美，物贱事已睽。

吾村霭暝姿，异舍鸡亦栖。萧条欲何适，出处无可齐。

衣上见新月，霜中登故畦。浊醪自初熟，东城多鼓鼙。

那是一个秋日黄昏，夕阳的余晖给江村涂抹上一层金色的光芒。杜甫乘一叶小舟，在浣花溪中缓缓西行。站在舟中，远山近水，溪畔郊野，尽入眼底。正如他在《泛溪》中写的那样，秋日的江村郊外，已失去了春夏季节的盎然生机，满目秋色，给人一种凄凉之感。远处西岭上常年不化的皑皑白雪，天空纤纤的虹霓，倒是让诗人欣赏了很久。

世界上最动人的课本叫大自然，而最适合阅读大自然这本书的人是儿童与生有一双儿童般眼睛的诗人。他们亦是书中的一部分。杜甫泛舟溪上，很幸运地就遇到了那样一群天真烂漫的阅读者。

那是附近村中的孩子，杜甫遇见他们时，他们正带着网和箭，在捕鱼射鸟。也有些孩子赤膊光脚，在水中忙着挖藕、采菱角。这群泥猴子一样的小孩，把荷叶和菱叶翻得乱七八糟。一旦捉到一条鱼，立马就把鱼鳞刮掉。挖出的藕，连泥也不洗就胡乱扔到一边去。

这些小孩子，让杜甫这个突然闯入的北方诗人着了迷。杜甫一边饶有兴致地看那些孩子忙活，一边漫不经心地划船行路，不知不觉中竟然迷了路。那帮孩子倒也热心，杜甫上前一问，他们便伸出满是泥巴的小手，忙着为他指路引导：往那里，再往那里……

走了好久才发现，顺着那帮孩子指引的方向，是真的找不到前行的路了。

那天，杜甫兜兜转转，费了好大力气才找到回家的路。回家的时

候，已是月上林梢。妻子杨氏已经把米酒热好，东边的成都城里，已传来隐隐的更鼓声。

在江村的日子久了，杜甫慢慢与周围的邻居也熟悉了起来。闲来无事，邻里之间也会彼此走动一下。那是另一种生活乐趣。

在杜甫草堂南面不远处，有一位锦里先生。杜甫称之为"南邻"。这位头戴乌角巾的山人，与高傲古怪的寻常隐士不同，他们一家安贫乐道，却又热情好客。杜甫偶尔会到他们家去坐坐。

那个秋天的傍晚，杜甫从锦里先生家走出来时，已是月上梢头。杜甫踏着月色，从锦里先生门外的小河驾舟返回。他把那次寻常的探访，写成了《南邻》一诗。这首诗也把那个夜晚画成了画：

> 锦里先生乌角巾，园收芋栗未全贫。
>
> 惯看宾客儿童喜，得食阶除鸟雀驯。
>
> 秋水才深四五尺，野航恰受两三人。
>
> 白沙翠竹江村暮，相送柴门月色新。

这是一首用两幅画面组成的山庄访隐诗。

前半篇描画主人一家的恬静生活与热情。秋日的院子里，主人种下的芋头即将收获，栗子也成熟了。见有客来，这家的儿童急急跑出，笑语相迎。就连他家院子里的鸟雀似乎也受了主人的感染，人来鸟不惊，只安静地在台阶上啄食。

这里的气氛宁静、和谐，诗人的描写又极其生动。他把主人耿介而不孤僻、诚恳而又热情的性格，都通过这幅写意画勾勒出来。

下半篇，则是一幅江村晚送图。月色、白沙、翠竹、站在门口依依相送的主人，这一切，明净无尘，幽美似画。

"故人具鸡黍，邀我至田家""开轩面场圃，把酒话桑麻"。孟浩然在《过故人庄》一诗中，详细描画了主人的殷勤，杜甫则把这一切都略去不写。他只写"惯看宾客儿童喜"，再写"相送柴门月色新"，主人的殷勤，尽在不言中。"这是诗人的剪裁，也是画家的选景。"（《唐诗鉴赏辞典》马茂元语）

在江村，杜甫远离了朝中的纷纷扰扰，暂放下家国时局的忧痛。饮酒赋诗，看山看水，闲时与邻舍互访走动。这样的日子，在杜甫的生命中太少了。真愿时光的步伐，能停下来，让这位白发老诗人，在这"事事幽"的江边小村，生活得更久、更好⋯⋯

草堂一狂夫

年轻时，杜甫独自漫游，访古探幽，结交良友，数不尽诗剑风流。多年的漂泊，打断了他的漫游之路。杜甫把太多的心思都用在了一家的生计，还有对时局的担忧上面。

而今，在草堂。一家人的生计暂时无忧，杜甫也有了闲心，可以四处走走。

成都，一座历史悠久的古城，亦称锦城、锦官城、芙蓉城，别称"蓉城"。在这座古城中随便一走，即可触摸到历史的脉搏，感受到历史的心跳。锦官城外，数里之遥，有一片郁郁葱葱、气象非凡的翠柏林。柏林之中，就是为纪念三国时蜀国丞相诸葛亮而建的武侯祠。

乾元三年（760）春天（注：自是年闰四月，肃宗改乾元年号为上元），杜甫来成都不久，即匆匆前往拜谒。《蜀相》这一千古名篇就在此时诞生：

丞相祠堂何处寻？锦官城外柏森森。

映阶碧草自春色，隔叶黄鹂空好音。

三顾频烦天下计，两朝开济老臣心。

出师未捷身先死，长使英雄泪满襟。

春日祠堂，翠柏森森，诗人一步一步，小心翼翼地走近他心中的千古老臣。他的脚步放得很轻很轻，是怕惊醒诸葛丞相的酣梦吗？他的心，则沉且重。

斯人已逝，无可亲近，唯有眼前祠堂的一景一物，还可寄托今人哀思。

春天是一个生机盎然的时节，然而庭草兀自映满台阶，何关人事；黄鹂隔空自鸣，声声伤情。春天的热烈，与祠堂眼前的冷清，形成鲜明的对比。诗人的一片诗心，亦在此凝结。

那天，在武侯祠内，杜甫俯仰慨叹，泪湿衣襟。

诸葛亮有雄才大略，有一腔赤胆忠心，他以复兴汉室为己任，辅佐两朝，却是出师未捷抱憾而去。自己的处境又何尝不是呢？想他老杜一生，许身社稷，志在匡国，亦是一英雄人物哉！如今国家危难，他却远离了朝廷与政治，在这一方偏僻的山水之间苟且偷生。

杜甫的泪水里，有对武侯的敬佩与叹惋，亦有对自己空有一腔报国志而不得施展的感慨。

在江村草堂，杜甫饮酒赋诗，看远山近水，与村中的左邻右舍彼此走动一下。有时也到成都城里，访古探幽，写一些咏怀诗以抒怀。

在那个春天，杜甫在成都的活动半径越来越大。

他去了成都西门外。那里有两根石笋，一南一北，相传是用来镇海眼的。成都当地人说，那两根石笋是万万动不得的，如不慎触动，就会引起海水倒灌。对于这种愚昧之说，杜甫颇不信服，他特写了一首《石笋行》予以辩驳："惜哉俗态好蒙蔽，亦如小臣媚至尊。"

借石笋传说讽刺肃宗身边排挤旧臣、蒙蔽人民的宦官李辅国之流，杜甫的笔触直接又辛辣。

在浣花溪的北面，有一座琴台，相传是汉代大辞赋家司马相如和卓文君抚琴饮酒处。杜甫曾在一个春日的黄昏登临此台。高天流云之下，春花灿烂，多像文君当年的笑靥。春草青青，仿佛佳人昔日的碧罗裙。而那凤求凰的古老爱情故事，于今已经寥不复闻了。

高台之上，杜甫徘徊复徘徊，临风长吟一首《琴台》：

> 茂陵多病后，尚爱卓文君。酒肆人间世，琴台日暮云。野花留宝靥，蔓草见罗裙。归凤求凰意，寥寥不复闻。

那一场浪漫的爱情往事，显然触动了诗人柔软的心。

杜甫来成都渐久，与当地的一些文化人士也慢慢有了交集。

在草堂的南面，有锦里先生。北面，则住着一位退隐的县令，杜甫和他的关系也极好，二人走动频繁。正如杜甫在《北邻》所写：

> 明府岂辞满，藏身方告劳。青钱买野竹，白帻岸江皋。爱酒晋山简，能诗何水曹。时来访老疾，步屟到蓬蒿。

这位县令是一位风雅旷达的文士，爱喝酒，擅作诗，不惜花冤枉钱买野竹栽下，他时常穿着草鞋就来探望生病的杜甫。

成都江村宁静恬适的生活，淳朴的民风，正在一点点治愈着战乱流离带给诗人的创伤。然而，有一些愁，有一些痛，无人可消，无物可解。锦城再好，亦是他乡。流落他乡的感慨，对故园、至亲的怀念，对国家早日平定叛乱的渴望，总是会不期然降临在诗人的心头。

洛城一别四千里，胡骑长驱五六年。

草木变衰行剑外，兵戈阻绝老江边。

思家步月清宵立，忆弟看云白日眠。

闻道河阳近乘胜，司徒急为破幽燕。

自乾元二年（759）春告别故乡洛阳，杜甫"一岁四行役"，自洛阳至华州，至秦州，至同谷，至成都，辗转4000多里。此时，距离安史之乱爆发已有五六个年头了。在这五六年内，叛军铁蹄肆意践踏中原大地，大唐百姓生活于水深火热中。杜甫的几个弟弟中，此时只有最小的弟弟杜占随杜甫一起入蜀，其余三个弟弟仍然散落在各地。

杜甫晚上夜不成寐，忽步忽立；白天卧看行云，倦极方眠。他怎么能放下对亲人的思念与牵挂呵？

清人沈德潜在《唐诗别裁》中评论此联说："若说如何思，如何忆，情事易尽。'步月''看云'，有不言神伤之妙。"

不以抽象言情，而以形象表现，让读者透过形象自己去体悟其心中的忧伤。整首诗则把个人的遭际与国家的命运结合起来写，每一句都蕴含着丰富的内涵，浓郁的情感。

杜甫的诗，常出之以简朴寻常语，却又言近旨远，辞浅情深。

有人说，杜甫诗，可欣赏，不可学。是因为他那颗赤诚心、深挚意，学不来。

杜甫来成都，最初主要是投奔时任成都尹的裴冕。实际上到乾元三年（760）三月，裴冕便被调去了长安。裴冕离开后，杜甫的朋友中还在成都做官的，一个是彭州刺史高适，一个是巴州刺史严武。这两个人也就成了杜甫这　时期在成都的主要依靠。

过日子靠故人接济，总是不那么可靠。友情疏离，或像裴冕那样突然调离，都有可能给被接济者的生活带来极大的不便。这种担忧，杜甫曾在《江村》一诗中明确表示过。

他担忧的事情，果真很快就来了。那时，杜甫一家人来成都不久，那个让人欣然欢悦的春天都还没有过完，杜甫家里就断了米。然而诗人却作了《狂夫》一诗：

> 万里桥西一草堂，百花潭水即沧浪。
>
> 风含翠篠娟娟净，雨裛红蕖冉冉香。
>
> 厚禄故人书断绝，恒饥稚子色凄凉。
>
> 欲填沟壑唯疏放，自笑狂夫老更狂。

唐代诗坛，李白以狂士著称，杜甫则以醇儒而闻名。在这首《狂夫》里，杜甫却一改往日淳厚谨慎的形象，变得狂傲不羁。眼下故人音信全无，孩子们饿得面色凄凉，诗人却并未一味自卑自叹，反而宣称要以疏狂的态度度过余生。他去百花潭边徜徉，细细观赏那翠篠红蕖。他在潭边仰天长笑，自笑狂夫老更狂。

有评论家说，这是诗人对"孔颜乐处"的生动阐释，是对"君子固穷"心态的诗意表达。笔者却觉得这是一声悲愤的呐喊。是杜甫被逼至生活的绝境之时对命运的反击。他以苦中作乐的心态，扼住命运的咽喉。

倒是作于这年春天的另一首《宾至》，真见杜甫的"狂"：

> 幽栖地僻经过少，老病人扶再拜难。
>
> 岂有文章惊海内，漫劳车马驻江干。
>
> 竟日淹留佳客坐，百年粗粝腐儒餐。
>
> 不嫌野外无供给，乘兴还来看药栏。

这首诗，处处皆是自谦，又处处透着一种自负。他说，我住在这偏僻的地方，平时少有人来，又一身老病，见人下拜都难。我哪有什么诗文惊动天下，还空劳宾客们停车驻马于江边？即使宾客屈尊于我这破屋一整天，我也仅能以粗茶淡饭相待。如果你们不嫌弃此处无甚招待，下次可以乘兴前来观赏我栽种的药草。

委婉曲折，只似平常说话，貌似谦逊自抑，实则傲骨嶙峋。

杜甫对自己的文学成就，向来都是自信满满。这才是那个草堂狂夫的真本色。

江梅催人自白头

回到现实，理想，志趣，狂傲，最终还是要归结为两个字——吃饭。那个万里桥西草堂之中的狂夫，也只是在诗里偶发一下愤懑与牢骚，回过头，他还得为了生计绞尽脑汁。为补贴家用，杜甫又在草堂周围开辟了药圃，重操卖草药的旧业。

> 时出碧鸡坊，西郊向草堂。市桥官柳细，江路野梅香。
> 傍架齐书帙，看题检药囊。无人觉来往，疏懒意何长。

这首《西郊》，记录的正是杜甫在成都卖药的生活。

据《梁益记》载，成都之坊，百有二十，第四曰碧鸡坊。《益州记》载，成都县西南四里，有市桥，名为冲星桥。

出城西南的碧鸡坊，走四里过市桥，再向西走二里，即是杜甫的草堂。

那个春天，杜甫早上从草堂背上药篓出发，夜晚从碧鸡坊携一天

的收获回草堂。来来回回，那条路上的一柳一梅，都成了杜甫的好朋友。市桥边细柳依依，江路边野梅泛香。一路好风景，涤荡去诗人一天的辛苦劳累。回到家，他还兴致不减，把书架上的书籍整理整齐，再细细检查下药囊，看还有多少药没有卖出去。

初来乍到，除了江村的几位邻居，成都城里还没有多少人认识这个背着药篓的白发老人，路上也没有多少人同他打招呼。

那样正好，独来独去，自由畅快。

在当年的《进三大礼赋表》中，杜甫曾不无凄凉地说："顷者卖药都市，寄食友朋。"眼下，杜甫的生活与当年在长安的处境差不多，可他的心境已与彼时完全不一样。

心境不同，眼中的一花一草也便不同。在这段时期内，尽管日子时好时坏，家中有时也会到缺米断粮揭不开锅的地步。杜甫的诗中还是出现了以前少有的明媚色彩。

从乾元三年（760）裴冕调离成都，一直到这年秋天，杜甫一家都生活在一种无着无落、无所依傍的状态。远方的朋友虽偶尔会有一些接济，却常常是远水解不了近渴。

上元元年（760）秋天，高适要调到蜀州（治所在今四川崇州）来了。杜甫听到消息，等不及朋友来，即急匆匆从成都草堂出发。而他的问候诗《奉简高三十五使君》，则比他更提前一步奔向高适：

> 当代论才子，如公复几人？
>
> 骅骝开道路，鹰隼出风尘。
>
> 行色秋将晚，交情老更亲。
>
> 天涯喜相见，披豁对吾真。

杜甫虽然亦曾在诗中称赞裴冕是朝廷柱石，但也不过是为生活所迫的违心夸赞。史载裴冕生性忠勤，一心为公。但裴冕为积聚钱财以充军费，曾提出出卖官职爵位以及僧道牒，并以法令强迫人低价购买的想法，这些恰是杜甫不能容忍的。

杜甫与高适的交情，则深厚得多。两人自当年漫游齐赵时结缘，在长安亦多有交游。这些年来，高适官途顺遂，杜甫仕运坎坷，两人的友情却丝毫没有受到过影响。诗文唱和，信件往还，一直未曾中断。就在得知高适要调来蜀州的消息之前，杜甫还曾托人给高适捎去过一首求援诗。

在诗中，杜甫表达得非常直白迫切："百年已过半，秋至转饥寒。为问彭州牧，何时救急难。"

如果不是在自己最亲密的朋友面前，"狂夫"杜甫岂会如此坦诚？

现在好了，高适的回信未到，要来蜀州任职的好消息却先到。杜甫在这年深秋时节出发，人还未行，就已在想象着与老友"天涯喜相见，披豁对吾真"的动人场景。

关于杜甫与高适的此次久别重逢，没有诗文资料可查。但从高适后来寄给杜甫的一首诗中，却可窥见高适对杜甫的一片深情。

诗作于上元二年（761）人日。人日，正月初七日，相传女娲初创世，在造出了猪狗羊牛马等动物后，于第七日造出了人，这一天即为人类的生日。汉朝开始有人日节俗。自魏晋后，此节日得到重视，有了人日戴"人胜"的习俗（注：人胜为一种头饰，又名彩胜、华胜。剪彩为花，为人，或者镂金铂为人，贴于屏风上或戴在头上）。

唐代更是把这个节日推向空前的繁盛。每至人日，皇帝赐群臣彩缕人胜，又登高大宴群臣。文人雅士，则有登高赋诗的习俗。

成都的春来得早，年刚过，柳枝已泛绿，梅花已开满枝头了。这些景色，在飘零人的眼里，却只能更忧伤。在人日这天，高适想到身在草堂的老朋友。于是悲从心来，提笔赋诗：

人日题诗寄草堂，遥怜故人思故乡。

柳条弄色不忍见，梅花满枝空断肠。

身在远藩无所预，心怀百忧复千虑。

今年人日空相忆，明年人日知何处。

一卧东山三十春，岂知书剑老风尘。

龙钟还忝二千石，愧尔东西南北人。

高适在杜甫的眼中是颇让他艳羡的对象。

天宝八年（749），高适参加科举考试，进士及第，授封丘县尉，却又投于哥舒翰军中担任掌书记，之后拜左拾遗，转监察御史，辅佐哥舒翰把守潼关；天宝十五年（756）安史乱中护送玄宗至成都，八月被擢谏议大夫，十二月，出任淮南节度使，讨伐永王李璘。高适历任太子詹事，又任彭、蜀二州刺史。边塞从军，朝中做官，高适这一路走来，在杜甫看来已算得仕途亨通，志得意满。

但高适的内心苦楚，他也许看不到。

在这首诗中，高适真诚地向老友倾诉自己的苦恼："我们其实都是一样的，身处这远离朝廷的偏远之地，空有满腔报国志，却无法参与朝堂大事，心中空有百般担心与忧虑。"

彼时的大唐，战乱依然未平，朝中也是一团乌烟瘴气。肃宗全然为宦官李辅国等人所架空。远离了朝廷的杜甫尚且在时刻忧心，身为朝廷命官的高适，自然更加与时局脱不开干系。

他自愧自己在这老态龙钟之年（这一年，高适已58岁），还辱居高位，拿着2000石的俸禄，却帮不上这位四处流离的老友人太多的忙。

这首诗，语言浑朴自然，如话家常，却句句出自诗人肺腑。对老朋友的惺惺相惜和贴心理解，对国家前途命运的担忧，二者紧密联结起来，成就了高适晚年最动人的诗篇。

杜甫接到此诗，竟"泪洒行间，读终篇末！"（《追酬高蜀州人日见寄并序》）

上元二年（761）的初春似乎注定会给杜甫带来许多的感动与忧伤。好友们的频频赠诗，为流落异乡的杜甫送来丝丝暖意，亦让杜甫陷入莫名的悲伤。

裴迪，唐代诗人，早年隐居终南山，与王维交往甚笃。上元元年（760），王维之弟王缙为蜀州刺史，裴迪依为从事，与杜甫多有唱和。

上元元年（760）秋天，高适从王缙手中接任蜀州刺史，而王缙因刚刚办完交接手续，亦没有离开蜀州。这年秋天，杜甫与裴迪曾同游城东南的新津寺，并作《和裴迪登新津寺寄王侍郎》寄赠王缙：

何限倚山木，吟诗秋叶黄。

蝉声集古寺，鸟影度寒塘。

风物悲游子，登临忆侍郎。

老夫贪佛日，随意宿僧房。

从这首诗可知，当时虽已是深秋天气，秋叶飘零，秋水凄凉，寺内蝉声鸟影，皆是让人悲伤之风物，杜甫的心情却甚是平静。他在那里得到了暂时的解脱，甚至忘记了此时已是草枯叶黄的深秋。

上元二年（761）初春，裴迪登蜀州东亭送客，正遇东亭早梅绽放，遂作《登蜀州东亭送客逢早梅相忆》赠杜甫，可惜裴迪原作已佚，好在有杜甫的《和裴迪登蜀州东亭送客逢早梅相忆见寄》，还能让后世读者见证那一段朋友深情：

东阁官梅动诗兴，还如何逊在扬州。

此时对雪遥相忆，送客逢春可自由。

幸不折来伤岁暮，若为看去乱乡愁。

江边一树垂垂发，朝夕催人自白头。

诗的开头两句，即盛赞裴迪的咏早梅诗：蜀州东亭梅花凌冬盛开，让你诗兴勃发，写出如此动人的诗篇，像当年何逊在扬州咏梅那般高雅。

南朝梁代诗人何逊，一直是杜甫所服膺的诗人。他曾"颇学阴、何苦用心"，如今将裴迪同何逊相比，可见杜甫对这位诗人朋友的推崇和喜爱。

"此时对雪遥相忆，送客逢春可自由。"二句紧承"动诗兴"，说在这样的时候，单是看到飞雪就会想起故人，思念不已，何况你去东亭送客，又偏偏遇上早梅开放，让你不想起我，不思念我，那怎么可能？

遥想故人对自己的回忆，恰好印证了二人之间有心心相印的情谊。此种手法，杜甫曾在《月夜》中用过。在那里，遥怜的是闺中独看的妻。杜甫用情深，对妻子，对兄弟，对朋友，皆如此。

早梅开花在岁末春前，它常常带给人岁月无情、老之将至的感觉，又能令人加倍地思念家乡亲人，渴望与之团聚。也许裴迪原诗中有不能折梅相赠的惋惜之意，杜甫在赠诗中温语相谑：幸亏你没折梅寄来，要不然又要勾起我的乡愁万千。

"江边一树垂垂发，朝夕催人自白头。"我的浣花溪畔也有一株梅树呢。眼前这一树梅花啊，也在次第开放，好像在朝朝暮暮催人老去。

梅怎会催人白了头？杜甫以如此玩笑，来化解朋友心中不能折梅相寄的不安和抱憾罢了。

杜甫和裴迪，来蜀中皆为万里作客，因为"同是天涯沦落人"，所以杜甫才将一首和诗写得如此动情。仿佛他就坐在朋友面前，与他推心置腹，倾心而谈。

清代顾宸评此诗曰："咏梅意不在梅，意不在梅而妙于咏梅，为千古梅花诗特绝。"明代王世贞则直将此诗认为"古今咏梅第一"。

异地他乡，潦倒失意，朋友相惜却不得相见，种种的愁啊，如何不愁白了人的头。那重重愁里，最重的当然还是感时伤世、忧国忧民之愁。那才是愁白了诗人华发的最大原因。

无赖春色到江亭

顾随先生讲杜诗，说："老杜诗苍苍茫茫之气，真是大地上的山水。常人读诗皆能看出其伟大的力量，而不能看出其高尚的情趣。"

杜甫的伟大与高尚，不仅仅体现在"国破山河在"的忧愤之际，还体现在日常的风花雪月中。

翻阅杜甫的诗集，上元二年（761）春天至夏天，诗人记录的基本都是在草堂的生活风貌。他采用寻常字眼、寻常方法，却每每以清新质朴的风格，以鲜明生动的形象，打动后世的万千读者。

这些小诗，不如杜甫先前创作的"三吏""三别"等诗那般具有社会批判意义，但它们同样反映了诗人真实的心路历程，同样让人喜欢。

锦江之畔，浣花溪边，茅檐低小，燕飞蝶舞，诗人在江畔、溪边时行时驻，徐吟长啸，那样的生活原本就是诗啊。

难怪诗人在那一段时间里，创作思维如此活跃。

一场春雨，随风潜入夜。锦官城里的人们在沙沙的细雨声中酣然入梦，诗人的耳朵和心却为喜悦所涨满，睡不了，就起身来写诗：

好雨知时节，当春乃发生。

随风潜入夜，润物细无声。

野径云俱黑，江船火独明。

晓看红湿处，花重锦官城。

《春夜喜雨》，除了题目中出现一个"喜"字，全诗皆为景物描写，再无一个"喜"字出现。诗人的"喜"意却从字里行间汩汩而出。

这首《春夜喜雨》几乎成为春雨的代名词，甚至连幼儿园的小朋友，都能为其沛然的诗意所浸润。

春水环绕，鸥鸟日来，平日里花径不扫，蓬门常闭。忽一日，闻得有要好的故人要来，诗人赶紧早早起来忙碌。那场景，杜甫也写进了《客至》里。

舍南舍北皆春水，但见群鸥日日来。

花径不曾缘客扫，蓬门今始为君开。

盘飧市远无兼味，樽酒家贫只旧醅。

肯与邻翁相对饮，隔篱呼取尽余杯。

这是一首洋溢着浓郁生活气息的纪事诗，诗人的喜悦之心与待客之热情，欣然绽放于纸上。此诗后有作者自注："喜崔明府相过"，可知这位远道而来的贵客，正是崔县令（注：明府，唐人对县令的称呼）。

杜甫写过数首待客的诗，如《宾至》《有客》《过客相寻》等，也多在诗中写到吃饭，其表情达意却各不相同。《宾至》中，杜甫以"百年粗粝腐儒餐"一笔带过，很显然，那里的客人让他敬而远之；在《有客》中，他说："自锄稀菜甲，小摘为情亲"，自摘蔬果，显示主人待客的亲切、礼貌，然而终究是随意有余而隆重热烈不足。

只有这首《客至》，客人未到，主人已是忙作一团。又是洒扫，又

备酒菜，甚至还不惜用半首诗的篇幅，来具体展现招待的场景。酒至酣处，邀邻助兴的细节，写得精彩细腻，形象传神。千百年后读来，其人其声，依然如在目前耳边。

这就是杜甫的力量。不过是家常景、家常话、身边情、寻常字，经他的诗心妙手一组合，便情趣十足，人情味儿十足，生活气息十足。

黄宾虹先生曾经说过："山水画乃写自然之性，亦写吾人之心。"高明的绘画如此，感人的诗歌亦是如此。草堂里相对安稳的生活，草堂周围幽静优美的环境，让杜甫有了更多悠哉闲适的心情，无论是置身草堂之内，还是江畔独步探寻，杜甫的眼睛都离不开那些充满生命活力的小生灵。

他写自己的草堂，一写再写："澄江平少岸，幽树晚多花。细雨鱼儿出，微风燕子斜。"

杜甫定居的草堂，既是为他们一家遮风挡雨的栖息地，又是杜甫的精神家园。他一直在不断地经营它、拓展它。栽果木、种花草、修水亭，还添了专供临水眺望的水槛。在这个远离城郭，又开阔宽敞的江村庭院中，诗人常常在傍晚时分凭槛远望。

上面这首小诗即为诗人即兴所作，它是诗，更似画：春天的傍晚，诗人在亭中凭槛远望，春水初涨，碧绿澄澈的江水，浩浩荡荡，似乎与江岸齐平了。收回目光看近处，草堂四周，树木郁郁葱葱，院里院外，繁花姹紫嫣红。春天，已悄然降临到这个江畔小村，降临到杜甫的草堂小院。

那是一个微雨的天气，池中的鱼儿，在毛毛细雨中摇曳着身子，它们悠然自得地游到水面来，调皮地在水面上吐着水泡儿；空中的燕子，飞得极低，在微风的吹拂下，它们倾斜着黑黑的小身体，双翅似剪，轻轻自诗人面前掠过。

"细雨鱼儿出，微风燕子斜。"一句历来被人传诵。

宋叶梦得《石林诗话》云:"诗语忌过巧。然缘情体物,自有天然之妙,如老杜'细雨鱼儿出,微风燕子斜',此十字,殆无一字虚设。"

唯雨细,鱼儿才不至于惊惶沉入水底,而是欢腾地游到水面;唯风轻,燕子才能从容飞翔,轻捷掠过天空。杜甫的遣词用意,无不精微。诗人那一片热爱春天万物的喜悦之心,都无声地寄托在这些精微之处。

诗人临槛眺望,满目慈祥,亦满面恬适。他与微风中的燕子对话,对细雨中的鱼儿轻呼。这些在诗里,亦在诗外,感染着后世一代又一代的读者。

那个春天,真是个好时节。万物生长,万物蓬勃。想来老友高适的到来,还是给杜甫一家的生活带来很大的便利。从春到夏,杜甫的心轻,脚步亦轻,他的足迹由近至远,在江畔,在城中,密密重叠。

他去江畔,独步,寻花:

> 黄四娘家花满蹊,千朵万朵压枝低。
> 留连戏蝶时时舞,自在娇莺恰恰啼。

那个春天,那个叫黄四娘的女人,被杜甫永久地刻进了后世读者的心里。她是谁?什么身份?她长得如何?杜甫都不说,但他用最热烈的笔触,来夸赞着她家的花儿,花间的蝶,还有娇啼不止的黄莺。

诗是表现,不是说明。诗人的情感,就隐藏在字里行间。便有了后代读者无数的猜测:黄四娘一定长得很美吧,不然老杜何以那么急切地到她家庭院外去看花?浦起龙则在《读杜心解》中称:"黄四娘自是妓人,用'戏蝶''娇莺'恰合。"

苏东坡曾云:"此诗虽不甚佳,可以见子美清狂野逸之态,故仆喜书之。昔齐鲁有大臣,史失其名,黄四娘独何人哉?而托此诗以不朽,

可以使览者一笑。"

黄四娘是谁，且不去追问了。但黄四娘够幸运，能随着杜甫的诗流芳千年。

《江畔独步寻花七绝句》，杜甫一共写了七首。

在其七中，他写得更直白："不是爱花即欲死，只恐花尽老相催。繁枝容易纷纷落，嫩蕊商量细细开。"

不是爱花我真想马上去死。这一句，让笔者想起一位认识的作家，最爱在文字里写"死"：好得要死，开心得要死，伤心得要死。一种感觉到了极致，又找不到合适的字眼来表达，即说"死"。原来，千百年前的杜甫，也有词穷的时候。

诗的后两句，却真的是吸引人。盛极必衰，繁枝易落，有人生的哲理在其中。诗人甚至想和那些嫩蕊商量一下，看能不能慢慢开放。心中有情，万物有情。这一商量，诗人灵魂深处的真与情，就给折射出来了。

杜甫的七言绝句，与李白、王昌龄等人的七绝大异其趣。杜甫只是兴至提笔，直书所见，表现对眼前景物无比的热爱之情。也许，正因如此，杜甫此类诗虽广为流传，却并不为很多方家所看好。

可这些平白如话的诗，却在不经意间触动了多少人的心扉，激发了多少人对生命的热爱之情。

天有阴晴，月有圆缺，人有悲欢，无论多么苦涩沉闷的日子，都会有阳光洒落；无论岁月如何静好，也会有让人不快的乌云飘过。何况，杜甫在草堂的日子，不过是一时的安稳。

上元二年（761），杜甫还随手写下了《绝句漫兴九首》。

漫兴，意为兴之所至，随手写出之作。不求写尽写全，有话则写，无话则算。

这九首诗的时间跨度为从春到夏，内容上则是随性而写。细读，仍然有次第可寻。明代王嗣奭在《杜臆》中云："'客愁'二字乃九首之纲。"

其一

眼见客愁愁不醒，无赖春色到江亭。

即遣花开深造次，便教莺语太丁宁。

其三

熟知茅斋绝低小，江上燕子故来频。

衔泥点污琴书内，更接飞虫打着人。

还是那条碧波荡漾的溪，还是那栋白茅草盖成的草堂，春色、春花、春鸟、江亭，全都未变，诗人的情感却已完全不同。花开得太繁，招人烦；莺叫得太欢，让人心头乱。江上燕子来回穿梭，太扰人了。

曾经那般热爱大自然，热爱着大自然的一花一草、一虫一鸟的杜甫，为何突然像变了一个人一样？

"中原未得报平安，醉里眉攒万国愁。"黄庭坚在《老杜浣花溪图引》一诗中，一语道出老杜心声。

草堂周围的景色再美，一家人的生活再安定，国难未除，百姓就依然在受苦，杜甫的心就难得有真正的放松与快乐。乐景引哀愁，那份愁反倒更浓。这才是那一春一夏，诗人最真实的心态吧。

百忧集于心

在历史的烟尘中，世界上曾有广厦千万，却是"眼看他起高楼，眼看他楼塌了"。塌掉了，也就塌掉了，不过化为一堆废墟烟尘，之后烟消云散，沧海桑田，再无痕迹。

世界上却有那么一栋小小的茅草屋，静静地立在浣花溪畔，千百年过去，狂风、暴雨、地震，都无法动摇它的地位。因它早已和我们伟大的诗人一起化为一块丰碑，矗立在世人的心上。

去成都，不去看杜甫草堂，这一趟成都之行就成了没有灵魂的旅行。

成都草堂，如乱世里的一叶小舟，曾给过杜甫最安适的梦境，也给过他乘风破浪，继续生活下去的勇气。在那里，他把军国大事、民生疾苦这样的宏大题材都悄悄收起，开始以美的眼光，观照草堂内外的平凡生活，从一草一木，到一虫一鱼，几乎无物不可走入他的诗国。这在他的诗歌创作历程中，也是一个全新的拓展。

杜甫将诗与日常生活紧密联系在一起，写着他的所见所闻，抒发他的所思所感。他细心地收集美，也不惧写生活中的丑与痛。一株病橘，一棵枯棕，一只最普通的花鸭，一次拔树掀屋的可怕大风，都成了他吟咏的对象。

在对平凡事物的吟咏中饱含深沉寄托，这让杜甫的咏物诗有了超越凡笔的力量。

浣花草堂，有风轻云淡，花月静好，亦有狂风骤雨，让人肝胆俱裂。

上元二年（761）秋天，一场巨大的风雨席卷草堂，彻底将杜甫一家在草堂的静好生活撕破。

那场风雨，到底有多可怕，竟然把草堂前一株有200年树龄的楠树连根拔起。杜甫亲眼看到那棵老树在风雨中挣扎搏斗的场景，他的心碎了：

倚江楠树草堂前，故老相传二百年。

诛茅卜居总为此，五月仿佛闻寒蝉。

东南飘风动地至，江翻石走流云气。

干排雷雨犹力争，根断泉源岂天意。

沧波老树性所爱，浦上童童一青盖。

野客频留惧雪霜，行人不过听竽籁。

虎倒龙颠委榛棘，泪痕血点垂胸臆。

我有新诗何处吟？草堂自此无颜色。

杜甫当初选择在此地建草堂，很大的原因就来自那棵老楠树。那棵几乎200岁的老树，撑开巨大的树荫，为诗人挡开了夏日的炎炎烈日。五月的蝉声，自枝叶间流淌，带给人的是阵阵凉意。

草堂在老楠树的怀里，杜甫在草堂的怀里。他曾多少次在树下听风吟鸟鸣，与南邻北舍在树下谈天说地。那场撼天动地的风雨，却把那一切彻底毁了。风过雨停，老楠树如一条气尽的苍龙倒在荆棘丛中。面对满地的残枝败叶，诗人只能仰天长叹：

我纵然有新诗，又该站在何处去吟？

那场风雨，刮倒了杜甫最爱的老楠树。失去了老楠树的庇护，杜甫苦心经营的草堂也赤裸裸地暴露在风雨之中，它被狂风卷走了屋上的茅草，大雨如注，倾入室中。

一家人的栖息之所，诗人的精神寄托地，在一瞬间都被狂风卷走了。诗人真真是欲哭无泪：

八月秋高风怒号，卷我屋上三重茅。

茅飞渡江洒江郊，高者挂罥长林梢，下者飘转沉塘坳。

南村群童欺我老无力，忍能对面为盗贼。

公然抱茅入竹去，唇焦口燥呼不得，归来倚杖自叹息。

俄顷风定云墨色，秋天漠漠向昏黑。

布衾多年冷似铁，娇儿恶卧踏里裂。

床头屋漏无干处，雨脚如麻未断绝。

自经丧乱少睡眠，长夜沾湿何由彻！

安得广厦千万间，大庇天下寒士俱欢颜，

风雨不动安如山！呜呼！何时眼前突兀见此屋，吾庐独破受冻死亦足！

"八月秋高风怒号，卷我屋上三重茅"，此句一出口，耳边即是凄厉悠长的风号声，雷声震地，眼前是黑云翻滚。可怜那躲在草堂檐下的一家人，只能在风雨中随着嘎吱摇晃的草堂抖作一团……

屋顶上的茅草被卷走了，年老的诗人，曾徒劳地张着双手去追赶。那些被扬上天空的茅草却再也找不到回来的路。它们纷纷扬扬，飘落到江的对岸，挂在了高高的林梢，被吹得稍低一点的，飘飘悠悠落进了水塘洼地。

总而言之，那场风雨把杜甫一家人害得很苦。他眼睁睁看着南村群童把他家屋顶上被卷走的茅草抱走了，喊到口干舌燥也没有任何用，回来只能拄杖望天，独自叹息。

风停了，墨一样的云铺满天空，天早早就黑了。草堂被风雨袭击之后的样子，惨不忍睹。经年的旧被子，冰冷似铁，还被睡觉不老实的小儿子给蹬破了，露出旧棉花。屋顶茅草被人抱走后，雨漏得厉害。屋外雨声如麻，屋内雨脚似线。

在那样的风雨之夜，诗人怎能入睡？他为明天的生活无着而愁，更为天下像他一样的寒士而忧。

诗的最后几句，是诗人在那个风雨之夜，为天下寒士所作的诚挚祈祷，亦是这首诗的魂。是诗人用他满怀悲悯的仁者情怀，对处在凄风苦雨中的天下寒士所表达的无私关怀。

宋代大政治家王安石，视杜甫为自己的偶像，是杜甫的"狂热粉丝"。当年他在舒州任通判时，曾搜罗杜甫诗作辑录成集，并写下一篇情文并茂的《老杜诗后集序》。据说，王安石曾对着杜甫的画像泪流不止："宁令吾庐独破受冻死，不忍四海赤子寒飕飕。伤屯悼屈止一身，嗟时之人我所羞。所以见公像，再拜涕泗流。推公之心古亦少，愿起公死从之游。"

一场突如其来的大风雨，拔掉了杜甫家门前的楠树，弄破了他的草堂，也带走了诗人一年多的闲适心情。雨过风停，面对草堂周围的一片狼藉，面对妻儿的满脸愁苦，杜甫的眉头又深深地挤往一处。

他想念故园了，想念故园那个健如黄犊的少年，在八月的庭院里，敏捷地在枣树、梨树上攀上爬下。

那时，他才15岁，生活在他的面前，还是一幅温馨的画。

> 忆年十五心尚孩，健如黄犊走复来。
> 庭前八月梨枣熟，一日上树能千回。
> 即今倏忽已五十，坐卧只多少行立。
> 强将笑语供主人，悲见生涯百忧集。
> 入门依旧四壁空，老妻睹我颜色同。
> 痴儿未知父子礼，叫怒索饭啼门东。

半生已飘过，倏忽已五十。欢笑的日子似乎已在少年时代挥霍完了，如今只剩下百般忧虑集于心中。走到室外，满眼疮痍；回到室内，家徒四壁。老妻尚能理解诗人的心情，只是无言地与他四目相对。为饥饿所折磨的儿女们，却丝毫体会不到父亲的苦楚，见他从外面回来，就挤在门口，气鼓鼓地向他要饭吃。

一首《百忧集行》，不用成语典故，未见炼字之苦，直书其事，无一语抒情，但其心中忧思，千百年后读来，仍然能让读者感同身受。

可喜故人来

上元二年（761）秋天，一场无情的风雨打破了杜甫一家在草堂的平静生活，让他们刚刚好转的日子再次走向窘迫。杜甫的好心情荡然无存，原本多病的身体也更加虚弱。

国事，家事，人事，事事皆让人忧。

一首《野望》，颇能代表那段时间杜甫的心境。

> 西山白雪三城戍，南浦清江万里桥。
> 海内风尘诸弟隔，天涯涕泪一身遥。
> 唯将迟暮供多病，未有涓埃答圣朝。
> 跨马出郊时极目，不堪人事日萧条。

此诗题为《野望》，应是诗人某次在郊野远望时的即兴之作。主要内容却不是所见之景，而是所兴之感。

远望西山白雪，边关形势让人忧心，近观清江流水，悲叹思归不能。由远方诸弟至孤身天涯的自己，由自身老病交加想到未能报答朝廷，万千心绪，曲曲折折，最终落于"不堪人事日萧条"。"诗圣"亦是"情圣"也。

杜甫如此忧心意难平，不仅仅为眼前愁云惨淡的日子，更为国事时局。

上元二年（761），蜀中这个曾远离战乱的和平世界，也开始乱象丛生。

是年四月，剑南东川节度兵马使段子璋叛乱，在绵州袭击了节度使李奂，自称梁王。时任西川节度使的崔光远，率领部队攻克绵州，斩杀段子璋，平复了叛乱。

这原本是一件大快人心的事。谁料一波刚平，一波又起。崔光远的属将花敬定，战场上是一员猛将，生活中却暴戾无比，奢华无度。他自恃平叛有功，攻占绵州后，开始大肆劫掠。他的部下，为抢夺百姓手镯，甚至残忍地砍断妇女的手腕。

部下的倒行逆施，超出了崔光远的控制，他只能听之任之。这对朝廷、百姓来说，都是不能容忍的事情。这年十月，崔光远被朝廷怒责，不日竟忧愤成疾，撒手西去。

杜甫虽身在草堂，远离了朝廷，但他对时局却是洞若观火。崔光远的悲剧，早就隐隐影射在他的诗中。

锦城丝管日纷纷，半入江风半入云。

此曲只应天上有，人间能得几回闻？

——《赠花卿》

这首诗里的花卿即崔光远的部将花敬定。杜甫在另一首诗《戏作花卿歌》中曾明言："成都猛将有花卿"。

封建社会，等级森严，即使日常用于娱情的音乐，也有着严格的区分。到唐朝，这种等级界限更为分明，唐高祖李渊即曾命太常少卿祖孝孙考订大唐雅乐："皇帝临轩，奏太和。王公出入，奏舒和。皇帝食举及饮酒，奏休和。皇帝受朝，奏政和。皇太子轩悬出处，奏承和。"

作为大唐将领，花敬定不会不熟悉当朝的礼法，更不会不明白触

犯礼法的后果。他却公然在自己府上享用天子礼乐，明目张胆地僭越。

"此曲只应天上有，人间能得几回闻？"后世人多借用此句形容乐声美妙，胡应麟在《诗薮》中说："杜甫七绝惟'锦城丝管'一首近太白。"意思是杜甫此诗风格飘逸，酷似李白。此诗主题即在描绘音乐，与其他无关。清代杨伦则认为："似谀似讽，所谓言之者无罪，闻之者足戒也。"此诗乃是对花敬定僭用天子之乐的暗讽与对后人的警示。这两种说法各有道理。真正的答案，也许只有远去的杜甫知道了。

"诗无达诂"，《赠花卿》是一典型例子。如何解读在个人，诗中所记载的史实却在那里。花敬定此越礼之举，间接送了其上司崔光远的命，却给杜甫带来了新的转机。

这年十月，崔光远死后，朝廷让蜀州刺史高适暂代成都尹的职位。

高适来成都了。这个消息让病中的杜甫精神大振。因病体缠绵一时无法前去拜访，杜甫遂以诗代简，他写诗给一个叫王抡的侍御，望他代邀请高适前来草堂。

他在诗中向王抡道：老夫近来睡得还算安稳，早上懒散不愿起床。我的草堂里已经非常寒冷了，只有到了天气暖和的时候才打开大门。一条幽径伸向江边，江边鹳鸟在水中嬉戏。邻家的鸡，又从矮墙上飞过来了。您不是曾经屡次许诺要携带着家酿美酒来看我吗？可是一直没来，是不是公务繁忙没有时间呀？还有那个位高权重的高使君，也忘记了来这里折野梅花了吧？若您能依仗御史霜威，敦促咱们这位征南将军前来，我非要让你们在这草堂里大醉一回才行。

这位王侍御，倒是个爽快之人，接到杜甫的诗后，很快就带着美酒来了，同行的，还有杜甫的老友高适。

诗友相聚，把酒言欢。草堂上空又传来久违的欢笑声。这次聚会中，几位友人相约共用"寒"字赋诗，惜王、高二人的作品均不得见，只有杜甫一首《王竟携酒，高亦同过，共用寒字》流传下来。

卧病荒郊远，通行小径难。

故人能领客，携酒重相看。

自愧无鲑菜，空烦卸马鞍。

移樽劝山简，头白恐风寒。

那个冬天，因王抢、高适等友人的时常来访，寂寞的草堂又有了生机。

一壶浊酒，一份粗茶淡饭，两个惺惺相惜的朋友，便足以对坐长饮。尤其高适，与杜甫情谊更是非同一般。他们有共同的志趣追求，有着相似的家国之忧，年少轻狂时曾一同纵马风流，而今容颜苍老，情谊却比旧时更为炽烈。

很多时候，都是高适主动携酒前来，来了，也不计较有无下酒菜，坐下就喝，兴尽而回。家事、国事、天下事，两个身经磨难、面容沧桑的男人，有说不完的话题。

可惜两位老友这样的快意对饮，也只维持了短短两个月。两个月后，严武被任命为成都府尹兼御史大夫，高适则重回蜀州做刺史。

好在来代替高适的是严武，杜甫心头的失落才会少一点。

严武与杜甫亦是故交，二人同在长安为官时就关系深厚。当年受朝廷党争影响，严武被调到巴州做刺史，杜甫来蜀之后，两人也常诗信来往。严武一直欣赏杜甫的才华，曾多次鼓励他为朝廷做事。他的到来，倒让杜甫再次看到了一丝实现理想的希望。

宝应元年（762），又一个春天光顾草堂。前一年秋天的风雨已经远去，草堂内，又是一片生机盎然。桃花、李花乱开，丁香、栀子花抽出嫩绿的枝芽，还有家里养的花鸭，每每在阶前缓行，都会让杜甫出神半天。

一支诗笔，在此时的杜甫手上已能随心所欲地支配，江边小景，草堂花木，哪怕再平凡，也会给诗人带来创作冲动。《江头五咏》即是他在这个春天写下的一组咏物诗。

五首诗，分别咏江村所常见的植物、动物，春日之景，因其生动传神的描绘，又因注家普遍认为此五咏有着深刻的寄托，这一组小诗在杜甫诗集里也有了一席之地。

丁香

丁香体柔弱，乱结枝犹垫。

细叶带浮毛，疏花披素艳。

深栽小斋后，庶近幽人占。

晚堕兰麝中，休怀粉身念。

丽春

百草竞春华，丽春应最胜。

少须颜色好，多漫枝条剩。

纷纷桃李姿，处处总能移。

如何此贵重？却怕有人知。

栀子

栀子比众木，人间诚未多。

于身色有用，与道气伤和。

红取风霜实，青看雨露柯。

无情移得汝，贵在映江波。

鸂鶒

故使笼宽织，须知动损毛。

看云莫怅望，失水任呼号。

六翮曾经剪，孤飞卒未高。

且无鹰隼虑，留滞莫辞劳。

花鸭

花鸭无泥滓，阶前每缓行。

羽毛知独立，黑白太分明。

不觉群心妒，休牵俗眼惊。

稻粱沾汝在，作意莫先鸣。

"江头之五物，即是草堂之一老。时而自防，时而自惜，时而自悔，时而自宽，时而自警。"浦起龙在《读杜心解》中如此评五咏诗。

《丁香》自喻被朝廷弃置远方，安分隐退，不复更怀末路之荣以贾祸；《丽春》则叹竞进者多，而自己独守耿介，不移本性，更不愿意为人所知；《栀子》自伤原本为有用之才，却孤冷不合于时，甘愿终老于江湖；《鸂鶒》则自况失位于外，无心求进，有留滞之叹，但当安于义命；《花鸭》自戒，慎独少言，不要再重蹈昔日直言遭斥的覆辙。

明末藏书家顾宸亦对此评曰："《丁香》，立晚节也。《丽春》，守坚操也。《栀子》，适幽性也。《鸂鶒》，遣留滞也。《花鸭》，戒多言也。此虽咏物，实自咏耳。"

注家从五诗中探究杜甫寄托的深意，笔者却从中读出诗人洋溢的生活情趣。一个种着丁香、栀子，春花竞放的小院，院前院后还养着花鸭和鸂鶒，那样的所在，在现代都市人眼里，终究还是让人羡慕的。

其实，不光千百年后的我们羡慕，在当时朋友们的眼中，杜甫在草堂的日子也是令人羡慕的。譬如严武，他就曾在《寄题杜二锦江野亭》一诗里大大地调侃了杜甫一番：

杜甫传

228

漫向江头把钓竿，懒眠沙草爱风湍。

莫倚善题《鹦鹉赋》，何须不着鹔鹴冠。

腹中书籍幽时晒，肘后医方静处看。

兴发会能驰骏马，应须直到使君滩。

严武头年十二月到成都赴任，还未来得及到杜甫草堂拜访，就先以文人的想象把杜甫在草堂的美好生活勾勒了一遍：

杜二你小日子过得够潇洒呀，在江边钓钓鱼，懒洋洋地躺在草地上晒晒太阳，听听流水声。你可不要仗着自己有堪比祢衡即席作《鹦鹉赋》的才华，就不来朝廷做官。《世说新语》中载郝隆曾仰卧在正午的太阳下，别人问他那是做甚，郝隆答："我晒腹中书。"你杜二闲时大概也是在晒你那满腹的书籍吧。葛洪曾抄《肘后备急方》，你一定也常在僻静处看这些医方了。

一番调侃后，严武才言归正传：你要是一时兴起，骑着骏马到我这儿来，才好呢。

接到老友如此热情洋溢又风趣幽默的"邀请函"，杜甫当然高兴，赶紧铺纸提笔回信，即《奉酬严公寄题野亭之作》。

拾遗曾奏数行书，懒性从来水竹居。

奉引滥骑沙苑马，幽栖真钓锦江鱼。

谢安不倦登临费，阮籍焉知礼法疏。

枉沐旌麾出城府，草茅无径欲教锄。

他对老友诗中所提一一回应，并转而盛情邀请严武出城，来他的草堂做客。

严武说，你再来朝廷做官吧。

杜甫回，过去我当拾遗的时候掌供奉，曾经骑着沙苑监良马奉引御驾，后因上疏救房琯而遭斥，从此我老杜就甘心隐居于这水竹之间，早已绝了复出经仕的心了。

严武说，你真的甘心就这样下去吗？

杜甫回，我生来性情疏懒，跟阮籍一样，为礼法之士所不容，如今幽栖在这草堂之内，钓着锦江里的鱼，这种生活，已经习惯啦，也不想再有什么改变了。

严武说，你一时兴起的话，骑马来玩，我双手欢迎啊。

杜甫回，你像谢安一样爱登山临水，要是你能在旌麾仪仗队的簇拥之下，从城中公府中出来，那我马上就请人在茅草丛生、无路可通的门前铲出一条路来，恭候你大驾光临。

一来一回，一问一答，两位诗人的睿智风趣，真情率性，尽现诗中。

严武接到杜甫的诗后，果然带了一队随从，浩浩荡荡地往杜甫的草堂而来。

那是杜甫草堂极少有的事。朋友来访是常事，但像严武那样大张旗鼓，仆从如云，一路赏玩着风景乘兴而来的场景，还是少见。杜甫把那个场景也记录进了《严中丞枉驾见过》中：

元戎小队出郊坰，问柳寻花到野亭。
川合东西瞻使节，地分南北任流萍。
扁舟不独如张翰，皂帽还应似管宁。
寂寞江天云雾里，何人道有少微星。

杜甫传

从诗中可以看出，严武这次到访，再次提到了让杜甫出仕。杜甫也再次拒绝了，他道：你是统管东西两川受人尊敬的使节，我是南北到处漂泊的浮萍。世上不是只有驾扁舟弃官而去的张翰，还应该有戴黑帽而避世的管宁。在这寂寞的江面上，天空广阔，云雾弥漫，又有谁会提起我这颗似隐士的少微星呢？

杜甫的拒绝丝毫影响不了老朋友之间的友情。也许严武从来都没有放弃要拉杜甫出仕的念头。他来草堂的次数更加频繁。有时带着几个随从，有时便衣轻装，携一瓶酒就径自前来。

严武有好酒，杜甫有好诗。两人一起在江边钓钓鱼，到城西赏赏晚霞，到竹林中来一次野炊。杜甫的脸上露出了难得的笑容。

杜甫虽然拒绝了朋友邀请他出仕的好意，却未曾放下过对时事的关注，他为朋友的文才武略而骄傲，更希望他能安边报国，建立功勋："汲黯匡君切，廉颇出将频。直词才不世，雄略动如神。"

严武有时也会邀请杜甫去参加府尹厅的宴会，在那里，杜甫得以观阅《蜀道画图》，并即兴赋诗，表达自己对西蜀形势的关切。

> 日临公馆静，画满地图雄。剑阁星桥北，松州雪岭东。
> 华夷山不断，吴蜀水相通。兴与烟霞会，清樽幸不空。

这年春天，成都一带遭遇干旱，路上尽是满脸菜色的愁苦农家人。杜甫愁苦交结，为此写了《说旱》一文，呈给严武。

在这篇散文中，杜甫向严武分析了此次大旱的原因：可能是牢狱中冤案太多，怨气凝结。他建议严武重新审理监狱里的囚犯，对死刑犯之外的人法外开恩。如此一来，怨气消了，甘霖自会降临。

他还指出，蜀地百姓的苛捐杂税太多了，应该适当减轻，对那些兵亅家中的赋税，应当减免，并且应该派官史去慰问那些鳏寡孤独之人。

杜甫在文中称："谷者百姓之本""至仁之人，常以正道应物，天道远，去人不远"。他希望严武来蜀，以施政仁为本，合乎天理正道。

在严武心中，杜甫本就是一位德高望重的前辈，加之他初任成都尹，也满腹治世抱负，对于杜甫提出的建议，他有选择地采纳了，比如把一些服役很久的兵丁放归务农。此举深得民心，当然更让杜甫高兴。

春社，亦称春社日，是指立春后第五天祭祀土地神的日子。春社日近，成都郊外的江村，处处花红柳绿。那天清晨，杜甫的心情大好，便步出草堂随意到郊外散步，不想被一位田翁拉到家里去了。原来，田翁攒了好多关于严中丞的话，想同杜甫说。

田家人自酿的春酒，劲头十足。几杯酒下肚，老人家就喝高了，回头指着身后的大儿子就打开了话匣子：我儿他原来是个弓箭手，名字登在飞骑军的军籍上，服兵役有些年月了。前几天被允许回家务农，这才救了老朽。以后就算是差役赋税重得逼人致死，我也决不把家搬走……

杜甫就着老翁的唠叨下酒，一杯接一杯，不觉间就喝得有点高了，站起来想走，一次，两次，三次，都被那个老田翁给拉住了。老翁喊老伴儿出来把大酒瓶打开，给杜大人用大盆盛酒。盛情难却，杜甫只得一次次坐下来。酒逢知己千杯少，老田翁对严中丞的赞美与感谢，也让杜甫由衷地替朋友骄傲，为那一家人开心。

两人从早晨坐下喝酒，竟然一直喝到月出东山。那天，杜甫和老田翁都喝醉了。

杜甫传

步屧随春风，村村自花柳。田翁逼社日，邀我尝春酒。
酒酣夸新尹，畜眼未见有。回头指大男，渠是弓弩手。
名在飞骑籍，长番岁时久。前日放营农，辛苦救衰朽。
差科死则已，誓不举家走。今年大作社，拾遗能住否？

叫妇开大瓶，盆中为吾取。感此气扬扬，须知风化首。

语多虽杂乱，说尹终在口。朝来偶然出，自卯将及酉。

久客惜人情，如何拒邻叟。高声索果栗，欲起时被肘。

指挥过无礼，未觉村野丑。月出遮我留，仍嗔问升斗。

这首《遭田父泥饮美严中丞》，借一位田间老翁的话，既赞美了严武的仁政深入民心，又赞美了劳动人民的淳朴与热情，可谓一箭双雕。

那个老田翁，多可爱啊。杜甫一次次起身要走，他又一次次拽着诗人的胳膊肘把他按回座位，又高声喊着拿果子、板栗来下酒。

月上梢头，诗人终于起身要走了，趔趔趄趄站起来，随口问了一句：今天喝了几升几斗酒呵？哪料想这一问，倒让老人生气了："酒有的是，这个你不用问。"

整个酒宴上，田翁指手画脚甚至动手动脚，真是活脱脱的乡村老汉儿形象。今天回农村，也会遇到这样无法推却的热情挽留。

老翁为何对杜甫如此热情？不用说，他心中高兴。儿子被放归务农，一下子消除了他的愁情。高兴之余还有感激，严中丞是杜甫的好朋友，时常来往于草堂，他们怎么会不知？

若知眼前这位大诗人曾作过《说旱》一文，而他的大儿放归也许正得益于诗人的建议，老田翁指不定还要把杜甫灌成什么样儿呢。

在《说旱》一文中，杜甫曾告诫严武："和气合应之义也，时雨可降之征也。"施政顺应天道人心，时雨可降也。事实果真应验。那个春天降下的一场大雨，洗去了诗人满心满脸的忧愁。

草堂内凭栏眺望，远有江面上波涛汹涌，近有鹳鹤在雨中闲庭信步，杜甫顿觉神清气爽，百病立消，连药物似乎都可以停服了。

那座为秋风所破的茅草屋已经经不住这么大的雨了，屋外大雨倾盆，屋内雨脚似线如麻，自己的茅屋漏点雨又怕什么？这场雨能让多少庄稼长高啊！杜甫不忧反喜："风雷飒万里，霈泽施蓬蒿。敢辞茅屋漏，已喜黍豆高。"

身居草堂，心忧天下。"诗圣"的这颗悲悯心，从来不曾改变过。

此生哪老蜀

762年，大唐再改年号，由上元改为宝应。这一年，于杜甫和大唐来说，都是极为动荡的一年，也都是转折的一年。

两年前的七月，宦官李辅国为巩固自己的政治地位，趁肃宗患病之际，矫诏强行把玄宗迁居西内，并把玄宗身边的亲信以种种罪名清洗：高力士以"潜通逆党"的罪名流放巫州，陈玄礼被勒令致仕，玉真公主出居玉真观。

两年来，玄宗独居西内，每日郁郁寡欢，宝应元年（762）四月甲寅，玄宗结束了这种凄惨的晚年生活，终年78岁。

彼时，肃宗也正缠绵病榻，病中听到太上皇去世的消息，病情越发加重。

皇宫大内，政治斗争此起彼伏，尤其在面临皇权更迭之时，这种斗争会走向白热化。

李辅国，前半生在宫中默默无闻，却时时蓄势待起。他先是攀附高力士，由高力士再推荐给太子李亨。李亨灵武即位，他立了大功。回长安后，李辅国加官晋封，渐渐成了肃宗眼中的红人。

李辅国在宫中压抑多年，一朝得势，权力欲望极度膨胀。大臣们递上来的奏章，他直接越过皇上就自作主张，对那些稍不顺从的大臣，他轻则严刑拷打，重则杖毙。为巩固自己的地位，他还在宫中各处安插耳目，窥探、收集各类情报。一时之间，朝中为这种恐怖气氛所笼

杜甫传

罩，大小官吏，人人自危，宫中轻易不敢自由交谈。

眼看着李辅国及其附党程元振等人越来越嚣张，甚至连肃宗也不放在眼里，早年间与李辅国勾结一处的张皇后也不由心生警惕。肃宗病危，张皇后急召太子李豫："李辅国现在手握禁军，气焰熏天。他假传圣谕，图谋不轨久矣，如今皇上病重，你又年幼，一旦皇上有个三长两短，情势就危险了。不如现在提早动手，先下手除掉他！"或许李辅国命不该绝，太子一听张皇后的话眼泪就流下来了："陛下疾甚危，二人皆陛下勋旧之臣，一旦不告而诛之，必致震惊，恐不能堪也。"

见太子不从，张皇后索性一不做二不休，干脆连太子也一起废掉。她转而联络越王，欲安排武士埋伏在长生殿内伺机刺杀李辅国，改立越王李系。孰料李辅国、程元振等人宫中耳目太多，张皇后的密谋被提前泄露，长生殿内，李辅国命人气势汹汹地带走了越王一众人等。彼时，肃宗已是命悬一线，他眼睁睁看着张皇后被李辅国捆绑牵引出自己的寝室，活生生勒死了。随后，李辅国又逮捕了几十个皇室亲信，把越王与兖王也杀死了。

面对这血腥一幕，肃宗又惊又怕，一命呜呼。时年52岁。与其父玄宗逝世相隔不过半月。

一月内死了两个皇上，张皇后、越王李系、兖王李僴，也皆被李辅国杀了。朝廷内进行了一次大洗牌，是年四月，太子李豫登基，是为代宗。

李辅国手握禁兵，又依仗拥立新皇之功，根本不把新皇帝放在眼里，他公然对代宗说："大家但居禁中，外事听老奴处分。"

代宗心有不满，但因李辅国此时尚手握禁军兵权，也不得不在表面上应付一下。他称李辅国为尚父，朝中事无论大小，他都要向李辅国请示。群臣出入，也要先去拜见李辅国。

这就是宝应元年的政局。

因山水迢遥，消息又闭塞，远在成都的杜甫，还没有受到朝中风云变幻的影响，依然沉浸在自己的悲喜世界里。

朝局的变化却很快就影响到了他的朋友严武。代宗即位，欲重用严武。

七月，严武被召回朝，入为太子宾客，迁京兆尹兼御史大夫。但他此次入朝的实际任务，是任充陵桥道使，负责监修玄宗、肃宗父子的陵墓。

听到这个消息，杜甫陷入了矛盾复杂的心情中。平心而论，这于朋友严武的仕途来说，是一次大好的机会。严武腹有经纶，应该到更大的政治舞台上去施展他的才华。但严武是杜甫一家在成都的最好依靠，这也是事实。

杜甫却从不会为私情而影响自己对大局的判断，他写诗给严武，大大地鼓励了他一番：

> 鼎湖瞻望远，象阙宪章新。四海犹多难，中原忆旧臣。
> 与时安反侧，自昔有经纶。感激张天步，从容静塞尘。
> 南图回羽翮，北极捧星辰。漏鼓还思昼，宫莺罢啭春。
> 空留玉帐术，愁杀锦城人。阁道通丹地，江潭隐白苹。
> 此生那老蜀？不死会归秦。公若登台辅，临危莫爱身。
>
> ——《奉送严公入朝十韵》

诗从结构上可分两部分：前半部分祝贺朋友应时而起，在这多难之秋被召回朝，可以安抚君王忧心。诗人甚至想象到朋友夜间听着漏鼓声，心中计算着入朝的时辰。后半部分则把笔触转向自己，朋友将沿着当年来蜀的路重返朝廷，自己则如浮萍一样留在这江边草堂孤老终生。

对朋友的深情祝福里，也有对自己命运不济的叹息。但不管怎么说，严武此次入朝，多多少少也还是给杜甫带来了一些希望。他对严武说：我这辈子哪能就老死蜀地？如果没死，一定要回到关中与你一样效忠朝廷。若你将来能登上台辅之位，危难关头切莫只顾惜自身呀！

杜甫一直胸怀大志，意欲竭诚报国而不得，故把厚望寄于世交挚友严武。据《新唐书·严武传》中载，严武此次还朝后，曾"求宰相不遂"，可见杜甫在诗中的期待并非没有根据。

严武启程了，杜甫深情相送。山一程，水一程。杜甫一直送严武到绵州。

绵州，今四川绵阳东，在成都东北270里处。270余里，今天的高速列车也许不用两个小时就可抵达，旧时却可能要跋山涉水走上好几天。杜甫的深情，怎能不令严武感动？途中，他写《酬别杜二》来回应杜甫送给他的诗。

"未效风霜劲，空惭雨露私。"严武说，自己未能靖乱却独蒙新帝召见，心中实在有愧。

"但令心事在，未肯鬓毛衰。"严武又接着在诗中表达了自己的志向，这也是他对杜甫"临危莫爱身"的正面回应吧。

至绵州后，杜甫和严武是真的要分开了。绵州刺史听说严武经过，急急前来相见，并于江畔一座江楼上设宴款待。一场宴席，从日落时分吃到月出参横、东方渐白。两人原定要在绵州分别的，那夜却在江边喝酒喝到近天亮。杜甫又自绵州送出三十里，到奉济驿，二人才依依不舍地挥手告别。杜甫还写下了一首《奉济驿重送严公四韵》：

> 远送从此别，青山空复情。几时杯重把，昨夜月同行。
> 列郡讴歌惜，三朝出入荣。江村独归处，寂寞养残生。

千里相送，终须一别。送君至此，就此别过吧。看那青山空自惆怅，倍增人之离情。想想昨夜我们还在夜色中同行，此时一别，何时还能再"月同行""杯重把"？蜀中东、西二川各地百姓都讴歌你，舍不得你离去。你三朝为官，多么光荣。而你走后，我只能独自回到江村，寂寞地度过残生。

此首别诗，比前一首更显多情沉痛。

黄生串讲此诗道："发端已觉声嘶喉哽，结处回思严去之后，穷老无依，真欲放声大哭。虽无'泪'字，尔时语景，已可想见矣。送别诗至此，使人不忍再读。"

诗人贫老多病，流落异乡。严武这样的世交好友，原本是杜甫困窘时最可依靠的人，如今也走了，怎不教杜甫忍泪吞声？

在奉济驿，杜甫与严武挥泪而别。严武继续往长安方向走，杜甫则回绵州。两人还未从离情忧伤里回过神来，更悲惨的事情发生了。

是年七月十六日，剑南西川兵马使徐知道起兵造反。徐知道原本是成都少尹兼侍御史，严武离任返朝，他自行宣布为成都尹兼剑南节度使，并趁成都空虚，勾结邛州兵占据西川，派兵占领了剑门关还抢掠府库，残害百姓。繁华富庶的成都，一时陷入巨大的混乱与恐怖中。

突如其来的叛乱，改变了两位老友的行程。徐知道乱军封锁了进出成都的交通要道。杜甫回不得成都，只能暂留绵州。严武被困巴山，前进不是，后退也不是。

好在，那场叛乱持续的时间并不太久，八月，徐知道与自己的部下发生矛盾，为其部将李忠厚所杀，叛乱平息。但严武直到九月九日还停留在巴山小驿。

在这期间，二人也曾互相赠诗，以寄托对彼此的思念之情。

杜甫写《九日奉寄严大夫》：

九日应愁思，经时冒险艰。

不眠持汉节，何路出巴山。

小驿香醪嫩，重岩细菊斑。

遥知簇鞍马，回首白云间。

诗人在绵州，想象着严武被阻于巴山小驿，九日借酒浇愁，并驻马远眺，怀念自己。不写自己念严，而写对方望己，更显其深情。

严武的《巴岭答杜二见忆》，也写得极为深情：

卧向巴山落月时，两乡千里梦相思。

可但步兵偏爱酒，也知光禄最能诗。

江头赤叶枫愁客，篱外黄花菊对谁？

跋马望君非一度，冷猿秋雁不胜悲。

王嗣奭曾评此二诗："读二诗，见二公交情，形骸不隔，可知欲杀之诬。"王嗣奭此评，有替二人辩诬之意。后来杜甫入严武幕府，有人说他得罪严武，以至于严武一怒之下曾要杀了他。想必是无稽之谈。

杜甫与严武的深情厚谊，山高水长，一路走来众人有目共睹，岂是三星两点的误解就能撼动的？

从绵州到梓州

宝应元年（762）七月，杜甫送严武出蜀入京，因徐知道兵变而双双被阻于途中。杜甫不能回成都，只得暂留绵州，寓居于涪水东津的一处公馆（官府招待所）。

客居他乡的日子，杜甫无所事事，登山临水，吟咏赋诗，聊遣客中寂寞和对家人的牵挂。滞留绵州时期，杜甫又写了不少诗。

绵州城外西北方向有一座百尺高台，上有高楼，登楼远眺，整座州城尽收眼底。高宗显庆年间，太宗第八子越王李贞任绵州刺史时，修建此楼。

某日黄昏，杜甫登楼，面对夕阳余照中的碧瓦朱甍，楼下清澈的长江水和西天的衔山落日，杜甫不由想起建造此楼的越王，当年的他是何等磊落，却不能安享此楼，而是将此楼留于后人欣赏。于是忍不住提笔写下这首《越王楼歌》：

> 绵州州府何磊落，显庆年中越王作。
> 孤城西北起高楼，碧瓦朱甍照城郭。
> 楼下长江百丈清，山头落日半轮明。
> 君王旧迹今人赏，转见千秋万古情。

从诗的意境和气象上来看，这首诗在杜诗中并算不上出色，不过是一次寻常的访古探幽。仇兆鳌甚至认为"此章体格，仿王子安《滕王阁》，而风致稍逊。"但透过此诗，却可以看见杜甫当年被阻绵州的生活，也可以看见诗人那颗无处不在的诗心。

江山名楼可入诗，寓所旁边的一草一木、一虫一鱼亦可入诗。

在杜甫所居的公馆旁边，有一株海棕树，这棵高耸入云、鳞甲错落的高大绿植，亦被杜甫收入他的诗囊：

> 左绵公馆清江溃，海棕一株高入云。
> 龙鳞犀甲相错落，苍棱白皮十抱文。
> 自是众木乱纷纷，海棕焉知身出群。

移栽北辰不可得，时有西域胡僧识。

海棕，又名海枣、椰枣、波斯枣等，棕榈科，常绿大乔木，其果实呈长椭圆形，形似中国北方枣子，味极甘美。此树多见于中东地区，故杜甫诗中说只有"西域胡僧识"。

杜甫的咏物诗有化腐朽为神奇的力量，任是再寻常的风物，到了他的笔下，亦能书写出常人意想不到的新意与深意。松柏比节士，梅、兰、竹、菊比君子，中国传统文化中最为常见的这些比喻，杜甫嫌陈旧，故而弃之不用。他借海棕自比，自叹空怀满身经世之才而不被重用。

一首《海棕行》，让海棕这种舶来物种，有了深厚的文化象征意义，此乃杜甫之功也。

公馆靠近涪水东津，不论推窗，还是开门，江上忙碌的打鱼场景都能映入诗人眼帘。杜甫对钓鱼和打鱼的场景并不陌生，在他成都的草堂前，锦江江面，百花潭中，随处可见打鱼的场景。但像眼前涪水上渔人们划船拉网，截江捕鱼的壮观场面，杜甫还是第一次见。一网几百尾，看着网中蹦跳挣扎的那些大鱼小鱼，杜甫不禁动了恻隐之心，遂作《观打鱼歌》：

绵州江水之东津，鲂鱼鲅鲅色胜银。

渔人漾舟沉大网，截江一拥数百鳞。

众鱼常才尽却弃，赤鲤腾出如有神。

潜龙无声老蛟怒，回风飒飒吹沙尘。

饔子左右挥霜刀，鲙飞金盘白雪高。

徐州秃尾不足忆，汉阴槎头远遁逃。

鲂鱼肥美知第一，既饱欢娱亦萧瑟。

君不见朝来割素鬐，咫尺波涛永相失。

渔人截江捕捞，尽享丰收的欢悦，但离水的鱼儿，却再也不能在那浩渺的波涛中自由享受生的欢欣。杜甫此诗，显然是对人类贪婪欲望的感慨与控诉。那几天，他接二连三地去江边看打鱼，也一再为那些离水的鱼儿而慨叹：

苍江鱼子清晨集，设网提纲万鱼急。

能者操舟疾若风，撑突波涛挺叉入。

小鱼脱漏不可记，半死半生犹戢戢。

大鱼伤损皆垂头，屈强泥沙有时立。

东津观鱼已再来，主人罢鲙还倾杯。

日暮蛟龙改窟穴，山根鳣鲔随云雷。

干戈兵革斗未止，凤凰麒麟安在哉？

吾徒胡为纵此乐，暴殄天物圣所哀。

杨伦将此二诗视为"戒杀文"，言杜甫"体物既清，命意复远，一饱之后，仍归萧瑟，数语可当一篇戒杀文"。

劝人积善，心怀悲悯，是这两首诗的题中之意，却又不尽然。尤其第二首中"干戈兵革斗未止，凤凰麒麟安在哉"两句，更是把诗人的忧思表露无遗。安史之乱仍未平息，无数生灵涂炭，其情景与眼前这些挣扎的鱼儿何其相似。也正为此，平日并不戒荤腥的杜甫才动了悲悯之心。

杜甫在绵州游山逛水，登临歌咏，却一直闷闷不乐。妻儿老小，还在成都。蜀中叛乱何时能够平复，杜甫不得而知。一家人生活得如何，更让杜甫牵挂。绵州不是久留之地，他还得想办法。

一番打听，杜甫还真打听出一线希望：与杜甫在长安时有过交情的汉中王李瑀，此时正在梓州（今四川绵阳市三台县）。

李瑀，唐睿宗李旦之孙，让皇帝李宪之子，与汝阳王李琎是亲兄弟。安史乱前，杜甫旅食长安，与李氏兄弟多有往来。一别几年，对方是否还顾念昔日情分，杜甫也猜不透，于是他先写了《戏题寄上汉中王三首》，以探口风。

> 西汉亲王子，成都老客星。百年双白鬓，一别五秋萤。
>
> 忍断杯中物，只看座右铭。不能随皂盖，自醉逐浮萍。

这首诗，读来颇有轻松调侃之意：您是皇帝嫡亲的汉中王子，我是客居成都的老人，咱俩都已两鬓苍苍，加起来超过百岁了。长安一别，已有五年，如今即将再聚，本打算多喝几杯，谁料您竟然戒酒了，整天只盯着案上的戒酒座右铭来看。不能追随您的车驾去赴那无酒的宴会，就让我这个像浮萍一样的旅人自饮自醉吧。

第二首，则正面引诱汉中王破例饮酒："蜀酒浓无敌，江鱼美可求。终思一酩酊，净扫雁池头。"

第三首有戏词，更有对战乱时局和人生的慨叹："群盗无归路，衰颜会远方。尚怜诗警策，犹记酒癫狂。"

"三首俱带索饮意，故曰'戏题'。"仇兆鳌如此评论此三首诗，或许是轻了。细读三首，"戏"不过是一种无奈的掩饰，用来掩饰诗人的清高好胜，掩饰不得不求人的窘迫。

杜甫"醉翁之意不在酒"，明索酒，暗求助。这一点，汉中王怎会读不透？于是也就有了杜甫接下来的梓州之行。梓州离绵州不远，离成都也又近了一些。杜甫决定离开绵州到梓州去，然后再想办法与成都的家人团聚。

乱世中的旅行，如同穿越一条漫长的生死线，一路上担惊受怕自不必说。这样的流亡，杜甫已经经历过太多，从长安逃往凤翔，从凤翔北征探家，每一次，都会将不同寻常的记忆铭刻于心，这一次，亦如此。

山行落日下绝壁，西望千山万山赤。
树枝有鸟乱鸣时，暝色无人独归客。
马惊不忧深谷坠，草动只怕长弓射。
安得更似开元中，道路即今多拥隔。

光禄坂，在梓州铜山。

徐知道乱军已成山贼，这些手持长弓的山贼，是杜甫一路上担惊受怕的最主要原因，所以他才在日落时分，如此急匆匆地赶路。

这条路上时刻都有遭遇山贼而丧生的危险，心再大的人也不敢有闲情逸致来观赏风景。落日下金红色的千山万水，树林间咿呀归巢的飞鸟，在诗人的笔下，没了昔日的安详，只成了他这位"独归客"的凄凉陪衬。

兵荒马乱，草木皆兵。开元年间的太平之景，已荡然无存。

旅途辛苦，异乡愁思，都让位于随时可能到来的生命危险，读时有让人揪心的恐惧感和紧张感。

好在，一路也是有惊无险。杜甫终于平安抵达梓州，在那里开始他的又一段漂泊生活。

杜甫传

飘零任转蓬

秋风起，天高云淡。高远的天空下，不时有鸟儿飞过。杜甫仰望长空，视线追随远去的飞鸟，直到它们没入云天深处，他才不得不收回视线，留下一声长长的叹息。

来梓州已经有些日子了，时间已不知不觉滑进了深秋。

这里的客居生活一样让杜甫心神不定。蜀中战乱依旧未平，亲人被阻成都。杜甫日里夜里都在苦苦筹谋一家人的生计。

从目前的形势看，成都草堂是不能再住下去了。

可他们又能去哪儿？去梓州吗？还是携眷出峡还两京？

入蜀这么久，杜甫第一次动了离蜀返乡的念头。他托人寄书信到草堂，并在《悲秋》一诗中表达此意：

> 凉风动万里，群盗尚纵横。
>
> 家远传书日，秋来为客情。
>
> 愁窥高鸟过，老逐众人行。
>
> 始欲投三峡，何由见两京。

梓州在成都东大约260里处，若有人捎脚，杜甫的家信要抵达成都草堂妻子的手上并不太难。果真，杨氏的回信很快就来了。这位一直以贤淑温柔示人的妻子，这一次在信中似乎情绪有点激动，她具体在信上写了什么不得而知，信写得很长，话说得很多，中心思想就是催促丈夫早点回去。

杨氏的来信，更是让杜甫陷入深深的悲哀与矛盾中。他常常整夜整夜地睡不着觉，起身卷帘，窗外残月西斜，让人心生凉意，回身躺下，远处涛声阵阵扰人，翻来转去，那漫漫长夜，不知如何度过。

> 客睡何曾著，秋天不肯明。卷帘残月影，高枕远江声。
> 计拙无衣食，途穷仗友生。老妻书数纸，应悉未归情。

有人曾以戏谑的口吻评价杜甫一生，称他是一个超级成功的大诗人，却又是个彻底失败的丈夫与父亲。他曾手握一手"好牌"——好歹也是个官家后代——却把那副"好牌"打得乱七八糟。杜甫一生颠沛流离，要依靠友人的接济过活。妻儿也要跟着他过着朝不保夕的日子。

这样的评价，有些近乎冷酷。杜甫的人生悲剧，与他自身的性格有关，更是那个时代所致。但这份评价，终究还是道出了连杜甫本人也不得不面对的一个现实：客居梓州的一个又一个无眠的秋夜里，在他心里翻江倒海的，不就是这些折磨诗人神经的家事和国事吗？

"老妻书数纸，应悉未归情。"因诗中有此两句，有评论家便断定杨氏的长信抵达梓州时，她可能并没有收到杜甫的家书。不知悉内情，才会在信中有催归之语。笔者在此处存有一问：杜甫乱中漂泊，居无定所，若不是他有家书在前，杨氏的长信又如何到达他的手上？也正因为有杜甫家书在前，杨氏知情而仍旧催归，才会让诗人陷入悲哀与矛盾之中。

当然，也仅是一种猜测而已。

杨氏的长信，让杜甫越发思家，也越发纠结。继《客夜》之后，他接着又写了《客亭》：

> 秋窗犹曙色，落木更高风。日出寒山外，江流宿雾中。

圣朝无弃物，衰病已成翁。多少残生事，飘零任转蓬。

夜以继日，愁思连绵。诗前半段写秋景，如一幅江南水墨画，意境辽阔而凄冷，后半段抒发被朝廷抛弃的孤忿之情，委婉蕴藉。

这年冬天，他回成都把妻儿接到了梓州。

乾元二年（759）年底到成都，次年春天草堂建成，再到宝应元年（762）冬，杜甫一家在草堂待了不足两年。那是杜甫一生中极为难得的一段悠游岁月。乱世飘零中，草堂俨然已是诗人心中的"家"。

成都兵乱，祸及草堂，杜甫回去接家眷时，草堂已是一片萧索，不复当时的静好模样。纵然如此，要离开自己亲手营建的草堂，离开这个此生也许再也回不来的家，还是需要莫大的勇气。五步一徘徊，十步一回首，走出好远，杜甫还忍不住回头，冬日惨淡的阳光下，草堂被一家人抛在了身后。

舍草堂，奔梓州，因为那里有个老友汉中王。谁料汉中王却在他们一家抵达梓州后前往蓬州（治所在今四川仪陇县）。命运似乎总喜欢与杜甫开这样的玩笑。

蓬州在嘉陵江东不远处，自梓州乘船顺涪江而下，至合川溯嘉陵江而上，抵达南部后舍舟登陆，即可抵达。距离虽然不远，但也不如汉中王在梓州时那般便利。那夜杜甫江边独坐，正是露清月满之时，碧空皎月，清辉满江，如此夜景，却无人共赏。想起汉中王也许早已抵达任所，自己却仍如乌鹊一般不能安栖，如何不让人悲叹？

夜深露气清，江月满江城。浮客转危坐，归舟应独行。
关山同一照，乌鹊白多惊。欲得淮王术，风吹晕已生。

"欲得淮王术，风吹晕已生。"《淮南子》载："画芦灰而月晕阙。"

许慎注："有军士相围守则月晕，以芦灰环月，阙其一面，则月晕亦阙于上。"杜甫见月晕而联想到"有军士相围"，以致关山阻隔，故有欲得淮王之术以破之的雅谑。

初呈"戏题"，别后"玩月"，在这位汉中王面前，杜甫似乎是一直在保持着自己的幽默诗风。知其背景后，读来尤让人伤悲。世事如此难料，命运如此不可把握，诗人剩下的也只有这份强装的风雅了。

时将岁暮，客居他乡，漂泊无定，又一身老病，杜甫与老友离别之时，这份感伤更是无以言说。在《赠韦赞善别》一诗中，杜甫写：

扶病送君发，自怜犹不归。只应尽客泪，复作掩荆扉。
江汉故人少，音书从此稀。往还二十载，岁晚寸心违。

此时的杜甫一家，不仅故乡归不得，就连回草堂也成了奢望。

在这期间，杜甫也曾给老友高适写诗试探问询。

严武召还，高适再次临时代理成都尹。孰料徐知道随后起兵作乱，杜甫也就没好意思再去打搅高适。如今徐知道已毙命，叛乱渐平，杜甫客居梓州已久，又想起了高适。

楚隔乾坤远，难招病客魂。诗名惟我共，世事与谁论。
北阙更新主，南星落故园。定知相见日，烂漫倒芳樽。

楚辞中曾有一名篇，名为《招魂》，可楚地和蜀地相隔遥远，难招我这病客的魂。只有我能与你共享诗名，眼下却无人能与我谈世事。如今新主初立，你被擢为成都尹，等我回来后，望你再到草堂来，我们喝个一醉方休。

高适再镇成都时，杜甫寄给高适的诗中，频现"故园"二字，足

见杜甫对草堂的感情之深。虽只短短两载，他已将他乡当作故乡了。

不知为何，杜甫这个愿望再次落空。史料中找不到高适的回应。

这年冬天，杜甫一家就在梓州过。

梓州城东有一个射洪县，那里是唐代著名诗人陈子昂的故乡。

陈子昂当年隐居射洪县城北的金华观，埋头攻读，后出仕入京为官，曾任右拾遗。

这位被后世誉为"唐之诗祖"的初唐大诗人，作诗追求刚健风骨，反对绮靡雕琢、柔媚无骨的诗风，曾经高举诗歌改革的大旗，向当时流行一时的上官体无情开炮。他更是一名有勇有谋的出色政治家。彼时恰逢武后临政，陈子昂纵论古今，建议兴办明堂、太学，教化百姓，顺应天意，让老百姓安居乐业。陈子昂曾深得武则天赏识。但他对武则天穷兵黩武、滥施酷刑非常不满，上书直谏，惹怒当权者，被射洪县令段简罗织罪名缉捕入狱，最后惨死狱中，死时年仅42岁。

那一首"前不见古人，后不见来者，念天地之悠悠，独怆然而涕下"曾让古今多少仁人志士为之倾倒。杜甫对陈子昂更是推崇备至。此前在绵州，遇李使君去梓州上任，杜甫就曾作诗嘱咐他，到梓州后一定要到射洪，代自己洒泪祭奠陈子昂。也就是"君行射洪县，为我一潸然。"

如今，他亲自来射洪了。来射洪，第一件事就是前往陈子昂故居拜谒凭吊。陈氏故宅在射洪县东7里东武山下。荒山寒日中，故宅还保留着昔日的完好模样，赵彦昭、郭元振等人的题壁还清晰可见。

"有才继骚雅，哲匠不比肩。公生扬马后，名与日月悬。""终古立忠义，感遇有遗编。"故宅之中，杜甫睹物思人，写下一首《陈拾遗故宅》以寄哀思与敬意。

陈子昂当年隐居读书的金华观，在射洪县城北的金华山山顶。仲冬时节的某一天，杜甫乘船来到金华山脚下，将船系于绝壁之下，挂着拐杖就踏上了盘旋的山路。

那天天气很好，天清气朗，杜甫一口气登上山顶，俯首四望，脚下涪江滚滚而逝，西边阳光下的雪岭，正泛着苍白的死色，长空中传来的雁鸣声听起来让人哀伤。

"陈公读书堂，石柱仄青苔。悲风为我起，激烈伤雄才。"步入金华观，杜甫更是忍不住悲从中来。陈公读书堂的石柱上，已布满青苔，那个满怀雄才大略的前辈诗人，含冤殒命，那股悲风，却还在读书堂内四处流窜。

杜甫与陈子昂，相隔几十年，性情、经历却何其相似。陈子昂曾为右卫胄曹参军、右拾遗，杜甫曾为右卫率府兵曹参军、左拾遗，他们都曾品尝过科举不第、仕途坎坷的痛苦。难怪后世的白居易慨叹：杜甫陈子昂，才名括天地。如此"才名括天地"的两位大诗人，在冬日的金华观中隔空相遇，灵魂相通。那一股自杜甫心底刮起的悲风，是为陈子昂，亦是为他自己。

迟暮身何得

成都，绵州，梓州，杜甫在蜀中漂泊不定，外面的世界亦是风云动荡。

自安史之乱爆发，叛军内部就矛盾重重。将相不和，父子残杀，你死我活的内耗斗争，不断改变着时局。上元二年（761）三月，史思明父子产生矛盾，史思明为其子史朝义所杀。自此，叛军内部彻底失去了凝聚力。

宝应元年（762）十月，代宗长子李适为天下兵马大元帅，统兵进军洛阳。在唐军和回纥兵的共同夹击下，叛军大败，史朝义率数百轻

杜甫传

骑向东逃窜。唐军和回纥兵攻占洛阳城后，又对败寇持续追击。

宝应二年（763）春天，大势已去的史朝义，在树林中自缢身亡，他的部将们纷纷投降。安禄山、史思明背叛大唐，又分别为其子安庆绪、史朝义所杀。权力支配下，历史常常惊人地相似。

自天宝十四载（755）十一月安史之乱爆发，至宝应二年（763）二月，叛乱被平复，这场叛乱持续了七年多。其间经历了三代皇帝。虽然战乱最终得到平定，但是它给后世的政治、经济、文化、对外关系的发展等方面，带来了深远巨大的影响。

经此一乱，曾经的大唐盛世景象，一去不返。

《旧唐书·郭子仪传》曾载乱后之象："宫室焚烧，十不存一，百曹荒废，曾无尺椽。中间畿内，不满千户。井邑榛荆，豺狼所号。既乏军储，又鲜人力。东至郑、汴，达于徐方，北自覃、怀，经于相土，人烟断绝，千里萧条。"

数以万计的百姓丧生于战争，侥幸活下来的也已无家可归，只能四处流离。京畿一带，乃至整个黄河中下游平原，一片萧条荒凉。

上文中罗列的种种惨象，仅是彼时大唐社会的冰山一角。真实的形势远比这更为严峻。

安史之乱后，某些藩镇的将领拥兵自重，在军事、财政、人事方面不完全受中央政府控制，藩镇割据局面出现。

战争使大唐的人口锐减，据相关资料统计，战乱之后，大唐人口只剩下十分之三，还多是老弱病残。大量的青壮劳力都已丧生于战场，劳动力严重缺失，生产发展受阻，统治阶级只得以不断增加赋税的方式来增加国库收入，这对刚刚经历了战乱的百姓来说，简直是敲骨吸髓。活不下去了，许多地方的百姓便揭竿而起，农民起义不断。

战乱也让大唐失去了对周边少数民族地区的控制。战乱时期，为加强内地兵防，唐王朝曾将陇右、河西、朔方一带重兵调往内地，就造成了这些地区的边防空虚。西边吐蕃人，乘机侵入，侵占陇右、河西走廊一带。

这就是安史之乱平定后的大唐，山河破碎，满目疮痍，内忧外患，朝不保夕。

杜甫听到唐军收复黄河南北等地的消息时，正在梓州为东返无力而苦恼。这个消息似一股强劲的春风，瞬间扫去密布诗人心头的愁云，他歌之、咏之，手舞足蹈，写下了他的"生平第一首快诗"《闻官军收河南河北》：

剑外忽传收蓟北，初闻涕泪满衣裳。
却看妻子愁何在，漫卷诗书喜欲狂。
白日放歌须纵酒，青春作伴好还乡。
即从巴峡穿巫峡，便下襄阳向洛阳。

此诗末尾有注：余田园在东京。

言下之意，我终于要结束这痛苦的流浪生活，回老家去安居乐业了。

杜甫曾在诗中一再称成都草堂为他的"故园"，那也是无奈之下的一种称呼吧。回归中原无望，只能以他乡为故乡。而今听到官军胜利的消息，杜甫埋藏心底多年的归乡梦在那瞬间被激活唤醒。他悲喜交集，甚至有些语无伦次。

半百老诗人，一直在战乱中漂泊流离，而今平定叛乱的消息，恰似一声春雷，惊破漫天愁云惨雾，春日的暖阳倾泻而下，万物欣欣向荣，重现生机。长期抑郁的诗人，也在那个瞬间感到胸襟开阔。重返故园的希望之火，亦在心中腾腾燃起。

白日的春光普照下，放歌，纵酒，与人结伴回到阔别已久的家乡，

杜甫传

极端的喜悦之情，激发出了诗人心中压抑已久的豪迈与故园深情。"好还乡"，明快而果断的字眼，显示出了诗人回乡的信心与决心。

接下来，诗人连用四个地名，巴峡、巫峡、襄阳、洛阳，沿途所经的四处地方，在中国版图上相距并不近，杜甫却用"即从""穿""便下""向"这些字眼把它们串联在一起。万水千山，风驰电掣，欢快而急促的节奏，让人想起李白的"朝辞白帝彩云间，千里江陵一日还"。

杜甫比李白还夸张。

黄周星在《唐诗快》中称："写出意外惊喜之况，有如长江放溜，骏马注坡，真是一往奔腾，不可收拾。"这首诗亦成了乱世流亡者的共同心声。抗日战争时期，流落西南的中国知识分子，在得知抗战胜利的那一刻，无不流泪吟咏杜甫的这首诗。

然而，杜甫的这场还乡梦，终于还是成了一场白日梦。

安史之乱平定后，大唐的局势并没有好转，尤其是杜甫急切想要回去的中原，此时更是乱象纷呈。为收复失地，大唐大量借用回纥兵，并对他们做出许多不可理喻的承诺。失地收复之后，这些回纥兵比以往更加骄横无度。他们目无唐朝法度，烧杀抢掠，任意殴打唐朝官员。杜甫在《北征》中的担忧，现在都一一变为现实。

重返故园洛阳的梦破了。杜甫一家不得不暂留梓州。

这年春天，杜甫经常登临游览，偶尔也参加一些宴饮、送迎等社交活动。在这一时期，杜甫写了一些记事、抒怀的诗篇。以此来打发客中的寂寞时光。

《春日梓州登楼二首》作于《闻官军收河南河北》喜讯后不久：

> 行路难如此，登楼望欲迷。
>
> 身无却少壮，迹有但羁栖。

　　　　江水流城郭，春风入鼓鼙。

　　　　双双新燕子，依旧已衔泥。

　　春风又绿芳草，登楼远眺，江水碧波，环绕城郭。远处鼙鼓声声，随春风隐隐传来，烽烟犹未靖，怎能不让人心中凄迷？双双新燕，不谙忧愁，在江楼上来回穿梭筑新巢，端的是一派春之生机。

　　这一切，让诗人倍增伤感。燕子尚能于江楼上定居，他却仍然浪迹天涯。

　　第二首，更见诗人的思归之意：

　　　　天畔登楼眼，随春入故园。

　　　　战场今始定，移柳更能存？

　　　　厌蜀交游冷，思吴胜事繁。

　　　　应须理舟楫，长啸下荆门。

　　北归故园之梦暂时中断，杜甫转而又作东游之想。吴越本是繁华胜地，昔日年少时的交游，回想起来仍令人向往不止。蜀中交游已冷，再加上世乱身衰。杜甫此时的心情飘忽不定，又作东游之想，想来亦能让人理解。

　　"心之所至，目亦随之，故登楼一望，而天畔之眼，遥入故园。朝义既平，战场定矣。洛阳园柳，能复存乎？"王嗣奭尤能理解老杜一片纠结矛盾之情。

　　北归故园，东下吴越。没有经济支撑，一切都只能是一场空梦，也只能在诗篇中畅想一下而已。

　　这一段时期，杜甫时常在梓州、绵州、阆州等地游走，寻古访胜，交友应酬，也认识了当地的一些地方官。这些不过沉重生活的一点点缀而已，更多时候，杜甫在为一家人的生计而奔波。

"种药扶衰病"是杜甫《远游》中的一句，此诗正作于梓州。亦可知杜甫走到哪里就要把这一赖以生存的营生带到哪里。

暮春时节，梓州李刺史邀请当地几个官员到梓州著名的惠义寺游览。杜甫亦在受邀之列，并写下了《陪李梓州、王阆州、苏遂州、李果州四使君登惠义寺》：

> 春日无人境，虚空不住天。
> 莺花随世界，楼阁寄山巅。
> 迟暮身何得，登临意惘然。
> 谁能解金印，潇洒共安禅。

尽管寓居梓州，生活困顿，忧患常居于心，但一进入寺庙，杜甫的心境还是为之一变，什么权贵前途，暂且不去想它。在这里，直入无人之境，心中一片澄明。

沿蜿蜒山路拾级而上，莺鸟啼鸣，花随路转，好春光无处不在。惠义寺巍峨壮观的楼阁，耸入山巅。在寺顶俯瞰远眺，四周的春色，勾起诗人心中浓重的迟暮之感。自己尽管有"致君尧舜上，再使风俗淳"的抱负，到如今却一无所有，哪能不感到惘然？

所以在诗的最后，他才会如此一问：身边的诸位使君，又有谁能舍弃功名利禄，与我一起安禅？

其实，不光诸使君不能，杜甫亦不能。

尽管已是身衰迟暮，飘零天涯，他却从未在心底彻底放下自己的济世理想，没有放下对国家前途与时局的关注。惠义寺空明庄严的氛围中，他的"安禅"之思也只是一闪而过。待时机来临，他仍然会忘记自己的年龄和病体，勇敢地冲上前去。

第七章　黄昏迟暮

天边老人归未得

心安处，是吾乡。走向黄昏迟暮的杜甫，似乎一直在追寻故乡的路上。

成都草堂、绵州、梓州、阆州、洛阳、吴地、楚地……

他的心，与他始终不止的脚步一样，不知道要到哪里去停靠栖息。

自宝应元年（762）秋天至广德元年（763），杜甫一直往来于梓州、阆州、绵州等地。尽管这里明山秀水，景色宜人，杜甫也为之留下许多吟咏之作，他的心却没有真正地轻松快乐过。

"飘零为客久，衰老羡君还。"风景再好，总是过客。

"常恐性坦率，失身为杯酒。"还有那么多的应酬，是杜甫深深抵触拒绝又不得不参加的。

他为昙花一现的返乡梦而欣喜若狂过，然而好梦终究还是醒了。他筹划着东游吴楚，却因囊中空空无法启程。等他从狂热的返乡梦中彻底醒来时，摆在他面前的是一地冰冷的月光，照着无法拾起的过去。

杜甫传

草堂，他又开始频频思念他的草堂了。他想念在浣花溪畔那闲散恬适的日子。相较于遥远的洛阳与吴楚，草堂也许才是他可触及的故园。

去年冬天一步三回首离开草堂，那里的一草一木都让他惦念。草堂前的四棵小松树也不知道长得怎么样了？是否为杂草所淹没？思念从心底升起，无以排遣时杜甫便写诗。偶然遇上有朋友回成都，他也一定要缠着他们前往浣花溪畔去看看他的草堂。

《寄题江外草堂》，是杜甫在这一时期写给草堂的"情书"，在这里，我们不但可以清楚地了解草堂修建始末，还能了解杜甫一家当初不得不离开草堂的原委。杜甫对草堂的深情，更是渗透到字里行间：

> 我生性放诞，雅欲逃自然。嗜酒爱风竹，卜居必林泉。
> 遭乱到蜀江，卧疴遣所便。诛茅初一亩，广地方连延。
> 经营上元始，断手宝应年。敢谋土木丽，自觉面势坚。
> 台亭随高下，敞豁当清川。虽有会心侣，数能同钓船。
> 干戈未偃息，安得酣歌眠。蛟龙无定窟，黄鹄摩苍天。
> 古来贤达士，宁受外物牵。顾惟鲁钝姿，岂识悔吝先。
> 偶携老妻去，惨澹凌风烟。事迹无固必，幽贞愧双全。
> 尚念四小松，蔓草易拘缠。霜骨不甚长，永为邻里怜。

"梓州作，寄成都故居"诗后小注，寄托诗人无限思乡意。

成都离梓州不太遥远，而此时的西川节度使高适，正在成都任职。杜甫也曾寄诗给高适，表示盼望回草堂。以二人的交情，杜甫一家回草堂应该不是难事。但让人奇怪的是，他并未回去，到这年冬天，他还一直在梓州、阆州一带漂泊。

了解彼时大唐西南的局势，这个谜团也许就不攻自破了。

广德元年（763）七月，吐蕃入侵大震关，攻陷河西和陇右地区，当时奉命在松州、维州、保州设防的正是西川节度使高适。高适原计划是在松、维、保三州设防，在吐蕃攻打陇右危及长安时，他们的部队进攻吐蕃南境，以此来牵制吐蕃力量。没想到吐蕃此番进攻来势凶猛，他们联络杂居陇右的吐谷浑、党项羌，翻越陇山。是年十二月，高适奉命驻守的三个州皆被吐蕃攻破。

九月，受王刺史的邀请，杜甫前往阆州。临行之际，一场大雨从天而降。大雨滂沱中，独立江边的杜甫作了一首《对雨》，从诗中可读出他对时局的无限担忧：

> 莽莽天涯雨，江边独立时。
>
> 不愁巴道路，恐湿汉旌旗。
>
> 雪岭防秋急，绳桥战胜迟。
>
> 西戎甥舅礼，未敢背恩私。

自梓州到阆州，要从涪水乘船。那天在涪水江边，杜甫看着大雨陷入忧愁。他并不是担心前路难行，而是担心官军部队的旌旗被大雨打湿，从而影响了士气。

彼时雪岭地区的防务紧迫，军情紧急，情急之中，诗人也唯有祈祷，他希望吐蕃能顾念与唐朝的甥舅关系，不要背信弃义，发动不义战争。

杜甫的祈祷自然没有任何用处，吐蕃的狼子野心，哪里还顾念什么旧情？他们步步紧逼，唐朝的军队则节节败退。

杜甫抵达阆州不久，便传来松州、维州失守的消息。这意味着成都再陷险境。这个消息，让杜甫震痛。他又开始频频失眠。

竹凉侵卧内，野月满庭隅。重露成涓滴，稀星乍有无。

暗飞萤自照，水宿鸟相呼。万事干戈里，空悲清夜徂！

这首《倦夜》作于广德元年（763）九月，杜甫身抵阆州不久之后。

夜景难描，因其无声无色。但杜甫在此诗中描写的夜景，则细微真切。村居秋夜，竹凉侵肤，此为触觉；野月满庭，星星似有若无，此为视觉；流萤数点，水鸟相呼，此为视觉和听觉相结合。如此细微的刻画之下，一个寂寥的秋夜变得如此生动可感，有声有色。更让人感动的是那位疲倦不堪却依旧在为国家前途而担忧的诗人形象。

松州、维州失守，巴蜀局势再度紧张，王刺史让杜甫代笔给朝廷写一份关于巴蜀安危的奏表，杜甫欣然接受，他提笔写下了《为阆州王使君进论巴蜀安危表》。

在这篇奏章中，杜甫代王刺史向代宗提了五点建议：

第一，巴蜀乃富庶之地，无论从经济上还是军事上，都具有非常重要的地位，如今吐蕃攻破松州和维州，成都便陷于不安之境，希望朝廷能派贤明的亲王，亲自前往坐镇，此为上策。

第二，如果不能派遣亲王，就要派遣能打退吐蕃又能安抚民众的重臣来镇守蜀地，这样也能维持成都的平稳局面。

第三，撤销东川节度使，将原属东川节度使管辖的兵马交由西川节度使，这样既可加强西川防务，又可减少政府开支，减轻巴蜀百姓负担。

第四，如若出于军事需要，东川节度使不能撤销，那就要派有经验的人来做节度使。像如今这样将东川交给留后，迟迟不派人来，有失众望。

第五，减轻军用之外的苛捐杂税。

虽为代言，但语言铿锵有力，态度分明。细读这篇奏表，不难看出，杜甫对老友高适的防御不力是不满的。他甚至直接建议朝廷将其置换。如果朝廷采纳其建议，对高适将十分不利。

以高适与杜甫的私下交情来看，杜甫此举，实在有些不近人情。但这就是杜甫，国家利益永远高于个人感情。高适在担任淮南节度使时，曾率兵平定永王之乱。他的军事才能，在当时也颇受非议。人们说他内战内行，外战外行。可见杜甫对高适的不满并非苛刻挑剔。

也许，这正是杜甫不愿回成都的原因。

松、维、保三州失陷，危及的不仅仅是成都的安危。这年十月，长安再度被攻陷，代宗出逃陕州，长安百姓又陷入战火之中。

"隋氏留宫室，焚烧何太频！"得知长安沦陷的消息，杜甫痛心疾首。他痛惜陷于战火的百姓、宫室，也对文官不能扈从、武官不能御敌进行了无情讽刺："狼狈风尘里，群臣安在哉。"

纵然有再多不满与担忧，也无济于事。杜甫不过是空有一腔热情的白头诗人而已。他连自己的家人都照顾不了，何谈国家大事。

十一月，身在阆州的杜甫被一封家书匆匆召回梓州：女儿生病了。

在《发阆中》一诗中，杜甫愁惨地写道：

> 前有毒蛇后猛虎，溪行尽日无村坞。
> 江风萧萧云拂地，山木惨惨天欲雨。
> 女病妻忧归意速，秋花锦石谁复数。
> 别家三月一得书，避地何时免愁苦。

前有毒蛇，后有猛虎，溪行尽日，不见村坞。何等险绝。

江风萧萧，阴云拂地，山木惨惨，天晚欲雨。何等凄惶。

再加上贫病交加，战乱离乡。人生的愁苦无助，在这首诗里被诗

人写尽。

好在，女儿的病并无大碍。杜甫回梓州之后不久，家人的生活、情绪都渐渐稳定下来。杜甫又开始挂念他的草堂。

这些年来，杜甫一直将最小的弟弟杜占带在身边。彼时，杜占也在梓州。受大哥之命，杜占被派往成都去照看草堂。在杜占启程前，他再三叮嘱写下了《舍弟占归草堂检校聊示此诗》：

> 久客应吾道，相随独尔来。孰知江路近，频为草堂回。
>
> 鹅鸭宜长数，柴荆莫浪开。东林竹影薄，腊月更须栽。

从这首诗中可知，在那段漂泊岁月中，杜占可能时常回去探看草堂。他对道路都已熟悉了。亦知彼时的草堂、家人养的鹅鸭、草堂里的松树竹子，也都在诗人心上。

后来杜占是否回草堂，不得而知。

杜甫在梓州并未久留，广德二年（764）春天，杜甫就携家人前往阆州，计划从阆州沿嘉陵江南下出蜀。在从梓州再赴阆州途中，杜甫作《天边行》，临江向东而哭：

> 天边老人归未得，日暮东临大江哭。
>
> 陇右河源不种田，胡骑羌兵入巴蜀。
>
> 洪涛滔天风拔木，前飞秃鹙后鸿鹄。
>
> 九度附书向洛阳，十年骨肉无消息。

"天边老人"为诗人自谓。日暮临江，向东而哭。哭时局动荡不安，百姓遭难，四处流离；亦哭自己骨肉离散，频频致书故乡洛阳却没有回信。

自安史之乱爆发，至此已整整十年了。杜甫也已成了白发老人。他的归乡之路却仍然阻碍重重，怎能不哭？

重返草堂

杜甫原本打算这年春天离开阆州，沿嘉陵江南下，然后过长江三峡出蜀。可他的这一计划还未实施，严武担任剑南节度使的消息就传来了。严武还写信给杜甫，邀请他回到成都去。杜甫自是欣喜万分。在杜甫看来，像成都这样的重镇，正需要严武这样的济世之才来治理。

> 殊方又喜故人来，重镇还须济世才。
> 常怪偏裨终日待，不知旌节隔年回。
> 欲辞巴徼啼莺合，远下荆门去鹢催。
> 身老时危思会面，一生襟抱向谁开。

前年七月送别严武离开成都之际，杜甫曾把严武视为唯一的希望，期待他大展宏图并伸手提携自己。严武果真不负期待。

啼莺喧闹的春光中，杜甫一家急急改变行程，踏上回成都的客船。在动身之前寄给严武的《奉待严大夫》一诗中，杜甫毫不掩饰自己的迫切之意：严大夫呀，尽管我现在身体衰老、境遇艰危，可我仍然思念着与君会面，不然，我这一生的襟怀抱负又能向谁打开？

这年的桃花汛提前，嘉陵江水位暴涨，江上风大浪高，渡江赶路，惊险重重。但重返草堂故居的喜悦，与老友重逢相聚的激动，让杜甫把这一切担忧都抛开了。一路上，他抑制不住自己的激动心情，竟然连写了五首诗赠送给严武。

在《将赴成都草堂途中有作先寄严郑公五首》（其四）中，杜甫写道："三年奔走空皮骨，信有人间行路难。"从前年七月离开成都至今，已经一年零八个月。所以杜甫才有此语。这也是他对自己那一段逃难生活的总结。

离开一年零八个月之后，杜甫终于又回到了自己日思夜想的草堂。

一首《归来》，诉不尽游子归家的悲喜交集：

客里有所过，归来知路难。开门野鼠走，散帙壁鱼干。

洗杓开新酝，低头拭小盘。凭谁给麹蘖，细酌老江干。

人们常说，在家千般好，出门一日难。杜甫在外漂泊一年多，对此有着更深的感触。在写给严武的五首诗里，他曾想象过他的草堂小院，不知会荒芜成什么样子。

事实果然不出他所料，推开门，就看到一只野鼠"嗖"地逃走。满院的春草疯长，已找不到进屋的路。进屋后，杜甫最关心的是他那些书卷，打开包裹书籍的封套，发现书里的书蠹都已经干瘪。

但这些并不影响杜甫的好心情，稍事休息，他便忙着去打开他的酒坛子，低头细细清洗酒具。

戴着小帽，喝着老酒，这是只有在家才能有的享受。

漂泊路上梦它千百回，终成现实。

在外一年多，杜甫一直牵挂着他在草堂栽下的花果树木，尤其是那四棵小松树和几棵桃树。此番归来，杜甫还专门为它们赋诗："四松初移时，大抵三尺强。别来忽三载，离立如人长。"

对于这几棵小松树，诗人并不奢求它们千年以后还能高盖蟠空，他只求眼下能欣赏："勿矜千载后，惨澹蟠穹苍。"

"小径升堂旧不斜，五株桃树亦从遮。高秋总馈贫人实，来岁还舒满眼花。"小径边上的五株桃树，在主人离家的日子里，似乎担起院中主人的职责，春日奉献出满树繁花，秋日为那些穷人们捧出满树的果实。不但如此，它们还呵护着草堂里穿堂入户的燕子和乌鸦："帘户每宜通乳燕，儿童莫信打慈鸦。"

把几株桃树写得如此通人性、有情有义，正是杜甫"民胞物与"情怀的自然体现。

重回草堂，归家的喜悦与激动之情渐渐平复。杜甫才有心情细细打量，收拾。

春草无情，不管身处怎样的乱世，年年兀自枯荣。松竹有意，主人不在的日子依旧在耐心等他们归来。他曾听风吟月的水槛，经不住几番风雨巨浪的摇撼，已经摇摇欲坠。

"茅轩驾巨浪，焉得不低垂。"杜甫对着破败的水槛哀叹。

还有他曾驾着走亲访友的小木船，整个船身已陷进泥里了："船舷不重扣，埋没已经秋。"

满院荒凉，让人心生伤感。当然，草堂里也有让人心生暖意的热情。院子里的家禽们认识主人，尤其那只老犬，摇头摆尾，嗅嗅主人衣角，叼一下主人的裤管，在主人脚边穿来绕去，欢喜得不知如何是好。左邻右舍听闻草堂主人归来，携着酒葫芦就来了。成都的官员们，听说杜甫回来后亦匆匆派人来问，家里可还缺些什么东西没有。

沉寂荒凉的草堂，又有了醉人的人间烟火气。每日前来拜访探望的人络绎不绝。对于这位重返草堂的白头老诗人，左邻右舍似乎都积了一肚子的话想同他说。关于他离开后的一切，成都那场叛乱如何可怕，他草堂中的花草与鸡鸭如何活，还有他们对诗人一家的思念与牵挂。杜甫何尝不是如此？回首这一年多来的岁月，四处漂泊，真像一场大梦呵。

一首《草堂》，将人带回那一段惊心动魄的日子：

昔我去草堂，蛮夷塞成都。今我归草堂，成都适无虞。
请陈初乱时，反覆乃须臾。大将赴朝廷，群小起异图。
中宵斩白马，盟歃气已粗。西取邛南兵，北断剑阁隅。
布衣数十人，亦拥专城居。其势不两大，始闻蕃汉殊。
西卒却倒戈，贼臣互相诛。焉知肘腋祸，自及枭獍徒。
义士皆痛愤，纪纲乱相踰。一国实三公，万人欲为鱼。
唱和作威福，孰肯辨无辜。眼前列杻械，背后吹笙竽。
谈笑行杀戮，溅血满长衢。到今用钺地，风雨闻号呼。
鬼妾与鬼马，色悲充尔娱。国家法令在，此又足惊吁。

此诗以《草堂》为题，讲述了自己与草堂的离合经过，更借离合，记载了成都遭遇兵乱的史实。从这首诗中可知，当初严武被朝廷召唤离开成都后，徐知道这帮小人便纠结蛮夷开始起兵造反。他们半夜里杀白马，歃血为盟，又西取邛州以南的羌夷兵卒，迅速扩大声势。之后，他们占领剑门关，阻拦朝廷的援军。几十个本来没有任何官衔的人，被临时委以刺史、县令之职。

一支没有严密组织又各怀鬼胎的乱军，为争权夺利沆瀣一气，内部很快就会出现矛盾。先是西边来的羌夷兵倒戈，再是徐知道队伍里的头目们开始互相残杀。徐知道最终还是倒在自己部将李忠厚的刀剑下。

李忠厚杀死徐知道后，亦开始在成都城中作威作福，他残酷欺压百姓，动辄就对百姓施以酷刑。国家法度，在他们眼里，已经一文不值。

如果不是杜甫的这首诗，这一段史实也许就鲜为人知了。

贱子且奔走，三年望东吴。孤矢暗江海，难为游五湖。

不忍竟舍此，复来薙榛芜。入门四松在，步屧万竹疏。

旧犬喜我归，低徊入衣裾。邻舍喜我归，酤酒携胡芦。

大官喜我来，遣骑问所须。城郭喜我来，宾客隘村墟。

天下尚未宁，健儿胜腐儒。飘飘风尘际，何地置老夫？

于时见疣赘，骨髓幸未枯。饮啄愧残生，食薇不敢余。

诗的后半部分，写诗人逃亡归来后的草堂之景及众人对他的欢迎。从"旧犬喜我归"以下八句，直接化用乐府《木兰辞》"爷娘闻女来"等句，民谣风调，扑面而来，读来生动形象又亲切感人。

杨伦在《杜诗镜铨》中说："以草堂去来为主，而叙西川一时寇乱情形，并带入天下，铺陈终始，畅极淋漓，岂非诗史。"

后人称杜诗为"诗史"，此诗亦是一个典型。

在这首诗里，杜甫再次把个人生平经历与历史事实完美融合。

重归草堂，天下依旧没有太平。杜甫在羞愧无法为天下出力之际，也放下了曾经的理想抱负。他老了，也漂泊累了。草堂虽破，但毕竟可以容他们一家栖身，给他们一份安稳。杜甫打算在草堂了此残生。

花近高楼伤客心

家，是可以让人安心的地方，无论它多萧瑟荒凉；人，是家的生机所在，有了人，家便有了春色，有了人间烟火气。一番修整后，院子里的杂草枯枝被清除，花果树木也被修剪齐整，破旧的水槛焕然一新。院子里的鸡、狗、鹅、鸭，因主人的到来而重新活泼起来。

暖融融的春光里，漂泊太久的杜甫漫步于草堂院中。锦江江畔，浣花溪边，融融春色，再次触动诗人乡情。

杜甫传

苔径临江竹，茅檐覆地花。别来频甲子，倏忽又春华。

倚杖看孤石，倾壶就浅沙。远鸥浮水静，轻燕受风斜。

世路虽多梗，吾生亦有涯。此身醒复醉，乘兴即为家。

———《春归》

迟日江山丽，春风花草香。

泥融飞燕子，沙暖睡鸳鸯。

———《绝句二首》其一

两个黄鹂鸣翠柳，一行白鹭上青天。

窗含西岭千秋雪，门泊东吴万里船。

———《绝句四首》其三

世路多艰，生而有涯。经历了太多的浮沉与漂泊，眼前的一切，都让杜甫倍加珍惜。

这个春天，生活再次归于稳定。除了在草堂一带游吟徘徊，杜甫也时常到成都城里去转转，以诗会友，喝酒应酬。

杜甫热爱艺术，对音乐、舞蹈、书法、绘画等艺术门类皆有涉猎，并留下了多首见解独到的诗作名篇。

去拜访画马名家曹霸，是杜甫长久的心愿。也是天从人愿，杜甫此番回草堂不久，就得知了曹霸亦在成都的消息。

曹霸，谯郡人（今安徽亳州），三国高贵公曹髦后裔。曹霸可谓文武全才，诗画俱佳。他的父亲却恐其重蹈先祖三曹覆辙，不愿儿子入仕，只要他潜心研习书法。曹霸先后学习晋代书法家卫铄和王羲之风格，后发现无法在书法上超越王羲之，转而钻研绘画。曹霸人到盛年，已名满天下。

天宝年间，曹霸就凭借绘画引起了唐玄宗的注意。玄宗命他入宫画"御马"，曹霸的画作因笔墨沉着，神采生动，深得玄宗喜爱。玄宗欲赏赐马百匹、田万顷，曹霸却不为所动，坚决求去。玄宗无奈，只得任其为左武卫将军，享有不理朝政之权。自此以后，曹霸更是红极一时，权贵高门争相登门拜访，以得曹霸画作为荣。

自古官场如战场，曹霸父亲为让儿子远离政治旋涡，不走经仕之路，才命他研习书画。然而，书画之路亦非坦途。有人说他作品有影射朝廷之嫌，曹霸遂被削职免官，过上了流离失所的落魄生活。

杜甫重返成都时，曹霸亦在成都。他身无分文，靠给人画肖像勉强糊口。

杜甫几经辗转，才叩开这位落魄画家的家门。

流落天涯，同病相怜。面对眼前这位郁郁不得志的大画家，杜甫赋诗《丹青引赠曹将军霸》，对其画艺高度称赞：

> 将军魏武之子孙，于今为庶为清门。
>
> 英雄割据虽已矣，文采风流今尚存。
>
> 学书初学卫夫人，但恨无过王右军。
>
> 丹青不知老将至，富贵于我如浮云。
>
> 开元之中常引见，承恩数上南熏殿。
>
> 凌烟功臣少颜色，将军下笔开生面。
>
> 良相头上进贤冠，猛将腰间大羽箭。
>
> 褒公鄂公毛发动，英姿飒爽来酣战。
>
> 先帝御马玉花骢，画工如山貌不同。
>
> 是日牵来赤墀下，迥立阊阖生长风。
>
> 诏谓将军拂绢素，意匠惨澹经营中。
>
> 须臾九重真龙出，一洗万古凡马空。
>
> 玉花却在御榻上，榻上庭前屹相向。
>
> 至尊含笑催赐金，圉人太仆皆惆怅。

杜甫传

弟子韩干早入室，亦能画马穷殊相。

干惟画肉不画骨，忍使骅骝气凋丧。

将军画善盖有神，必逢佳士亦写真。

即今漂泊干戈际，屡貌寻常行路人。

途穷反遭俗眼白，世上未有如公贫。

但看古来盛名下，终日坎壈缠其身。

诗、书、画结合，是我国极为独特的一种艺术形式，以诗来赞美绘画、阐发画意，寄托感慨，这种形式深受古今文人喜爱。杜甫早年即作过《房兵曹胡马》《画鹰》等题画名诗。

眼前这首，亦是杜甫题画诗中的名作。诗中不仅淋漓尽致地描写了曹霸绘画的成就，还表达了杜甫独特的绘画观念："干惟画肉不画骨，忍使骅骝气凋丧。将军画善盖有神，必逢佳士亦写真。"

曹霸有一弟子韩干，同老师一样擅长画马，但杜甫认为他画肉不画骨，空有其形，而欠神髓。曹霸画马，可谓形神兼备。意大利画家达·芬奇主张画人须从人的骨骼结构学起，正与杜甫的这一理念相合，却晚了7个多世纪。

杜甫以《丹青引赠曹将军霸》为题，热情讴歌画家画技，为画家曹霸立传扬名。他以诗论画，诗画结合，把深邃的现实主义画论和诗传体融为一体，这在中国唐代美术史、绘画评论史，乃至唐诗的发展史上，无疑都是一份新贡献。

全诗笔笔不离绘画主题，但人生遭遇和世态炎凉，无不见诸笔端。诗人在慷慨激昂盛赞曹霸画技之时，也难掩自己的怀才不遇之苦。

清代汪灏在《知本堂读杜诗》曾解此诗："借古人不遇以慰将军，并倾自己满腹眼泪，千古有名人俱为之一哭。"最后四句，更见诗人满腔悲愤不平之意。

韦讽，生平不详。时任阆州录事参军，有宅在成都。杜甫亦曾登门拜访，并于其家中看到了曹霸画的马图，遂作《韦讽录事宅观曹将军画马图》。

这首诗同样写得波澜壮阔，有沉郁顿挫之妙。咏画中马，却从动态着眼，若咏真马。唯一与前诗不同的是，前诗感慨由画家之坎坷身世而发，后诗感慨则因国家盛衰："忆昔巡幸新丰宫，翠华拂天来向东。腾骧磊落三万匹，皆与此图筋骨同。自从献宝朝河宗，无复射蛟江水中。君不见金粟堆前松柏里，龙媒去尽鸟呼风。"

王嗣奭在《杜臆》中评此诗曰："始而腾骧三万，终而龙媒尽空，不胜盛衰之感焉。马之盛衰，国之盛衰也。公阅此图，有不胜其痛者矣。"

一壶老酒，一片山水，一卷诗书，对于普通的读书人来说，这样的日子，便是人间好时光。这个春天，杜甫再度与这样的好日子牵手。他曾用一支多情诗笔，细致地记录着草堂的点滴春光，也曾在朋友的画作前，慷慨陈词，抒发乱世里的家国慨叹。

然而，这一切，都无法彻底挥走萦绕诗人心底的一份浓愁。那份愁，无人可诉，他只留给自己。

> 花近高楼伤客心，万方多难此登临。
> 锦江春色来天地，玉垒浮云变古今。
> 北极朝廷终不改，西山寇盗莫相侵。
> 可怜后主还祠庙，日暮聊为《梁甫吟》。
>
> ——《登楼》

繁花铺地的春日，杜甫登楼远眺，原为排遣心头惆怅，谁料登楼之后，看到满眼的锦江春色，更加触动了他的伤心事。

这一年已是客蜀第五个年头了，却依旧是万方多难。上年正月，官军收复河南河北，安史之乱平定，那个消息曾让人欣喜若狂；可一年不到，是年十月，吐蕃就攻陷长安，立傀儡、改年号，代宗重蹈玄宗覆辙，出逃长安奔陕州；郭子仪随后复京师，可年底又传来吐蕃破松、维、保等州的坏消息，继而再破剑南、西山诸州……

吐蕃入侵，边境不宁；宦官专权，朝政黑暗；藩镇割据，愈演愈烈。内忧外患之下的大唐，危机重重，迷人眼目。

杜甫登上江边高楼，凭栏远眺，但见滚滚锦江水，挟蓬勃春色，自天地之间奔涌而来。这古今世事的风云变幻，多像远处玉垒山上飘忽不定的浮云呵。再将视线放得更远，杜甫看到的是西北前线上吐蕃的觊觎。

"北极朝廷终不改，西山寇盗莫相侵。"若说首联言愁，此联中诗人则直接对寇盗提出警告：大唐帝国气运久远，莫再徒劳无益地前来侵扰！

义正词严，浩气凛然。杜甫因国运而心急如焚，却从未失去必胜的信念。也许正为此，有人说，杜甫始终是一个悲观的乐观主义者。

尾联咏怀古迹，借后主之事讽喻当朝昏君，寄托个人襟怀。

伫立楼头，徘徊沉吟，不知不觉中，已是红日西沉，苍茫的暮色中，城南的先主庙、后主祠，依稀可见。想到那个扶不起的后主刘禅，诗人不禁喟叹：可怜的亡国之君，竟也能和诸葛武侯一样，专居祠庙，享受后人的香火！

此句直接将批判矛头指向代宗李豫。李豫即位后，重用宦官程元振、鱼朝恩，才造成这国事维艰、吐蕃频繁入侵的局面。

刘禅昏庸，尚有武侯那样的贤相相佐。而他杜甫，空怀济世之心，却无献身之路。万里他乡，危楼落日，忧思满怀，也只能吟诗自遣。

此诗亦为杜甫七律名篇。全诗即景抒怀，借壮丽山川之景，谈古往今来人事之变，二者相辅相成，互相渗透，融自然景象、国家灾难、个人情思为一体，意蕴深远，章法多变，真真是妙不可言。

强移栖息一枝安

多难之秋，严武作为西川节度使重返成都。此时的成都，百废待举。作为一方地方长官，严武肩上的担子自然很重。

这么多年来，严武对杜甫的才华一直欣赏有加，他曾多次劝杜甫出山，再为朝廷出力。这次更免不了，杜甫再难推却，于是在严武回来不久后，他即入严武幕府，成为一员幕僚。

这年六月，严武向朝廷上表，推荐杜甫为检校工部员外郎，赐银鱼袋。

话说历代官员服饰，都有严格的等级划分。唐朝也不例外，按唐朝官制要求，朝廷三品以上大员可着紫袍，腰间佩带金饰鱼袋；五品以上官员，着绯服，佩带银鱼袋。

鱼袋，一种鱼形的饰物，是官员身份的象征。检校工部员外郎为从六品，原本没有佩带银鱼袋的资格。或许因为严武的缘故，杜甫也得到了那样一枚"银鱼"，自是珍视异常，出出进进，总是挂着那个银鱼袋。直到后来穷困潦倒，漂泊江湖时，他还宝贝似的挂在身上："素发干垂领，银章破在腰。"

检校工部员外郎兼节度使署中参谋，这是杜甫仕途中所得的最高官职和荣誉。这份差事，给杜甫带来了荣光，也给他带来不薄的俸禄。

杜甫感激严武的提携之情，工作起来很是卖力。那个时代的幕僚生活相当严格，幕僚们几乎每天天不亮就要进府办公，天黑后才能回家。

从成都城里到草堂，来来回回颇不方便，杜甫干脆就住在节度使府中。协助节度使操练军队，对蜀中建设提出建议，为收复松、维、保三州而苦心筹划。上任伊始，杜甫即严格履行幕僚之责，尽心尽力辅佐严武。

七月，严武准备率军出征，出征之前，杜甫特向严武递上《东西两川说》，向严武献计献策。在这篇文章中，杜甫详细论述了蜀中军士的优势和劣势，列举了统辖八州兵马的战略战术。

严武其人，在史书上评价并不高。《旧唐书》中称其："前后在蜀累年，肆志逞欲，恣行猛政"，又言他"穷奢极靡，赏赐无度，或由一言赏至百万。蜀方闾里以征敛殆至匮竭"。

严武的这些缺点，杜甫也看在眼里。作为他的老友兼幕僚，他只能耐心劝诫。在《东西两川说》文中，杜甫就曾善意提醒严武要体恤百姓、约束诛求、平均赋税、选用良才。

那些建议，严武是否听从不得而知，只知接下来的西征中，严武大军势如破竹，仅用两个月时间，就击败了吐蕃七万兵马。九月攻克当狗城（今四川理县西南），十月再破盐川城（今甘肃漳县西北）。最终，严武大军与郭子仪部下在秦陇一带相配合，一举击败吐蕃，收复大片失地。

此次西征大大挫伤吐蕃士气，对稳定西蜀的形势起到了重要的作用。

　　　　昨夜秋风入汉关，朔云边月满西山。
　　　　更催飞将追骄虏，莫遣沙场匹马还。

这是严武在西征途中所作的一首《军城早秋》。铁马秋风，血染沙场。豪情在胸，也有着一份志在必得的自信。

得此捷报，杜甫抑制不住心中激动，当即和了一首《奉和严大夫军城早秋》，来歌颂他的战功。

秋风袅袅动高旌，玉帐分弓射虏营。

已收滴博云间戍，欲夺蓬婆雪外城。

和诗除赞美严武军队的雄姿，还鼓励对方要乘胜追击，收复失地。

距离产生美，这是人际关系中的铁律。再亲密的朋友，也要隔开一定距离，友情方能持久。杜甫身居草堂，严武隔三岔五携酒前去与他小聚，或者杜甫去严武府中。一见面，两人把酒言欢，共论天下大事，不亦乐乎。

一对老友在府中朝夕相处时，彼此的缺点、毛病都清晰地呈现在对方眼前。严武原本就是一个不拘小节的率直之人，杜甫更是，看到老朋友做得不妥当的地方，就如鲠在喉，不吐不快。

《旧唐书》载，严武肆志逞欲，恣行猛政，穷奢极欲，赏赐无度。这一点其实早有体现。严武初至成都时，每每去草堂拜访杜甫，都是前呼后拥，仆从成群。有时他还带上自己的厨子，到杜甫草堂边上的竹林里开宴。

彼时不说，是因为不好拂朋友的热情。现在则不能不言，不言则属失职。言又不能直言，怕老朋友下不来台，甚至干脆不听。杜甫就借事说事。

恰逢一位侍从太子的张姓官员，从西北来到成都，给杜甫带来一条特别豪华的褥子。这条绣着精美图案的褥子，就成了杜甫劝诫老友的最好道具，他写了一首长诗《太子张舍人遗织成褥段》来敲山震虎。

客从西北来，遗我翠织成。开缄风涛涌，中有掉尾鲸。

逶迤罗水族，琐细不足名。客云充君褥，承君终宴荣。

空堂魑魅走，高枕形神清。领客珍重意，顾我非公卿。

留之惧不祥，施之混柴荆。服饰定尊卑，大哉万古程。

今我一贱老，裋褐更无营。煌煌珠宫物，寝处祸所婴。

叹息当路子，干戈尚纵横。掌握有权柄，衣马自肥轻。

李鼎死岐阳，实以骄贵盈。来瑱赐自尽，气豪直阻兵。

皆闻黄金多，坐见悔吝生。奈何田舍翁，受此厚贶情。

锦鲸卷还客，始觉心和平。振我粗席尘，愧客茹藜羹。

这是一条豪华珍贵的褥子，上面的精美刺绣图案且不必说。据说这条褥子还有降魔除怪的功能，铺上它人会特别踏实。面对如此昂贵的礼物，杜甫却道，他只能感谢朋友这番美意，可自己毕竟不是公卿，只怕享用不了这么贵重的东西，留下它怕招来祸患，况且在茅草屋里铺它也真不太协调。

古人一向以服饰定尊卑。杜甫又道，像我这样贫贱的老头，穿一身粗布衣服最合适。这种来自海底龙宫一般光彩夺目的宝物，要是睡在上面，那是犯法啊。

诗的后半部分，借历史典故，来警戒为官当权者：战乱未平，且莫骄奢放纵。李鼎死在凤翔，因其骄傲自满；来瑱被赐死于流放途中，因其仗着手上有军队而目空一切。这些人，皆是因为手上钱太多了，才做出这等让人后悔莫及的事情。

杜甫最终还是把那条褥子卷起来还给了客人。然后，扫一扫家中粗席上的尘土，给客人捧上一碗野菜汤，方觉无愧。

一件日常小事，一份远道而来的小礼物，却让杜甫大书特书。那个送礼的客人，不知道有没有怪杜甫的不通世故。千百年后的读者，有人笑他，说是他的封建思想在作怪，有点小题大做了。

但如果了解杜甫彼时处境，也许就不会再这么想。

严武虽是杜甫的世交好友，二人也曾无话不谈。但情势变，人亦会变。朋友成为上下级后，纯粹的友情就没有了。杜甫要谏言，不得不三思而后行。

事实上，随着在幕府日子的增多，杜甫的压抑和不开心也就越多。

他与严武的摩擦越来越多，矛盾似乎也越来越激化。《贯华堂选批唐才子诗》曾选严武一首《巴岭答杜二见忆》，在诗人小传中，金圣叹曾如此描述严武：

> 严武，字季鹰，华阴人。母裴，不为其父挺之所答，独厚其妾英。武始八岁，怪问其母。母语之故，武奋然以铁槌碎英首。左右惊白挺之，曰："郎戏杀英。"武辞曰："安有大臣厚妾而薄妻者？儿故杀之，非戏也！"父奇之，曰："真严挺之子。"年二十二，为给事黄门郎。明年，拥旄西蜀。杜甫乘醉，言："不谓严挺之乃有此子。"武恚，目久之，曰："杜审言孙子，拟捋虎须？"合坐皆笑，经弥缝之。

8岁小男孩锤杀父亲小妾，为母亲争风。事后不但不惧，还一副理直气壮的模样。父亲不恼，还直夸那才是他严挺之的儿子。可以由此看出严武真性情之外暴戾的一面。杜甫与这样的人朝夕相处，可不真如伴虎？

但对于二人醉酒后互相指责谩骂，还有什么严武气不过要把杜甫杀了之类的传说，金圣叹很坚决地否定了，他在选诗后评道："看先生此诗，始悟工部昔日相依，直是二人才力学力，自应投分至深，岂为草草交游之云而已哉。登床钩帘之疑，吾更不欲辩焉。"

杜甫与严武有矛盾，但不至于激化到反目成仇的地步。

事实上，杜甫的压力，更多来自严武的其他下属，也就是杜甫的同僚们。杜甫的不通人情世故，在与严武相处时即可窥见一斑。老友之间尚还能包容，但作为处于同一个竞争平台的同僚，杜甫俨然是严武幕府中的一个另类。他们看不惯杜甫天天挂着银鱼袋在府中晃来晃去。严武对杜甫的器重与友好，更是让他们羡慕又嫉妒，诽谤、排挤亦随之而来。

加之杜甫原本就得过肺病和疟疾，入幕后又患上风痹。幕府公务繁忙，有时一坐就是大半天，坐得人四肢麻木，头昏眼花。

杜甫发现自己越来越不适合那个环境了。

一个寂静的夜晚，杜甫独坐府中，中天凉凉的月色，远处随风传来的角声，忽然激起他心中的悲凉之情。于是作下《宿府》一诗：

清秋幕府井梧寒，独宿江城蜡炬残。

永夜角声悲自语，中天月色好谁看。

风尘荏苒音书绝，关塞萧条行路难。

已忍伶俜十年事，强移栖息一枝安。

身在幕府，白天有公务在手，尚好打发。最难挨的是寂寞的清秋长夜，别人都各回各家，只有杜甫一人独坐府中。

满天月色，独守一盏残烛，原本已让人难过，阵阵随风而来的角声，又在时时提醒诗人，战乱仍在，天下依旧不太平。回首十余年来，东飘西走，故土难回，连音书也已断绝。而今在这幕府之中，也不过是勉强安身。

故乡是回不去了。但草堂就在不远处召唤他。

实在苦闷至极，杜甫也会向老友倾诉一番，希望他能理解自己的苦衷，允许他放还。在《遣闷奉呈严公二十韵》里，杜甫直言自己现在是："信然龟触网，直作鸟窥笼。"

此诗最后一句："时放倚梧桐。"

杜甫宁愿回草堂，去倚他种下的梧桐，也不要栖居幕府一隅。

草堂虽破，但能让他心安；幕府豪华，却让他越觉压抑心寒。

知交零落，伤心去蜀

广德二年（764），杜甫在严武幕府，衣食无忧，却百般不如意。他屡请辞去官职，重回草堂，严武一直都没有同意。

郁郁寡欢的日子，只得继续过下去。

这年秋天，弟弟杜颖从山东齐州前来成都，探望哥哥一家。骨肉重逢，聚散匆匆，说不出的悲喜。在杜颖离开成都时，杜甫写下《送舍弟颖赴齐州三首》：

岷岭南蛮北，徐关东海西。此行何日到，送汝万行啼。

风尘暗不开，汝去几时来？兄弟分离苦，形容老病催。

短衣防战地，匹马逐秋风。莫作俱流落，长瞻碣石鸿。

异乡天涯，秋风萧瑟，白发萧萧的老诗人与弟弟挥手作别。眼泪如潮，一波又一波涌出眼眶。战乱仍旧，而他自己已如一盏风中残烛。此地一别，何时再见？也许转身即是永别。

三首别诗，读来令人心酸泪下。

彼时，积蓄在杜甫心中的，不仅仅是个人生活上的不如意和与亲人远别离的伤悲。更让他寝食难安的，是他的国家。忆往昔盛世，再看眼前乱世，如何不让人感慨伤悲？

《忆昔二首》，就作于广德二年（764）杜甫供职于严武幕府之时。

其一

忆昔先皇巡朔方，千乘万骑入咸阳。

阴山骄子汗血马，长驱东胡胡走藏。

邺城反覆不足怪，关中小儿坏纪纲。

张后不乐上为忙，至今今上犹拨乱，

劳心焦思补四方。

我昔近侍叨奉引，出兵整肃不可当。

为留猛士守未央，致使岐雍防西羌。

犬戎直来坐御床，百官跣足随天王。

愿见北地傅介子，老儒不用尚书郎。

其二

忆昔开元全盛日，小邑犹藏万家室。

稻米流脂粟米白，公私仓廪俱丰实。

九州道路无豺虎，远行不劳吉日出。

齐纨鲁缟车班班，男耕女桑不相失。

宫中圣人奏云门，天下朋友皆胶漆。

百余年间未灾变，叔孙礼乐萧何律。

岂闻一绢直万钱，有田种谷今流血。

洛阳宫殿烧焚尽，宗庙新除狐兔穴。

伤心不忍问耆旧，复恐初从乱离说。

小臣鲁钝无所能，朝廷记识蒙禄秩。

周宣中兴望我皇，洒泪江汉身衰疾。

这两首诗，如同大唐历史的缩影，把唐朝从开元盛世到安史之乱前后的社会现实展现得一览无余。

《忆昔二首》其一从肃宗灵武即位写起，一直写到代宗逃往陕州。

当年肃宗在灵武即位后，借回纥兵收复关中和两京。安庆绪被赶出洛阳后，奔走河北，死守邺城，最终得史思明出兵相救。这些叛贼既降又叛，反复无常，最终再次攻陷洛阳，这在杜甫看来皆是意料之中的事。

代宗即位后，接过的是父亲扔给他的乱摊子。登基伊始，代宗就劳心焦思于如何肃清朝纲。代宗曾给杜甫带来过希望。当年他任拾遗时，彼时代宗为广平王、天下兵马大元帅，先后率兵收复两京，势不可当。谁料他一旦登上皇位，便失去了当初的锐气与清明。同他父亲一样，代宗宠信宦官，他听信程元振谗言，夺郭子仪兵权，使岐雍一带兵力单薄，不能防敌于国门之外。致使吐蕃入侵，两京再度沦陷，府库闾舍被焚掠一空，文武百官，追随代宗狼狈逃往陕州，甚至连鞋子都来不及穿……

这一幕幕，构成了大唐的一部血泪史，更是一部屈辱史。杜甫含悲忍泪写作时，对往昔的盛世，更加怀念不止。

在《忆昔二首》其二中，诗人笔下的大唐让后世多少人都心生羡慕。那时候，米粮充足，储藏米谷的仓库都装得满满的；那时候，人丁兴旺，一座小城市就有万家人口；那时候天下太平，社会秩序良好，路不拾遗，夜不闭户，更不会有寇盗横行；那时候，百业兴盛，男耕女织，各安其业，各得其所，百余年间不曾发生大灾祸……

那一切，却在安史之乱后，一去不返。那一场绵延了七年多的战乱，削减了大唐十分之七的人口，荒芜了大唐曾经繁茂的田园。乱后物价飞涨，两京无数的宫殿被毁于战火。百姓流离，生灵涂炭……

往事不可追，回首时只有无限伤感。

杜甫却仍然不愿放弃自己的希望，希望当今皇上能像周宣王恢复周代初期的政治那般，恢复大唐的江山社稷，让大唐重现昔日盛世之景。那时，他这个愚钝无能的白头老臣，即便流落巴蜀地区，亦会感激涕零……

傅雷曾在家书中对儿子说："艺术表现的动人，一定是从心灵的纯洁来的！"

杜甫的诗篇动人，即来自他的纯洁。他的爱国热情，虽然带着封建时代的烙印，有一定的历史局限性，却至死都是纯洁的、热烈的。因为亲身经历过开元盛世，他才对儒家的政治理想深信不疑。乱世飘零，奸佞当道，都阻挡不了他对盛世的向往与呼唤。他一直试图用自己的诗篇鼓舞人们去实现这个美好的愿望。

也正为如此，对那些破坏盛世的乱臣贼子，杜甫才怀有那样深刻的仇恨。

在严武幕中写下这两首诗时，杜甫也不由向着远去的一个个身影深情凝望，洒泪而别。他们是他的诗朋好友，王维、李白、房琯，他们都曾同他诗酒唱和，共赏风流，如今却一个一个地起身远去了。

上元二年（761），王维辞世。

宝应元年（762），李白病逝于当涂。

广德元年（763），房琯病逝于阆州。

他们曾经如同一盏又一盏灯火，在杜甫的人生途中照亮他，温暖他，又一盏一盏在他的人生长途中熄灭了。

给杜甫留下的，是周身的冷。

这年秋冬时节，杜甫再闻朋友噩耗：郑虔和苏源明相继去世。郑虔于乾元二年（759）便殁于台州，苏源明则在这年逝于长安。这两位朋友的去世，让杜甫悲痛欲绝，他哀伤地写道："故旧谁怜我，平生郑与苏。存亡不重见，丧乱独前途。"

故交的逝去，让杜甫又想到自己当下的处境："疟病餐巴水，疮痍老蜀都。飘零迷哭处，天地日榛芜。"

真可谓句句含泪，字字带血。

人生走到这般境地，杜甫越发灰了心。这年冬天，他屡次向严武提出离开幕府。严武大概也烦了，终于在这年冬末答应了杜甫的请辞要求。

杜甫重新回到他的草堂。结束了他一生之中又一段极为短暂的仕宦生涯。

关于杜甫离开严武幕府的原因，还曾流传着一种不确凿的说法。说杜甫之所以离开严武，是因为两人闹翻了。对于严武的种种行径，杜甫越来越看不惯，某次竟然蒙酒盖脸，直接跳上严武的床指着他大骂："严挺之乃有此儿！"严武也毫不示弱，反唇相讥："杜审言乃有此孙！"

直呼对方父祖辈名讳，是极其无礼的举动。可见二人关系之僵。

更严重的是，后来严武对杜甫动了杀机，要除掉他，被他的母亲劝阻了。

此段传说，只能当作小说家之言，不能当真。

且不说杜甫与严武的交情有多深厚，从后来杜甫写给严武的悼诗中，也可看出，杜甫对朋友的感激与深情，从未改变过。

离开幕府，重回草堂，杜甫又过了一段平静的日子。那段平静的日子却并未维持太久。永泰元年（765），伤心的消息一个接着一个传来，把杜甫在蜀都的静好生活彻底打断。

正月，高适在长安去世的消息传来。杜甫作《闻高常侍亡》一哭：

归朝不相见，蜀使忽传亡。

虚历金华省，何殊地下郎。

致君丹槛折，哭友白云长。

独步诗名在，只令故旧伤。

哭高适的泪痕还未干，一个让杜甫更悲痛的消息传来，这年四月，刚刚40岁的严武竟然也暴病身亡。

王维、李白、房琯、高适，好友一个接一个故去，杜甫伤心，但伤心后还能收拾心情，再在蜀都把日子过下去。严武不一样，他是杜甫在蜀中最后一份依靠。他去了，也把杜甫心头最后的一份安全感带走了。

他也要走了。

五月的锦城，莺啼花乱。五月的草堂，却在这个美丽的暮春时节永远地失去了他的主人。

买舟，打点行李，与左邻右舍依依告别……

这一次，是永别。

五载客蜀郡，一年居梓州。

如何关塞阻，转作潇湘游。

世事已黄发，残生随白鸥。

安危大臣在，不必泪长流。

——《去蜀》

离别之际，不舍之外，还有深深的感慨。

杜甫是"诗圣"，也是一个普普通通的老人。要与自己一花一木苦心经营的草堂永别，而前路茫茫未知。心情不平静，对朝廷当政者心生怨意，都可理解。

从诗的创作技巧来说，此诗风骨苍劲，感慨遥深，而字句简练平淡，已至炉火纯青之境。正如邵长蘅所评："清空如话，正是老气。"

自乾元二年（759）年底入蜀，到永泰元年（765）五月离开，杜甫在蜀中，大约待了五年半时间，这其中还包含在梓州、阆州等地的一年零八个月。

算起来，杜甫在草堂，住了不满四年时间。

但这段日子却是杜甫一生中难得的安闲好时光。杜甫草堂也成了中国文学史上的一块圣地，千百年来，慕名前往朝拜"诗圣"的人，不计其数。

朝代更迭，风云变幻，多少帝王将相，已被湮没在历史的烟尘之中。一座茅草屋，却在万千读者心中，屹立千年。皆是"诗圣"的光芒使然！

杜
甫
传

第八章　归程何处

飘飘何所似，天地一沙鸥

一艘小木船，漂泊在白浪翻涌的江面，穿山过水，一程又一程。成都、草堂、锦江，都渐渐被抛到身后。诗人忧郁的目光望向远方，却看不到归途的方向……

永泰元年（765）五月，杜甫一家告别草堂，自成都上船，沿岷江南下。端午节前，一家人抵达嘉州。在嘉州一位族弟家稍作停留，继续沿江南下，月底达戎州，由此进入长江，改向东行，一路行至渝州（今重庆）。

在渝州，杜甫又停住了，他要在江边沙洲上等一个人——严六侍御。

关于此人，无详细史料。只从杜甫在渝州留下的一首《渝州候严六侍御不到，先卜峡》中得知，他们曾相约一起出明月峡，严六也曾说要快马加鞭赶来。可杜甫到渝州等了好久，连严六的影子也不曾见到，只得抱憾怏怏离去。

"山带乌蛮阔，江连白帝深。船经一柱观，留眼共登临。"在诗中，他不无遗憾地对严六侍御道：这里的山水真是美啊，青山绵延，到乌蛮一带变得开阔，江水连接着白帝城，又宽又深。你快点赶上来吧，等船到荆州一柱观时，我们还可以一起登高观赏。

在渝州等不到严六，杜甫一家再度启程，半月后抵达忠州（今忠县）。那里也有杜甫的一位远房亲戚。不过，他给杜甫的也只是一场礼节性的欢迎晚宴，之后，就把杜甫一家抛在江边的龙兴寺。在杜甫停留忠州的两个多月里，那位刺史大人再没前来过问过。

休整过后，杜甫一家再踏上下一段征程。

在这段寂寞的水上旅程中，眼前是烟波浩渺，远处是连绵青山。朝起行路，夜晚停泊住宿。世界在那些天变得单调又简单。似乎只是漂泊，漂泊，如一片无根的浮萍，在天地之间，沧浪之上，不断地漂泊……

那个夜晚，月白风清。杜甫一家将小船泊于岸边，静待黎明的到来。那天的风很细，夜也很静，置身舟中，杜甫甚至都能听见风拂过岸上细草的声音。近观眼前江岸与船只，远眺星空与江面，一种复杂难言的情绪涌上诗人心头。

细草微风岸，危樯独夜舟。星垂平野阔，月涌大江流。

名岂文章著，官应老病休。飘飘何所似，天地一沙鸥。

——《旅夜书怀》

此诗前半写景，精丽真切。后半抒情，感人至深。

一切景语皆情语，景句其实也是情句。难得的是，在这首诗中，诗人将幽细与雄浑结合得如此自然圆融：风动细草，樯耸夜空，何其细微；星垂平野，月涌江波，何其壮阔。在这空旷飘摇的天地之间、江面之上，诗人又以孤独的沙鸥自比，悲慨深切。

"白鸥没浩荡，万里谁能驯。"当年的豪情，已荡然无存。

杜甫现在是一只又老又病的孤独沙鸥。他在诗中慨叹：一个人光知道写文章又有什么用，它并不能成就名声。如今我又老又病，是应该休息了。可这般漂泊又像什么？就像天地间一只孤零零的沙鸥啊。

大半生的追寻，大半生的飘零。回首处，怎能轻易说无怨无悔？可杜甫向来是怨而不怒。哪怕吐露委屈，也极尽婉转。

九月，杜甫一家来到了云安。云安隶属夔州，即今重庆云阳。

四个月的舟车劳顿，一路上衣食难周，到云安时，杜甫的旧疾肺病和风痹同时发作。他整日整夜地咳嗽，几乎夜不成寐。一家人只得停船上岸。好在，他跟云安严县令还熟，上岸后就直接投奔他而去，暂时在他家的水阁里住下来。

九月九日，重阳节。文士郑贲邀请杜甫和当地的一些文人、官员、乡绅，一起登高聚饮。

云安地气偏暖，仲秋时节才刚穿夹衣。菊花却开得早，到九月九日，已经开得差不多了，花瓣凋零，只有花蕊还在恋恋不舍地依偎枝头。

文人雅士，登高望远，把酒言欢之际，难免要谈及时事。听到朔方节度使仆固怀恩勾结回纥、吐蕃等异族起兵反叛朝廷的消息，杜甫脸上的笑容隐去。杯中酒，瞬间变得苦涩无比。

寒花开已尽，菊蕊独盈枝。旧摘人频异，轻香酒暂随。

地偏初衣袷，山拥更登危。万国皆戎马，酣歌泪欲垂。

——《云安九日郑十八携酒陪诸公宴》

摘花已非旧友，携酒相交新知。原本一场欢喜的聚会，因为那个沉重的话题而变得生机全无。杜甫借酣歌而垂泪。大家最终不欢而散。

原本杜甫只是在云安暂作停留，等身体稍好就上路。谁料那一待，就是半年。从秋至冬再到来春，杜甫的沉疴痼疾，一直不见好转。他们只得在云安继续住下去。

在这期间，杜甫除了偶尔迎来送往，与当地的文人、地方官略作应酬，基本都缠绵病榻。他的身体越来越虚弱，走路要靠宗文、宗武两个人扶着，还要拄根拐杖。一位姓常的老友前来探望，离别之际二人相看泪眼，伤感更胜平日。杜甫遂作《别常征君》一首：

儿扶犹杖策，卧病一秋强。白发少新洗，寒衣宽总长。

故人忧见及，此别泪相忘。各逐萍流转，来书细作行。

杜甫此时在云安的落魄困窘之状，尽现于诗中。

秋去冬来，转眼杜甫一家已在云安停留三个月还多。流落他乡，疾病缠身，杜甫心中的百般飘零之感，唯有诉于诗笔。这年十二月初一，他一口气写了三首诗，以抒胸中块垒：

今朝腊月春意动，云安县前江可怜。

一声何处送书雁，百丈谁家上水船。

未将梅蕊惊愁眼，要取楸花媚远天。

明光起草人所羡，肺病几时朝日边。

寒轻市上山烟碧，日满楼前江雾黄。

负盐出井此溪女，打鼓发船何郡郎。

新亭举目风景切，茂陵著书消渴长。

春花不愁不烂漫，楚客唯听棹相将。

即看燕子入山扉，岂有黄鹂历翠微。

短短桃花临水岸，轻轻柳絮点人衣。

春来准拟开怀久，老去亲知见面稀。

他日一杯难强进，重嗟筋力故山违。

十二月的云安，已是春意萌动。梅蕊照人眼，桃花临水开，柳絮沾人衣，新燕黄莺，一片忙碌。无边的烂漫春色里，杜甫却无法开心起来。

严武故后，由郭英乂继任成都尹兼剑南西川节度使。因无法忍受他的骄横跋扈，这年十月，严武旧部汉州刺史崔旰率兵反叛。郭英乂败走简州，被普州刺史韩澄杀死。其后，邛州、泸州、剑州三州牙将又合而攻击崔旰，剑南再陷战乱之中。

杜甫在云安听到这样的坏消息，震惊之余，更加为天下苍生而心痛。于是又连下三首绝句，声讨战乱：

其一

前年渝州杀刺史，今年开州杀刺史。

群盗相随剧虎狼，食人更肯留妻子。

其二

二十一家同入蜀，惟残一人出骆谷。

自说二女啮臂时，回头却向秦云哭。

其三

殿前兵马虽骁雄，纵暴略与羌浑同。

闻道杀人汉水上，妇女多在官军中。

三首绝句不求文采华丽，只是直陈其事。爱憎分明，毫无隐晦。

在这三首诗中，杜甫直接把批判的锋芒对准朝廷。

其一言两州刺史被杀之事。刺史为朝廷命官，以维护皇权，澄清吏治为职责。如今竟然一再被杀。刺史命运尚且如此，其治下百姓的命运更无法想象。

其二写秦中难民入蜀后的遭遇。想来他们当初入蜀，也与杜甫一家一样，只为躲避关中战乱。昔日二十一家结伴同行，几年过去竟只剩一人自骆谷生还。因在蜀中活不下去了，只得把两个女儿含泪送给别人。二女啮臂诀别。说者何等伤心，闻者何等震惊？人间惨剧，还能有比这更为惨烈的吗？

其三写官军暴行。官军原为朝廷养来安境保民，如今竟然比异族羌浑还要暴戾，杀男子，抢女人，百姓的希望何在？

悲痛之际，杜甫愤然下笔。申涵光直称"三首鄙俚板实"。笔者却觉得，杜甫一腔爱国爱民意，足以抵消他在诗艺上的任何缺失。

移居夔州

永泰二年（766）春末的一个夜晚，杜甫一家在前往夔州的一条小船上。

船舱外，白浪滚滚，明月当空，桅杆上的风灯，在夜空下摇曳闪烁。岸边沙滩上的白鹭，蜷缩着一只脚并排站在沙洲上息眠。杜甫却静卧船舱，久久不能成眠。船尾忽然传来一声"拨剌"，打破了夜的宁静。杜甫起身去看，原是一条鱼儿跃出水面。

返身后，重新躺下。杜甫心中忽然生出一种久违的宁静与满足之感。

江月去人只数尺，风灯照夜欲三更。

沙头宿鹭联拳静，船尾跳鱼拨剌鸣。

行到人生的边缘，诗已与杜甫的生命融于一体。一个普通的江上春月夜，随便一吟，即诗意弥漫。

"夜泊之景，昼不能到"，浦起龙评此诗道。

自去年重阳之前，一直到这年春末，杜甫在云安，足足病了半年多时间。终于熬到可以继续前行的时候了。杜甫把下一站定在了夔州。

夔州，位于今重庆奉节东10余里处，离云安有240余里。在唐代，夔州属山南东道，设有都督府，州治在鱼腹浦和西陵峡之间，在瞿塘峡附近。公孙述曾经在瞿塘峡口北岸的白帝山山腰上，依山势建造白帝城。用石块砌成的城墙旧迹，至今仍多处可见。夔州城即在白帝城的基础上向西北面山坡扩建而成，故而唐人亦习惯把夔州城叫作白帝城。

杜甫之所以把目光锁定在夔州，大约因夔州在长安正南方向，从此处回长安正方便。240余里，下水行船，两天就到。两天后，杜甫一家即抵达夔州城。

伏枕云安县，迁居白帝城。春知催柳别，江与放船清。

农事闻人说，山光见鸟情。禹功饶断石，且就土微平。

——《移居夔州城郭》

杜甫在云安一直缠绵病榻，如今离开云安向夔州行进，想必身体已经好了许多，心情也随之变得大好。正是看山山含情，看水水含笑。

春日江畔，柳色青青，让杜甫想起唐人折柳送别的习俗。这个春天，尤其多情，她似乎知道诗人要走的消息，特意提前催绿了江柳。江水亦似通人意，为增添诗人放舟兴致，竟变得那么清澈。春末农事方兴，沿途随处可见三三两两的农人，在田间地头，或蹲或坐，正在谈论着今春的农事。而那一路的青山绿水，啾啾的鸟叫，更无时无刻不带给杜甫一片春之欢喜。两岸大禹凿山导江留下的断石还在，圣人走过的足音似乎还在耳边。

一路看山看水，笨重的木船已化为翩然轻舟。这个春天，诗人的心如羽毛般自由轻盈。这是他离开成都草堂以来最为开心的日子吧。

乍临新地，寻居所为当务之急。好在，杜甫的朋友遍天下，到夔州之后，他很快就借住进西阁。

西阁位于长江北侧的一个半山腰，为葱郁的密林所掩映。从杜甫《客堂》一诗中，可清楚知道杜甫一家离开云安移居夔州之始末。

> 客堂序节改，具物对羁束。石暄蕨芽紫，渚秀芦笋绿。
> 巴莺纷未稀，徽麦早向熟。悠悠日动江，漠漠春辞木。
> 台郎选才俊，自顾亦已极。前辈声名人，埋没何所得。
> 居然绾章绂，受性本幽独。平生憩息地，必种数竿竹。
> 事业只浊醪，营葺但草屋。上公有记者，累奏资薄禄。
> 主忧岂济时，身远弥旷职。循文庙算正，献可天衢直。
> 尚想趋朝廷，毫发裨社稷。形骸今若是，进退委行色。
>
> ——节选自《客堂》

春末入住客堂，不觉中节令已悄然转换，春渐远，夏渐近，客堂周围的盎然生机让杜甫暂时忘记了客居的孤独。仿佛再回到了当年的草堂，周围的一切，都让他感受到一种勃勃生机。

你看啊，石山那么暖；紫色的蕨芽长得多旺盛；沙渚上的芦笋，碧绿一片；黄莺们飞来飞去，啼叫正欢；麦子已泛香，接近成熟。日光似乎都走得慢了，它慢悠悠地照耀着水波荡漾的长江。草木疯长，

以全部的热情与春天告别，迎接夏之来临。

杜甫很久没有写过这样充满闲情逸致的诗作了。

在夔州西阁，杜甫正试图一点点走出人生种种悲苦在他心间投下的阴影。

他在诗中感激昔日好友严武的知遇之恩，让他在有生之年得以在浣花溪畔，种竹葺茅屋，诗意栖居。故人远去，忆来有些伤感。自己心念朝廷的那颗心却一直未变。

在这个连日光都缓慢的小城，杜甫再次因自己的余生而矛盾重重：如今朝廷正直，他多想再回京以图时政，为国家再贡献微薄之力，可眼前的衰病形骸，却让他陷入进退两难之地。

这一年，杜甫已经55岁。他实在厌倦了漂泊，便尝试着融入夔州当地的生活。

夔州的风俗是吃水不打水井，而以竹筒引山泉水而饮。杜甫居住的西阁附近，就盘绕着无数用来从高处引水的竹筒，有的地方甚至长达几百丈。杜甫看到如此引水方式，颇觉好奇，曾赋《引水》诗记录此事："白帝城西万竹蟠，接筒引水喉不干。人生留滞生理难，斗水何直百忧宽。"

他由此想起自己滞留云安时，须花钱买水，那项负担有时连奴仆也犯愁。而今只需几丈竹竿，清冽甘甜的山泉水即可引到眼前，对于他这样一个患消渴病（杜甫晚年又添此病，即今天的糖尿病）的人来说，有杯水喝，就足以解百忧而让心暂宽。

杜甫后来才知道，他乐观得过早了。竹筒引水，方便是方便，但也不是万无一失。因竹筒很容易坏掉，一节出了故障，山泉便流不到家里来，要一节节细细检查、排除。还有另外一个麻烦，一眼山泉有时要供数家饮用，就难免会发生居民争水的事。

有天深夜，因居民争水，杜甫家断水了，家奴阿段不声不响就出了门。

那天半夜时分，口渴难耐的杜甫，忽然听到竹筒引来的泉水从山顶云端直注缸中的声音，不觉大喜。才知阿段竟然到山中修好了中断的竹筒。遂作诗《示獠奴阿段》一诗，对阿段敢于在深夜里穿过虎豹群上山检修竹筒表示赞赏惊叹：

山木苍苍落日曛，竹竿裛裛细泉分。
郡人入夜争余沥，竖子寻源独不闻。
病渴三更回白首，传声一注湿青云。
曾惊陶侃胡奴异，怪尔常穿虎豹群。

从杜甫作于夔州期间的诗作可知，除疟疾、肺病、风痹等旧疾之外，杜甫又新添消渴病。一个55岁的老人，已经百病缠身，苦不堪言。杜甫倒能与这些新旧之疾相处。治得了的努力去治，治不好的，顺其自然。

听说乌鸡蛋对治疗风痹之症颇有疗效，杜甫便在院子里养了很多乌鸡。鸡生蛋，蛋孵鸡，很快，他那所处于半山腰的院子就成了一座小型的养殖场。

"狗吠深巷中，鸡鸣桑树颠。户庭无尘杂，虚室有余闲。"陶渊明的《归园田居》中，狗吠鸡鸣是田园生活的诗意点缀。

杜甫的院子却被那上百只鸡弄得一团乱。无奈之下，杜甫只得让大儿子宗文到东墙边的空地上去搭鸡栅栏，把它们关起来了事。

吾衰怯行迈，旅次展崩迫。愈风传乌鸡，秋卵方漫吃。
自春生成者，随母向百翻。驱趁制不禁，喧呼山腰宅。
课奴杀青竹，终日憎赤帻。蹋藉盘案翻，塞蹊使之隔。

墙东有隙地，可以树高栅。避热时来归，问儿所为迹……

——节选自《催宗文树鸡栅》

这年秋天，夔州天旱，为了解决一家人的吃菜问题，杜甫在院子里开辟了一块菜园，种上莴苣。从他的存诗来看，他种的莴苣长得并不怎么好，倒是那些不能食用的野苋长得极茂盛："两旬不甲坼，空惜埋泥滓。野苋迷汝来，宗生实于此。"（《种莴苣》）

园中蔬菜长不出来，就让童仆们到山上去摘苍耳。

苍耳，即卷耳，形似鼠耳，丛生如盘，生于荒地路旁，可食，对风疾也有一定疗效。因天旱，秋来瘴气剧烈，杜甫一大早就让孩子们出门，这样中午就可以赶回来。把采回的苍耳洗去土，剥去毛，再用开水焯一下，即可当菜食用。

以苍耳为菜，想来也是不得已的事情。吃着那种味道并不怎么鲜美的野菜，杜甫又想起人间种种不平事，他在诗中愤愤写道："乱世诛求急，黎民糠籺窄。饱食复何心？荒哉膏粱客！富豪厨肉臭，战地骸骨白。寄语恶少年，黄金且休掷！"（《驱竖子摘苍耳》）

"朱门酒肉臭，路有冻死骨。""富豪厨肉臭，战地骸骨白。"杜甫那种"穷年忧黎元"的精神，丝毫未因年迈多病而减分毫。其同情百姓的情感，倒是越发强烈。

这年秋末，柏茂琳任夔州都督兼御史中丞。他的到来，给杜甫在夔州的生活带来了新的福音。他对杜甫一家的生活极为关心，到任后曾分月俸给杜甫，以助他维持家计。

这也许是杜甫能在夔州待下去的原因之一。那里的名胜古迹颇多，文朋诗友亦有不少。日子稍稍稳定下来后，杜甫登山临水，诗酒唱和，又恢复了一位大诗人该有的生活。而夔州这座古城，注定会因他而增色无限。

夔州的田园生活

在杜甫的生命中，尤其在他的晚年岁月中，严武是一位极重要的朋友，他在成都期间给杜甫提供过资助与庇护。他去世后，那份福荫也一直延伸到了夔州。柏茂琳也曾是严武旧部，与杜甫在严武幕府中熟识。

大历元年（766），柏茂琳被派到夔州，任都督兼任以夔州为首的五州防御使。柏茂琳在严武手下时即受其器重，他对杜甫的才华也颇为欣赏。柏茂琳到夔州不久，就把杜甫请到了府中，为他起草、撰写一些奏表，担任起他的私人秘书。如此一来，柏茂琳就可以顺理成章地为杜甫一家提供资助，向杜甫频分月俸。

这是杜甫晚年岁月中又一段极为难得的安闲时光。

有柏茂琳的资助，一家人暂时衣食无忧。夔州城东的东瀼溪两岸有公田百顷，据说当年公孙述曾在这里屯田，故又称东屯。为让杜甫一家有更稳定的生活来源，柏茂琳到任不久即上奏朝廷，把100多公顷公田交给杜甫管理。

大历二年（767）春，杜甫一家又搬到了赤甲山。赤甲山在夔州城东，因山色暗红如红色铠甲，故而得名。杜甫在赤甲山并未住几天，因为柏茂琳很快就给他选择了另一个更理想的住地——瀼西。

杜甫迁居瀼西后，临时租了一套房子居住。或许是对成都草堂岁月的怀念，他把那栋房子命名为"瀼西草堂"。柏茂琳则继续对杜甫一家施以无私援手，除上奏把百顷公田交给杜甫管理外，还另外赠送了杜甫40亩柑林。

百顷公田，40亩果园，需要不小的劳动量了。为管理好公田和柑

园，杜甫雇了几个仆人帮忙。当时在夔州，杜甫曾雇獠奴阿段，来瀼西后，又雇信行、伯夷、阿稽等人，负责柑林和菜地的管理，公田则交给一个叫张望的行官负责。

有了这些仆人，杜甫的日常生活便轻松了很多，他只负责督促这些人就好。

"青冥曾巅后，十里斩阴木。人肩四根已，亭午下山麓。"这是杜甫督理仆人们在山谷伐木，用木栅把草堂保护起来。

"六月青稻多，千畦碧泉乱。插秧适云已，引溜加溉灌""终然添旅食，作苦期壮观。遗穗及众多，我仓戒滋蔓。"这是杜甫提醒行官张望，要及时给东屯的稻田补水。

无论日子是穷困还是宽裕，杜甫都不曾放下对黎民百姓的同情与关注。

在瀼西住了没多久，杜甫再次搬回瀼东，为的是便于对东屯稻田的管理。

这是杜甫在夔州最后一次搬家。他把瀼西草堂借给了来夔州寻房的忠州司法参军吴郎居住。颇有意味的是，吴郎搬到杜甫的瀼西草堂不久，就自作主张在草堂周围扎上了篱笆。杜甫大为不满，他急急写诗去委婉开导：

> 堂前扑枣任西邻，无食无儿一妇人。
> 不为困穷宁有此，只缘恐惧转须亲。
> 即防远客虽多事，便插疏篱却甚真。
> 已诉征求贫到骨，正思戎马泪盈巾。
>
> ——《又呈吴郎》

原来，杜甫在瀼西草堂居住时，邻居中有一位无儿无女的寡妇，因家中缺衣少食，枣子成熟时节常常到草堂来打枣子。这位吴郎扎起篱笆自然是为了防止这位老寡妇前来打枣。杜甫在诗中对这位亲戚进行批评和教导：现在时局动荡，战乱不息，像老妇人这样受尽剥削的穷苦人，我一想到他们受苦受难就难过得热泪盈眶。我们应该对她的遭遇感到同情，对她更加照顾。你怎能因为她打几个枣就扎起篱笆呢？

杜甫对东屯的稻田颇为看重，一直盼着能有个好收成。他也是在为百姓考虑：稻田丰收，家中口粮有了保障，自家粮仓充实了，其余还可以分给老百姓来吃。

在夔州古城，杜甫有田，有果园，有帮他打理生计的仆人。日子似乎又恢复了昔日成都草堂的宁静恬适。事实是，曾经的一切都已走远，过去的岁月再也无法复制。

初至瀼西的那个春末，杜甫曾写下《暮春题瀼西新赁草屋五首》，来记录自己那段时期的生活与心情。读那五首诗，可知杜甫的心情并不轻松。

"谷虚云气薄，波乱日华迟。战伐何由定，哀伤不在兹。"

"此邦千树橘，不见比封君。养拙干戈际，全生麋鹿群。"

"哀歌时自惜，醉舞为谁醒。细雨荷锄立，江猿吟翠屏。"

"壮年学书剑，他日委泥沙。事主非无禄，浮生即有涯。高斋依药饵，绝域改春华。丧乱丹心破，王臣未一家。"

"时危人事急，风逆羽毛伤。落日悲江汉，中宵泪满床。"

国家危难，病体支离，满腔壮志，却再无机会施展。哪怕有田百顷，橘千树，一样改变不了诗人乱世飘零、老去无成的悲愤心情。他只能在夔州的山山水水间，哀歌自叹，醉酒自遣。

夔州，山川奇丽，风景秀美。当地有八阵图、武侯祠、白帝城、高唐观等名胜古迹。杜甫闲来无事，也会到这些名胜寻古探幽，直抒胸臆。《白帝城最高楼》《白帝》《武侯庙》《谒先主庙》《八阵图》《古

柏行》等诗，皆为这一时期的作品。

> 白帝城中云出门，白帝城下雨翻盆。
> 高江急峡雷霆斗，古木苍藤日月昏。
> 戎马不如归马逸，千家今有百家存。
> 哀哀寡妇诛求尽，恸哭秋原何处村？

这首《白帝》为一首律中带古的拗体七律。首联写城中云雾翻涌，城下大雨倾盆。颔联写雨后峡江怒吼，树木荫翳、日月无光。四句皆为山城特有之景，其动荡不安、阴惨昏暗的特征正为下文的忧国忧民之情作铺垫。

此情此景，很容易让诗人联想到战乱不止、民生凋敝的现实。而此时不知何处传来的妇女啼哭声，更是让诗人心内如煎：战乱不已，男丁多已战死，只剩下一些寡妇和幼儿，而官府依旧急敛暴征，秋粮已所剩无几，无以为生的寡妇们，只能哀哀哭泣。

面对这一切，诗人心痛，但是束手无策。他只能茫然而立，只留下一片雨声、浪声和女人的哭声，在读者耳畔久久回荡。

> 孔明庙前有老柏，柯如青铜根如石。
> 霜皮溜雨四十围，黛色参天二千尺。
> 君臣已与时际会，树木犹为人爱惜。
> 云来气接巫峡长，月出寒通雪山白。
> 忆昨路绕锦城东，先主武侯同閟宫。
> 崔嵬枝干郊原古，窈窕丹青户牖空。
> 落落盘踞虽得地，冥冥孤高多烈风。
> 扶持自是神明力，正直原因造化功。

大厦如倾要梁栋，万牛回首丘山重。

不露文章世已惊，未辞剪伐谁能送？

苦心岂免容蝼蚁，香叶终经宿鸾凤。

志士幽人莫怨嗟，古来材大难为用。

诸葛武侯，曾让杜甫一咏再咏。当年在成都，他曾数次前往武侯祠祭拜，并留下了一首流传千古的《蜀相》。公元222年二月，刘备征吴，为吴将所败，崩于夔州永安宫，故夔州有先主庙，有孔明庙。在永安宫前平沙上，还有当年诸葛亮聚石成堆，纵横棋布的八阵图遗迹。

杜甫来夔州，这些地方不可不去。尤其在诸葛亮的庙前，面对那高耸入云的参天巨柏，杜甫更是激情澎湃。于是作下这首《古柏行》，再次歌咏诸葛亮的丰功伟绩。

此诗开篇即点明所咏者非寻常古柏，乃诸葛孔明庙前古柏。

古柏与孔明，在诗中早已化为一体。

莫砺锋与童强所撰的《杜甫诗选》中曾有这样的评价："诗中句句是咏古柏，也句句是咏孔明。古柏高大参天，孔明则英才盖世。古柏正直劲挺，孔明则忠贞耿直。古柏屹立于烈风之中，孔明则受命于危难之际。在诗人眼中，古柏即孔明，孔明即古柏，二者已经融合成一个整体。正因如此，诗中激荡着浓烈的情思，是一首寄托格外鲜明的咏物诗。"

在夔州生活许久，杜甫慢慢发现了当地一个风俗：当地的重体力劳动，多由妇女承担。又因战乱后男丁变得稀缺，更加重了女人的负担。这些可怜的女人，头发半白，体力衰竭，还要整日砍柴、贩盐，以求薄利。生活艰辛加上衣饰粗陋，让这些妇女看上去面容憔悴，早早就失去了女性光华。

为此，杜甫愤而作《负薪行》，为她们鸣不平：

夔州处女发半华，四十五十无夫家。

更遭丧乱嫁不售，一生抱恨堪咨嗟。

土风坐男使女立，应门当户女出入。

十犹八九负薪归，卖薪得钱应供给。

至老双鬟只垂颈，野花山叶银钗并。

筋力登危集市门，死生射利兼盐井。

面妆首饰杂啼痕，地褊衣寒困石根。

若道巫山女粗丑，何得北有昭君村。

也许杜甫已隐隐感受到死神的召唤，他要在自己生命的最后时刻，奋不顾身地燃烧。50多岁的迟暮老人，带着一身的病痛，在夔州那座古城迸发出惊人的艺术热情。

此时的诗人，如同诗魂附体，日常生活，院里家禽，地里蔬菜，信手拈来即成诗。他为当地可怜的女人写下《负薪行》；家中小奴缚鸡去卖，他满怀同情写下《缚鸡行》："虫鸡于人何厚薄，吾叱奴人解其缚。"

而夔州的山水古迹间，更是留下了诗人行行惆怅的清泪。《秋兴八首》《咏怀古迹五首》几乎篇篇精彩。

在夔州，杜甫一共待了一年零九个月，共创作了450余首诗作，占到他现存诗作的三分之一还多。

"古来材大难为用"，是杜甫在《古柏行》一诗中所发的感慨。是慨叹天下英雄无用武之地，又何尝不是借此自抒胸中块垒。

夔州西阁，瀼西草堂，东屯田间，白帝高城……夔州安定的生活环境和相对坚实的经济基础，为杜甫的诗歌创作提供了有利的条件。杜甫的心结，却一日未曾得解。百般忧虑，唯有寄托于诗歌。

百年多病独登台

代宗大历二年（767）秋，杜甫已来夔州一年多时间。

这一年多时间里，虽然杜甫已是百病缠身，但生活相对来说还算舒适稳定。这让他有了更多的心思与精力耽于诗的创作。

"为人性僻耽佳句，语不惊人死不休。"在诗歌创作上，杜甫一直坚持自己的追求，在这首作于上元二年（761）的诗中，杜甫曾直言自己喜欢词句不落窠臼，追求"诗成泣鬼神"的境界。

宝应元年（762），杜甫在成都草堂作《戏为六绝句》，更是向诗坛宣布了他的诗学观点。在那六首七言绝句组诗中，杜甫集中表达了他的诗学思想及文学史观。

"王杨卢骆当时体，轻薄为文哂未休。尔曹身与名俱灭，不废江河万古流。"（其二）

"不薄今人爱古人，清词丽句必为邻。"（其五）

"未及前贤更勿疑，递相祖述复先谁？别裁伪体亲风雅，转益多师是汝师。"（其六）

从这些诗作中不难看出杜甫一生所努力追求的创作方向与轨迹。他既主张对以《诗经》《楚辞》为主的优秀传统进行继承，又主张对清词丽句兼收并蓄。在初唐和盛唐时期，诗坛对六朝文学的绮丽文风几乎一笔抹杀，杜甫却清晰地看到六朝文学的长处，并极力借鉴汲取，为己所用。也正是因为杜甫这种辗转获益，多方取师的态度，他才最终成为唐诗的"集大成者"。

到杜甫生命的最后几年，他越发热衷于雕琢词句。其诗作无论从内容还是技巧方面，都走向了炉火纯青的境界。

杜甫传

　　大历元年（766），是杜甫诗兴极为蓬勃的一年，《秋兴八首》《咏怀古迹五首》《壮游》《偶题》《阁夜》……篇篇留芳，光耀千古。

　　其中的《秋兴八首》，结构严密，浑然一体，而又字句华美，色彩艳丽，许多后世评论家认为这组诗代表了诗人晚年七律创作的最高水平。

其一

玉露凋伤枫树林，巫山巫峡气萧森。

江间波浪兼天涌，塞上风云接地阴。

丛菊两开他日泪，孤舟一系故园心。

寒衣处处催刀尺，白帝城高急暮砧。

其二

夔府孤城落日斜，每依北斗望京华。

听猿实下三声泪，奉使虚随八月槎。

画省香炉违伏枕，山楼粉堞隐悲笳。

请看石上藤萝月，已映洲前芦荻花。

其三

千家山郭静朝晖，日日江楼坐翠微。

信宿渔人还泛泛，清秋燕子故飞飞。

匡衡抗疏功名薄，刘向传经心事违。

同学少年多不贱，五陵衣马自轻肥。

其四

闻道长安似弈棋，百年世事不胜悲。

王侯第宅皆新主，文武衣冠异昔时。
直北关山金鼓振，征西车马羽书驰。
鱼龙寂寞秋江冷，故国平居有所思。

其五

蓬莱宫阙对南山，承露金茎霄汉间。
西望瑶池降王母，东来紫气满函关。
云移雉尾开宫扇，日绕龙鳞识圣颜。
一卧沧江惊岁晚，几回青琐点朝班。

其六

瞿塘峡口曲江头，万里风烟接素秋。
花萼夹城通御气，芙蓉小苑入边愁。
珠帘绣柱围黄鹄，锦缆牙樯起白鸥。
回首可怜歌舞地，秦中自古帝王州。

其七

昆明池水汉时功，武帝旌旗在眼中。
织女机丝虚夜月，石鲸鳞甲动秋风。
波漂菰米沉云黑，露冷莲房坠粉红。
关塞极天惟鸟道，江湖满地一渔翁。

其八

昆吾御宿自逶迤，紫阁峰阴入渼陂。
香稻啄余鹦鹉粒，碧梧栖老凤凰枝。
佳人拾翠春相问，仙侣同舟晚更移。

彩笔昔曾干气象，白头吟望苦低垂。

此组诗作于大历元年（766）秋日，此时杜甫尚在夔州。

秋兴，因秋而感兴。兴，读去声，有感兴、遣兴之意。

晋代潘岳曾作《秋兴赋》，其序曰："于时秋也，故以《秋兴》命篇。"

晋殷仲文在《南州桓公九井作》曰："独有清秋日，能使高兴尽。"

杜甫大约受二人启发，亦曾在一首诗中写："故人何寂寞，今我独凄凉。老去才难尽，秋来兴甚长。"

秋风乍起，白露为霜，木叶凋零，在那样的天气里，杜甫登上夔州古城的高台，遥望他一直念着的长安，心潮自是难以平静，遂吟成《秋兴八首》。

据莫砺峰先生的观点，八首诗可分两部分。前三首，歌咏夔州秋景：第一首从朝露初降写到暮砧声起，第二首从夕阳西下写到月映芦花，第三首写次日清晨江边之景。

三首诗以时间为序，井然有序地向前推进，从白天到黄昏，从黄昏到深夜，再从深夜到次日清晨。夔州古城的秋景，便全方位展现在读者面前。

杜甫以一支清丽的诗笔，生动地描摹着江城秋景，其意却在"秋兴"二字，其"兴"无处不在。殷殷故园心，痴痴望京华，同学少年，五陵衣马，牵着诗人的思绪，越过千山万水，直飞向遥远的长安。

第四首以"闻道长安似弈棋，百年世事不胜悲"开篇，从前三首眼前秋景自然切换。接下来的几首诗，都以"长安"为主题，具体对象却又各不相同："其四"总叙长安，政局似棋局，变化不定；"其五"专咏皇帝，"其六"写皇帝游赏之地，"其七"写长安一般景物，"其八"则写自己在长安的游览经历。

五首诗，以怀念长安为情感主线，又融入无限的家国之感。丽景哀情，后五首的感兴与前三首秾丽秋景相映衬，整组诗便沉浸在一种伤感的氛围之中。

从长安到夔州，再从夔州回长安，万里江山囊括其中。从大唐盛世的繁华，到乱后衰败的凄凉，时间上跨越几十年。诗人的思绪，穿越时空，飘忽飞扬。其主题却又十分集中，只有一个——思念长安。

明朝张綖曾在《杜工部诗通》中总评《秋兴八首》，甚是恰切中肯："《秋兴八首》皆雄浑丰丽，沉着痛快。其有感于长安者，便极言其盛，而所感自寓于中。徐而味之，则凡怀乡恋阙之情，慨往伤今之意，与夫夷狄乱华、小人病国，风俗之非旧，盛衰之相寻，所谓不胜其悲者，固已不出乎言意之表矣。卓哉一家之言，复然百世之上，此杜子所以为诗人之宗仰也。"

夔州的山山水水间，留下了杜甫重重叠叠的脚印，他走走停停，且行且吟，借山水以抒情，吊古人而洒泪。

当年庾信被留北朝，终生未得回南方。杜甫则淹留蜀地，遥望长安却不得归。相似的遭遇，让杜甫在百年之后凄凉吟道："庾信平生最萧瑟，暮年诗赋动江关。"

杜甫的诗情，感动的又何止江关。它的余波，直扩散到千秋万代之后。

宋玉悲秋，杜甫则为这生不同时却同样命运萧条的前辈而怅望洒泪："摇落深知宋玉悲，风流儒雅亦吾师。怅望千秋一洒泪，萧条异代不同时。"

还有那个离乡去国，嫁入大漠深处的明妃王昭君，杜甫亦满怀同情："画图省识春风面，环珮空归夜月魂。千载琵琶作胡语，分明怨恨曲中论。"

借古人情事，抒今人胸臆。细览杜甫所吟咏的这些古人，发现他

杜甫传

们的命运皆与杜甫有相似之处。也难怪他们能给诗人带来如此大的震动。

有人说，杜甫年轻时代登泰山，一首《望岳》宣告了他登上唐代诗坛，有着"一览众山小"的雄心壮志。那么，他在大历二年（767）秋，登上夔州古城高台所吟咏的一首《登高》，则又毫无疑问地成为唐代七言律诗的压卷之作。

从初涉诗坛时的光芒万丈，到屹立诗坛时的独占鳌头，从诗歌创作这方面来看，杜甫的一生无人可敌。

大历二年（767）秋，重阳节，杜甫拖着病躯，独自一人登山上白帝城外的高台。面对滚滚而来的长江水、萧萧而下的落叶，诗人回首自己大半生走过的路，百感交集，遂即兴吟诵出他的那首被称为"古今七言律第一"的《登高》：

> 风急天高猿啸哀，渚清沙白鸟飞回。
>
> 无边落木萧萧下，不尽长江滚滚来。
>
> 万里悲秋常作客，百年多病独登台。
>
> 艰难苦恨繁霜鬓，潦倒新停浊酒杯。

明代胡应麟于《诗薮》中盛赞此诗曰："此章五十六字，如海底珊瑚，瘦劲难移，沉深莫测，而精光万丈，力量万钧。通章章法、句法、字法，前无昔人，后无来学，此当为古今七言律第一，不必为唐人七言律第一也。"

风急浪高，木叶飘飞，大雁独自在天际徘徊。杜甫这年56岁了，一身病痛已将他折磨成一个衰弱无比的老人。流落异地他乡，回望故园，千山阻隔回不去，再看身边，知交多已四散零落。又逢这秋叶飘零的时节，登高远望，想到自己一生壮志未酬却已无奈走向人生边缘，国家依然战乱未平，天下黎民还处在水深火热之中，种种愁苦，集于诗人心中。那重重的愁，哪里又是一杯浊酒可承载得起的？

有人说，读诗最好的方法，为知人论世法。笔者却更愿意读诗者学会"穿越"。穿越回诗人生活的大唐，穿越回大历二年（767）重阳节，穿越回杜甫所登临的白帝古城高台。

就站在他的身边，什么也不说，只静静地听他吟咏。

那是一种慈悲。一种穿越千年的惺惺相惜。

且以回忆慰衰年

梁启超说："老年人常思既往，少年人常思将来。"

在夔州古城，当年迈的杜甫一次次登高吟咏时，他的目光穿越重重山水，回故乡，回洛阳，回到昔日大长安，也穿越层层岁月烟雨，回到自己的童年、少年、青年……

翻阅杜甫在夔州期间所写的400余首诗歌，除记录他在夔州的日常之外，有很大一部分则是回忆。回忆成了他安慰自己的重要方式，亦成了他诗作的重要主题。

大历二年（767）十月十九日，杜甫在夔州别驾元持家里偶然观赏到了一场精美绝伦的剑器舞。舞者是一位名叫李十二娘的女子。攀谈起来，杜甫才知道，原来她就是著名舞蹈家公孙大娘的弟子。

往事如烟，有些已随风散落，有些却固执地钻入人的记忆深处。李十二娘的舞蹈，让杜甫不由想起50年前自己观看过的那场舞蹈。彼时的舞者是公孙大娘，地点在河南郾城。作为观众的他，还是一个不谙世事的孩童：

大历二年十月十九日，夔府别驾元持宅，见临颍李十二娘舞剑器，壮其蔚跂。问其所师，曰："余，公孙大娘弟子也。"开元五载，余尚童稚，记于郾城，观公孙氏舞剑器浑脱，浏漓顿挫，独出冠时，自高头宜春、梨园二伎坊内人泊外供奉舞女，晓是舞者，圣文神武皇帝初，公孙一人而已！玉貌锦衣，况余白首！今兹弟子，亦匪盛颜。既辨其由来，知波澜莫二，抚事慷慨，聊为《剑器行》。昔者吴人张旭，善草书书帖，数常于邺县见公孙大娘舞西河剑器，自此草书长进，豪荡感激，即公孙可知矣。

> 昔有佳人公孙氏，一舞剑器动四方。
> 观者如山色沮丧，天地为之久低昂。
> 㸌如羿射九日落，矫如群帝骖龙翔。
> 来如雷霆收震怒，罢如江海凝清光。
> 绛唇珠袖两寂寞，晚有弟子传芬芳。
> 临颍美人在白帝，妙舞此曲神扬扬。
> 与余问答既有以，感时抚事增惋伤。
> 先帝侍女八千人，公孙剑器初第一。
> 五十年间似反掌，风尘澒洞昏王室。
> 梨园弟子散如烟，女乐余姿映寒日。
> 金粟堆南木已拱，瞿塘石城草萧瑟。
> 玳筵急管曲复终，乐极哀来月东出。
> 老夫不知其所往，足茧荒山转愁疾。

有人说，杜甫是"以诗为文"，韩愈是"以文为诗"。

此诗序言，正是"以诗为文"，先叙观看李十二娘舞姿，李十二娘矫健多变的舞姿，引起诗人好奇，一问之下，才知她是公孙大娘的弟子。继而触景生情，想起自己童年观看过的公孙大娘的《剑器》和《浑脱》舞，流畅飘逸而且节奏明朗，超群出众，当代第一。那个时代，从皇宫内的宜春、梨园弟子到宫外供奉的舞女中，懂得此舞的也仅有公孙大娘一人而已。

在对公孙大娘的舞技进行了一番赞叹之后，又以大书法家张旭观舞后书艺大长的故事，再次表达自己对公孙大娘高超舞技的佩服。

此诗的结构非常独特，诗因观赏李十二娘之舞蹈而起，却处处不离50年前公孙大娘的剑器舞。诗开头八句，先写公孙大娘如"羿射九日""骖龙飞翔"，其舞技之高，让人叹服；后面"绛唇"六句，写公孙大娘死后，剑舞沉寂，幸好晚年还有弟子传承。

诗人情绪，随着两代舞蹈家的舞姿，时起时落，笔势亦随之千回百转。

从"先帝侍女八千人"之句开始，诗人的思绪已重返50年前。50年时间，似在反掌之间，从长安到夔州，已隔千里。巨大的时空交换中，大唐帝国由盛转衰，昔日帝王玄宗墓前的树木已拱，当年的舞韵剑姿已如云烟散落。抚今追昔，感情的波澜在诗人胸中翻滚，最终汇成一股洪流，奔泻而出。

最后重回现实，则是曲终人散，乐极哀来。月出东山，愁笼荒山。一地余音，让读者的心情也久难平静。

一诗一序，桴鼓相应，相得益彰，可谓珠联璧合。

王嗣奭评此诗："此诗见剑器而伤往事，所谓抚事慷慨也。故咏李氏，却思公孙；咏公孙，却思先帝；全是为开元天宝五十年治乱兴衰而发。"

廖仲安从此诗的艺术风格评："既有'浏漓顿挫'的气势节奏，又有'豪荡感激'的感人力量，是七言歌行中沉郁悲壮的杰作。"

一次偶然的舞蹈观赏，引起诗人如此兴亡之叹，也引得后人争相

杜甫传

评说。

晚年的杜甫似乎比早年更容易伤感，也更爱躲进回忆的城堡，咀嚼过往。想想也能理解，年过半百，仍羁留异乡。回望故园，去路茫茫。若不以回忆下酒，诗人的晚年还有什么光？

同样写于夔州古城的《壮游》，作于前一年的大历元年（766）。这首长达112句的长诗，堪称杜甫为自己写下的一部自传体"诗史"。它以如此宏大的篇幅，详细叙述自己的生平，也描绘了自己的心路历程：

往昔十四五，出游翰墨场。斯文崔魏徒，以我似班扬。

七龄思即壮，开口咏凤凰。九龄书大字，有作成一囊。

性豪业嗜酒，嫉恶怀刚肠。脱略小时辈，结交皆老苍。

饮酣视八极，俗物都茫茫。东下姑苏台，已具浮海航。

到今有遗恨，不得穷扶桑。王谢风流远，阖闾丘墓荒。

剑池石壁仄，长洲荷芰香。嵯峨阊门北，清庙映回塘。

每趋吴太伯，抚事泪浪浪。枕戈忆勾践，渡浙想秦皇。

蒸鱼闻匕首，除道哂要章。越女天下白，鉴湖五月凉。

剡溪蕴秀异，欲罢不能忘。归帆拂天姥，中岁贡旧乡。

气劘屈贾垒，目短曹刘墙。忤下考功第，独辞京尹堂。

放荡齐赵间，裘马颇清狂。春歌丛台上，冬猎青丘旁。

呼鹰皂枥林，逐兽云雪冈。射飞曾纵鞚，引臂落鹙鸧。

苏侯据鞍喜，忽如携葛强。快意八九年，西归到咸阳。

许与必词伯，赏游实贤王。曳裾置醴地，奏赋入明光。

天子废食召，群公会轩裳。脱身无所爱，痛饮信行藏。

黑貂不免敝，斑鬓兀称觞。杜曲晚耆旧，四郊多白杨。

坐深乡党敬，日觉死生忙。朱门任倾夺，赤族迭罹殃。

国马竭粟豆，官鸡输稻粱。举隅见烦费，引古惜兴亡。

河朔风尘起，岷山行幸长。两宫各警跸，万里遥相望。

崆峒杀气黑，少海旌旗黄。禹功亦命子，涿鹿亲戎行。

翠华拥英岳，螭虎啖豺狼。爪牙一不中，胡兵更陆梁。

大军载草草，凋瘵满膏肓。备员窃补衮，忧愤心飞扬。

上感九庙焚，下悯万民疮。斯时伏青蒲，廷争守御床。

君辱敢爱死，赫怒幸无伤。圣哲体仁恕，宇县复小康。

哭庙灰烬中，鼻酸朝未央。小臣议论绝，老病客殊方。

郁郁苦不展，羽翮困低昂。秋风动哀壑，碧蕙捐微芳。

之推避赏从，渔父濯沧浪。荣华敌勋业，岁暮有严霜。

吾观鸱夷子，才格出寻常。群凶逆未定，侧伫英俊翔。

此诗以时间为线，首句至"俗物都茫茫"，叙"少年之游"；再叙"吴越之游"（至"欲罢不能忘"）、"齐赵之游"（至"忽如携葛强"）、"长安之游"（至"引古惜兴亡"），以及"奔赴凤翔及扈从还京"（至"鼻酸朝未央"），再到"贬官之后客居巴蜀"（至结句）。（参见《杜甫诗选》，商务印书馆，2018年版）

六段经历，写尽诗人一生的动荡不安、坎坷崎岖，也把诗人所处时代的盛衰兴亡，风云变幻，与个人经历融为一体。也正为此，诗中的感慨与惋惜，便有了双重意义。以个人遭遇的视角，来审视大唐王朝由盛转衰的历史变迁，自传体的诗作，便不仅仅是"自为列传"，而具有了深沉的历史感。

少年的活泼健壮，无忧无虑；青年的裘马轻狂，快意风流；旅食京华，寄人篱下，处处仰人鼻息；安史之乱后，逃难时的九死一生；暮年漂泊西南，仍念念不忘家国之难。

在这首长诗中，杜甫重新把他50多年的人生路又走了一遍。后世读者也跟着他心潮起伏跌宕。谁说杜甫从来没有年轻过？李白从来没

有年老过？杜甫青年时代的侠义与张扬，不比李白的青年时代少。

杜甫是被自己的性格与那个时代渐渐磨老的，它们双重夹击，在杜甫前行的路上步步设障。时代埋没了他的满腔抱负，却没能埋没他耀眼的才华；杜甫一生坚持的儒家理想与略显懦弱的性格，则让愁云几乎笼罩了他大半生。他没有李白"仰天大笑出门去"的潇洒，又放不下"致君尧舜上，再使风俗醇"的政治理想。

杜甫的悲剧，其实早已为他自己和那个时代所写好。

《壮游》一诗，不过是他以书面形式来对自己与他的时代进行的一个总结。

社稷缠妖气，干戈送老儒

在夔州的无边秋色里，杜甫回顾自己一生，写下《壮游》。也对中国的诗歌史做了一次总结性的回顾，写下《偶题》一诗。

王嗣奭曰："此公一生精力，用之文章，始成一部'杜诗'，而此篇乃其自序也。诗三百篇各有序，而此篇又一部杜诗之总序也。"

其实，此篇不仅为杜诗之总序，也是杜甫为整个中国古代诗歌史所写的总序。

"文章千古事，得失寸心知。"人至老年，杜甫对整部文学史的来龙去脉更是洞若观火，对历代诗歌的优劣也更加了然于胸，才能喊出这样提纲挈领似的警策之语。

夔州，于杜诗的创作发展来说，无异于又一片洞天福地。有40亩柑园可种，有百顷公田可管理，家里养着五六个仆人，有朋友接济帮助，日子算得上衣食无忧，也算安然静好。也正是这样有利的环境，才让杜甫在晚年老病之中成系统地创作了一系列诗篇，在这400多首诗作中，涵盖了国家、个人、念友、古迹、诗论等，可谓非常全面。

也许是杜甫有意为之，他要在自己的生命结束之前，给自己的诗歌创作作一个圆满的交代。

安逸的夔州古城，却注定留不住诗人的脚步。叶落归根，万里漂泊，杜甫思念着故园亲人，放不下自己热望的长安。

大历二年（767）年初，杜甫的弟弟杜观曾前往夔州探望杜甫。战乱流离之中，异乡重逢，杜甫心中的激动与惊喜自是难以言表。听说弟弟已过了江陵（荆州），杜甫便迫不及待地作了一首《得舍弟杜观书自中都已达江陵》，以表达自己满腔喜意：

尔到江陵府，何时到峡州？乱离生有别，聚集病应瘳。

飒飒开啼眼，朝朝上水楼。老身须付托，白骨更何忧。

杜观此次前来，一是探望兄长，二是有更重要的大事要去完成——他要前往陕西蓝田迎娶新妇。这从杜甫后来写的《舍弟观归蓝田迎新妇送示两首》中可知。

其一

汝去迎妻子，高秋念却回。即今萤已乱，好与雁同来。

东望西江永，南游北户开。卜居期静处，会有故人杯。

其二

楚塞难为路，蓝田莫滞留。衣裳判白露，鞍马信清秋。

满峡重江水，开帆八月舟。此时同一醉，应在仲宣楼。

诗中，杜甫对杜观殷殷叮咛，让他莫在蓝田久滞留。他已做好秋

天离开夔州的打算，希望到时能与弟弟在江陵当阳的仲宣楼把酒言欢。

因种种原因，杜甫终没能在大历二年（767）秋天离开夔州。这年晚秋，因思念弟弟杜丰，杜甫曾写《第五弟丰独在江左，近三四载寂无消息，觅使寄此二首》，在"其二"中，杜甫曾提到计划已推至明年春天："明年下春水，东尽白云求。"

大历二年（767）秋，杜甫在做着辞别夔州的种种打算时，大唐再遭吐蕃侵扰。是年秋天，吐蕃数万大兵围困灵州（今宁夏灵武西南），朝廷命郭子仪镇泾阳，长安戒严。十月，朔方节度使破吐蕃于灵州城下，斩吐蕃兵2000余人，吐蕃败走，长安亦转危为安。

消息传到杜甫耳中之时，已是大历三年（768）正月，他一口气吟咏5首诗来表达自己的激动和喜悦，其中1首写道："今春喜气满乾坤，南北东西拱至尊。大历二年调玉烛，玄元皇帝圣云孙。"

在此之前，杜甫收到弟弟杜观的来信，回复的诗中他就曾明确表示过："冯唐虽晚达，终觊在皇都。"

官军取胜的消息，愈发坚定了杜甫重返长安的决心。

40亩柑园转赠给了朋友，家中财产作了简单的处理。大历三年（768）二月，所有事情都打点妥当。杜甫一家从夔州古城登舟，前往江陵。

自安史之乱以来，洛阳、邓州及襄州一带的难民四散出逃，有很大一部分投奔江湘一带。此时的江陵已变得相当繁荣，成为重要的水陆交通枢纽。自江陵往北，经过襄阳可达洛阳、长安，往南可达潭州、桂林、广州，往西则是入蜀出蜀的必经之地。

二月的春光烂漫，远行的诗人却再无心观赏。一叶小舟起起伏伏，漂荡于茫茫江河之上，载着杜甫一颗急迫的归乡之心，亦载着他挥不动的离愁。

从夔州至江陵，小舟穿越三峡，一路上的艰险都略过不提。是年三月初，杜甫一家抵达江陵，暂住从弟杜位宅中。杜位是李林甫的女婿，当年李林甫倒台，他受牵连被贬到南方，此时正出任江陵行军司马。

杜甫原与弟弟相约于当阳（属今湖北宜昌市）相见。当阳西邻宜昌，东连荆州，北通襄阳，亦是一个交通便利之地。不知为何，杜观一直没有如约出现。把妻儿家人安排在当阳住下后，杜甫重返江陵古城，欲寻求朋友们的支持。

彼时，杜甫在江陵的故人也有不少：荆南节度使卫伯玉、江陵行军司马杜位、江陵少尹郑审。这些人或亲，或友，与杜甫都曾有过一些旧交。杜甫满怀希望一一前往拜访，除杜位勉强接待了一番，其他人似乎都没有给杜甫提供多少帮助，即便有一点，也是杯水车薪。

妻儿在当阳，衣食无着。杜甫在江陵，老病交加。一家人的生活，再陷困境。此时，杜甫的身体更坏了，耳朵聋了，与人交流时只能借助纸笔。他的右臂也不能动了，写字要靠儿子代笔。这样一个又老又穷又丑的诗人，越发让人瞧不上。有时去拜访故友，看门人都呼来喝去不愿意再为他去传话。

> 苦摇求食尾，常曝报恩鳃。结舌防谗柄，探肠有祸胎。苍茫步兵哭，展转仲宣哀。饥籍家家米，愁征处处杯。

在大唐诗坛上光芒万丈的大诗人，晚景竟是如此凄凉。他把曾经的骄傲、抱负、身份，统统放下了，像一只丧家老犬，卑微地要求活下去。

杜甫又是何等倔强，他在诗里哀泣，亦在诗里自我安慰，强打精神。正如这首《江汉》：

江汉思归客，乾坤一腐儒。片云天共远，永夜月同孤。

落日心犹壮，秋风病欲苏。古来存老马，不必取长途。

遥远的夜空下，杜甫常常独自一人立于夜色中，天际的浮云孤月，是他此时最好的伙伴。他自叹是行将就木的腐儒，已无多少时日可待，又自喻为一匹阅历丰富的老马，依然不舍报效国家的雄心。

杜甫原本打算在江陵与弟弟会合后即北归洛阳，孰料乱世之中，时局变幻莫测。这年二月，商州兵马使刘洽起兵叛乱，六百里商於地区又陷战乱，杜甫回家的路再次被阻断。八月，吐蕃进攻凤翔，长安再陷危境。

就这样，杜甫一家只好在江陵一带流浪漂泊。

到这年秋天，杜甫一家在当阳已经揭不开锅了，杜甫只好把一家人接到江陵，又从江陵南浦登船，准备迁居江陵以南的公安县。

临行之际，杜甫写《舟出江陵南浦，奉寄郑少尹》，表达自己对他的感激之意。

更欲投何处？飘然去此都。形骸元土木，舟楫复江湖。

社稷缠妖气，干戈送老儒。百年同弃物，万国尽穷途。

雨洗平沙静，天衔阔岸纡。鸣螀随泛梗，别燕赴秋菰。

栖讬难高卧，饥寒迫向隅。寂寥相响沫，浩荡报恩珠。

溟涨鲸波动，衡阳雁影徂。南征问悬榻，东逝想乘桴。

滥窃商歌听，时忧下泣诛。经过忆郑驿，斟酌旅情孤。

在这首诗中，除感伤眼前萧瑟秋景，杜甫还提到了很多历史典故。阮籍哭穷途；庄子"相濡以沫"的叹息；隋侯救蛇，蛇以宝珠相报；汉代太守陈蕃特为徐稚扫榻，孔子曰："道不行，乘桴浮于海。"

这些历史典故，诗人信手拈来，只为抒发世态炎凉中自己的落寞与无奈。郑少尹曾在江陵给杜甫一家提供了多少帮助，无史料可查。但凭猜测，应该不多。不然，杜甫一家人不至于沦落至如此落魄境地。

杜甫却在诗中对他感恩戴德。

国家多难，战乱不止，阴霾笼罩着江山社稷。诗人已形如枯木，走向人生穷途。面对茫茫前路，他已经没有力量再喊出他的理想之音，也彻底断了自己的归乡之念，他那沙哑的喉咙里，只剩下日薄西山的哀叹。

亲朋无一字，老病有孤舟

公安（今湖北公安县，隶属古荆州）距离江陵只有90里，杜甫从江陵南浦登舟，顺流而下，很快就到了这里。

在公安，杜甫也遇到了一些对他施以援手的新朋故交，虽然这些人的帮助并不能解决他们一家的生计之忧，但对于飘零中的杜甫来说，也是一种莫大的安慰。

卫大郎，除了杜甫诗中所提，并无更多史料可查，不过是一个热爱诗词文赋的无名书生。他对杜甫的才华倾慕已久，如今在公安萍水相逢，见其一家落魄困窘，便毫不犹豫地向他们伸出援手。

锦上添花，不如雪中送炭。何况在那样兵荒马乱的年月，杜甫已深谙世态炎凉。像他这样又老又病的一介穷儒，多少达官显宦、故交老友，都唯恐避之不及。倒是卫大郎这样的市井平民，能够真正地欣赏并同情他。

在《移居公安敬赠卫大郎》一诗中，杜甫除慨叹自己生平际遇之外，更对卫大郎的慷慨之举表示了深深的感谢与赞赏。

卫侯不易得，余病汝知之。雅量涵高远，清襟照等夷。

平生感意气，少小爱文辞。河海由来合，风云若有期。

形容劳宇宙，质朴谢轩墀。自古幽人泣，流年壮士悲。

水烟通径草，秋露接园葵。入邑豺狼斗，伤弓鸟雀饥。

白头供宴语，乌几伴栖迟。交态遭轻薄，今朝豁所思。

除卫大郎之外，杜甫在公安县还曾与李贺的父亲李晋肃、著名书法家顾诚奢等有过交往，且都留诗相赠。尤其顾诚奢，更让杜甫生起"同是天涯沦落人"之感。

顾诚奢以书法而闻名，工八分，有"顾八分"之称，在上元年间曾担任太子文学翰林待诏，与杜甫早年在长安就已相识。

如今，他和杜甫一样，也流落江湖，惨淡谋生。

得知他将前往洪州、吉州一带去谋求生路，杜甫曾赋诗《送顾八分文学适洪吉州》相赠："中郎石经后，八分盖憔悴。顾侯运炉锤，笔力破余地。昔在开元中，韩蔡同赑屃。玄宗妙其书，是以数子至。"诗中盛赞顾八分的书法之妙，回忆二人的交情："追随二十载，浩荡长安醉。高歌卿相宅，文翰飞省寺。"也对二人今日的困境表示感慨："我甘多病老，子负忧世志。胡为困衣食，颜色少称遂。远作辛苦行，顺从众多意。舟楫无根蒂，蛟鼍好为祟。"

即便如此，杜甫还是在诗中鼓励顾诚奢，希望他日后仍能心怀苍生，关注民生疾苦。

这年秋暮，适逢爱子宗武生日，年迈又贫穷的父亲，无法为儿子举办一场像样的生日宴会，只得赋诗以贺。在《宗武生日》一诗中，杜甫写道：

小子何时见，高秋此日生。自从都邑语，已伴老夫名。

诗是吾家事，人传世上情。熟精文选理，休觅彩衣轻。

凋瘵筵初秩，欹斜坐不成。流霞分片片，涓滴就徐倾。

宗武，小名骥子，杜甫次子，生于唐玄宗天宝十二载（753）秋，善诗。杜甫对这个继承杜家诗钵的儿子非常满意，曾数次在诗中提及。

在《忆幼子》诗中，他曾写："骥子春犹隔，莺歌暖正繁。别离惊节换，聪慧与谁论。"

在《遣兴》诗中写："骥子好男儿，前年学语时。问知人客姓，诵得老夫诗。"

"诗是吾家事，人传世上情。"杜甫所言，虽有一份自得在其中，但也并不夸大。从他的远祖算起，杜恕、杜预是汉、晋名臣大儒，祖父杜审言则是初唐著名诗人，再到他自己，更是将大半生心血付诸诗歌。

这一年，宗武已是一个15岁的少年，杜甫希望这个儿子能把自己家祖辈相传的"诗事"继承和发扬光大。另外，杜甫虽然一生仕途坎坷，吃尽苦头，他还是告诫儿子，要趁年少，多读《文选》等著作。

白发衰年，贫病无依，那样的情形之下，还要为儿子的生日送上深切的祝福，父子深情，情透纸背。但字里行间又难掩那一份悲凉之意。

杜甫一家在公安滞留了几个月，一直到冬天才离开。那几个月，穷途末路的诗人尝尽世态之炎凉。在《久客》一诗中，他曾不无悲愤地写道：

杜
甫
传

羁旅知交态，淹留见俗情。

衰颜聊自哂，小吏最相轻。

去国哀王粲，伤时哭贾生。

狐狸何足道，豺虎正纵横。

"衰颜聊自晒，小吏最相轻。"世相人情，淡淡说来，却有多少辛酸泪水饱含其中。连一介小吏都不再给好脸色，公安也不能再待下去了。

这年冬天，杜甫决定前往岳阳。

当初凄然而来，而今落寞离去。杜甫一家在一个冬日清晨又悄然登舟远去。那时，东方的启明星正亮，邻家的公鸡像平常一样打鸣，北城上的打更声一遍又一遍，敲击着诗人的耳膜。再次踏上漂泊之路时，周围的一切都让杜甫觉得凄凉又心烦。

这一次，他是真的对前路没有任何希望与预期了，他不知道自己的病体还能撑到什么时候。

> 北城击柝复欲罢，东方明星亦不迟。
>
> 邻鸡野哭如昨日，物色生态能几时。
>
> 舟楫眇然自此去，江湖远适无前期。
>
> 出门转眄已陈迹，药饵扶吾随所之。

《晓发公安》前四句写景，用城头击柝、启明东升、邻鸡野哭展示乱世之中的拂晓景象，景色凄凉之至；后四句抒情，老病缠身，时光已逝，仍旧要江湖漂泊，浪迹天涯，语意再添伤感。此诗极真纯，也极沉重，正是晚年杜甫困苦处境的真实写照。

一条破旧的木船，载着杜甫一家沿江而下。一路行来，目之所及尽是冬日里的万物萧瑟和战乱给民生带来的阴影。

在岳州的这个冬天，杜甫一家横舟于洞庭湖上。

北风呼啸，漫天白雪将整个洞庭湖笼罩。天寒地冻中，渔夫、猎手还要在野外渔猎。远远望着他们忙忙碌碌的身影，杜甫的心又开始痛了。他明白其中的缘由，谷贱伤农，农家无以为生，甚至连织机上也无丝可织了，不出来劳作又如何维系生活？

可出来又如何？楚人不喜禽肉，即便猎手能射到南飞雁，又能卖几个钱？这样天寒地冻的天气里，渔夫的渔网又如何撒得开？

贫穷至此，只好鬻儿卖女，得钱以还租庸。老百姓的日子呀，苦得实在没法了。每每想到天下苍生，杜甫就会把个人的痛苦放诸一边，或者彻底忘记。

在岳州的漫天大雪与远处城头传来的凄凉画角声里，漂泊在洞庭湖上的杜甫老泪纵横，写下他晚年的又一名篇《岁晏行》：

岁云暮矣多北风，潇湘洞庭白雪中。

渔父天寒网罟冻，莫徭射雁鸣桑弓。

去年米贵阙军食，今年米贱太伤农。

高马达官厌酒肉，此辈杼轴茅茨空。

楚人重鱼不重鸟，汝休枉杀南飞鸿。

况闻处处鬻男女，割慈忍爱还租庸。

往日用钱捉私铸，今许铅铁和青铜。

刻泥为之最易得，好恶不合长相蒙。

万国城头吹画角，此曲哀怨何时终？

这首诗，忽而湖上，忽而空中，忽而叹米贱伤农，忽而又叹猎手枉杀南飞雁。看上去似是杂乱无章，细读之下，才知其意脉层层紧扣，贯若连珠。渔人之苦，农民之苦，猎人之苦，被恶钱蒙蔽之苦，诗篇每四句描写人民的一种痛苦，最后两句为结束语，指出造成这种种百姓痛苦的深刻原因及自己悲愤的呐喊。

清人夏力恕在《杜诗笔记》中评此诗："孤臣迟暮，感时忧国之言，《风》《雅》真源，《楚辞》变调，错节深情，愈讽愈出。"

杜甫一生都在为民呼号悲歌，即便是在洞庭湖上凄厉的北风中，他依然在盼望能早一天见到国泰民安的和乐场景，可他分明也清楚，那一天，他等不到了。

"气蒸云梦泽，波撼岳阳城。"孟浩然的《望洞庭湖上张丞相》，为洞庭湖留下这千古名句。这一片浩瀚的洞庭湖，湖边矗立的岳阳楼，曾引得古今多少文人墨客为之流连吟咏。

杜甫曾在此前的《解闷》诗中慨叹："复忆襄阳孟浩然，清诗句句尽堪传。"这年冬天的某一天，杜甫也登上了岳阳楼，为洞庭湖与岳阳楼又添一段佳话：

> 昔闻洞庭水，今上岳阳楼。吴楚东南坼，乾坤日夜浮。
> 亲朋无一字，老病有孤舟。戎马关山北，凭轩涕泗流。

冬日的洞庭湖，一眼望去更显浩渺辽阔，有吞吐天地之气势，天地相连，就像整个吴楚大地都漂浮其上。可回首看看自己，亲朋远离，病老孤舟，前面的壮阔之景随即转向窄仄。最后两句，诗人情绪再转，想到国家西北战乱未平，而自己却再无报国之力，只能凭轩涕泪长流。诗境至此由窄转宽，诗人忧国忧民的情怀，让诗作立意再得升华。

从这个意义上来说，孟浩然之诗显然败于下风。

杜甫曾在《进雕赋表》评扬雄、枚皋辞赋道："至于沉郁顿挫，随时敏捷，扬雄、枚皋之徒，庶可企及也。"沉郁顿挫，遂被后人定为杜诗的主要风格。

基调悲慨，情感强烈，是杜甫诗歌打动人心的最主要原因。那种深沉而热烈的情感，每欲喷薄而出之时，杜甫的仁者之心连同他那一贯的儒家涵养与处事的心态，则又隐忍而节制地把此种情感控制住了。如此就导致了杜诗的缓慢、低沉，回环往复，跌宕起伏。也就是后世所说的沉郁顿挫。

这首诗是其沉郁顿挫风格的典型。

潇湘飘零

洞庭湖畔，岳阳楼上，呼啸的冬日寒风中，杜甫收回杂乱的思绪与眼泪，转身缓缓下楼，与岳阳楼作别，亦与岳阳这座古城告别。

是为大历四年（769）初春时节。

杜甫决定自洞庭湖登舟，入湘江，南下衡州（今湖南衡阳），去投靠老友韦之晋。

韦之晋，唐京兆杜陵人，他是杜甫青年时代就结交的一位好友，历任监察御史、吏部员外郎等职，代宗大历二年（767）任检校秘书监，兼衡州刺史，此时正在衡州任上。

对于这位故友，杜甫很显然是怀了很大的希望与期待的。

船离开洞庭湖，进入湘江，正值桃花汛涨水，碧绿的湘江水一直涨到两岸，一叶小舟，片帆如云，载着神情茫然的杜甫，悠悠驶过江畔的枫树林。如果不是在逃难的路上，这样的南国早春江畔之景，该让诗人留下多少清词丽句。可现在，他满眼满心都是愁。

春岸桃花水，云帆枫树林。偷生长避地，适远更沾襟。

老病南征日，君恩北望心。百年歌自苦，未见有知音。

———《南征》

当年杜甫自行从凤翔回鄜州羌村探家时，曾写下著名的长诗《北征》，那一路上也是惊险重重，可那次毕竟是向着家的方向走。此次南征，却是离自己的故园越来越远了，也意味着诗人此生再无回到长安和故乡的可能。

这一年，杜甫已经58岁，几乎全靠药物在维持生命。

自岳阳出发，从洞庭湖、青草湖进入湘江，过湘阴县、长沙县北部到达潭州（今长沙市），再从潭州出发，经长沙县南部、湘潭县、衡山县，最后抵达衡州。船行于春水之上，江面上有时平静开阔，有时会遇到惊浪险滩。明丽的秀美风光，映入诗人凄凉的视野，杜甫偶尔写些江山丽景，更多则是慨叹世事、人情之炎凉。

是年清明节前后，杜甫一家已在潭州。

潭州有不少名胜古迹，岳麓山、橘子洲、贾谊井……尽管眼前的杜甫已是"右臂偏枯半耳聋"，他还是拄杖颤巍巍地登上了湘江西岸的岳麓山，游览了山中道林二寺。寻古访幽，以抒胸臆。

岳麓山林壑盘纡，林荫匝地，松风生凉，步入寺中，更是佛乐飘飘，檀香袅袅。在那样的氛围之中，杜甫终得暂时的清凉与休息。

在《岳麓山道行二寺行》一诗中，他不无欣然地写道："昔遭衰世皆晦迹，今幸乐国养微躯。依止老宿亦未晚，富贵功名焉足图。久为野客寻幽惯，细学何颙免兴孤。一重一掩吾肺腑，山鸟山花吾友于。宋公放逐曾题壁，物色分留与老夫。"

但这只是杜甫此行途中难得一次小憩，更多时候，他的心情都被愁云笼罩。

在同样写于潭州的《清明二首（其二）》中，杜甫的心情又变得极度低落，他在诗中写道："此身漂泊苦西东，右臂偏枯半耳聋。寂寂系舟双下泪，悠悠伏枕左书空。"

书空即对空书字。东晋殷浩被废后，终日书空，作"咄咄怪事"

四字。杜甫此时右臂已无法抬起，只得抬左手书空。

白发苍苍的老诗人，挥动枯瘦的左臂在空中挥舞，他写下的是什么？是写不完的愁苦与凄凉，是写不尽的对国事的担忧、对天下百姓的牵挂与同情。

弓箭收，兵甲藏，牛在田间耕地，蚕食桑吐丝。男耕女织，天下太平。这种盛世太平之景，一直是杜甫心中不灭的梦想。可事实又如何？他越走越悲伤，越看越凄凉。

在潭州，杜甫留诗不少，其中《蚕谷行》《朱凤行》更是显示了他甘为"黎民代言人"的天性。

天下郡国向万城，无有一城无甲兵。焉得铸甲作农器，一寸荒田牛得耕。牛尽耕，蚕亦成。不劳烈士泪滂沱，男谷女丝行复歌。

《蚕谷行》，用最生动、简洁的表述，表达了诗人热爱和平、期待百姓安居乐业的政治理想。这个理想，杜甫至死都不曾放弃。

君不见潇湘之山衡山高，山巅朱凤声嗷嗷。侧身长顾求其群，翅垂口噤心甚劳。下愍百鸟在罗网，黄雀最小犹难逃。愿分竹实及蝼蚁，尽使鸱枭相怒号。

《朱凤行》托物起兴，自明其志。全诗看似句句在咏凤，状其貌，摹其声，又言其心怀悲悯，愿分竹实给被落入罗网的黄雀，也明确表示鄙视鸱枭恶禽之意。

但其实凤是杜甫一生的精神图腾，从他7岁开口吟诗，即与这种代表着祥瑞又志向高洁的神鸟结下不解之缘。走至人生的边缘，他仍

杜甫传

然以老凤自居，仁心爱民，刚肠疾恶。

从潭州到衡州，路程已不算远，"乔口橘州风浪促，惊帆何惜片时程"。从杜甫一气贯注的诗句中可知，从潭州到衡州，杜甫一家走得极快。

在衡州，一对老友终于相见。然而，把酒言欢的喜悦还未曾隐去，新的离别伤感又再度来袭。到衡州之后，杜甫才知道，韦之晋早在这年二月已接到新的任命，不久就要启程前往潭州任刺史。

一路的颠沛流离，令杜甫的身体状态每况愈下。在衡州，杜甫一家一直从春天待到夏天。在这期间，杜甫曾写《咏怀二首》。诗中，他曾表示，待身体好转，就继续向岭南行。后来不知为什么，他又改了主意。决定再回折向北，到潭州去。

不用说，杜甫还是决定去找老朋友韦之晋。

世事难料，吉凶难卜，杜甫人还未启程，就传来韦之晋已病殁潭州的噩耗。杜甫被再度打入痛苦的旋涡。但他还是匆匆踏上前往潭州的路。他要到老友的灵前一哭。

"童孺交游尽，喧卑俗事牵。老来多涕泪，情在强诗篇。谁继方隅理，朝难将帅权。《春秋》褒贬例，名器重双全。"在《哭韦大夫之晋》一诗中，杜甫深情缅怀自己与韦之晋一生的情谊，也为自己的悲凉老境挥泪叹息。

故人已逝，杜甫一家在潭州的生活再度陷入孤苦无依之境。他们的生活更加穷苦，甚至已经无法在岸上找到一处安身之所，只能寄身船上。为了一家人的生计，杜甫不得不拖着病体四处叩门求援，偶尔也会参加当地的一些应酬。但朋友们的一点接济，远远不够。为了糊口，杜甫不得不在潭州街头干起了卖药的老营生。

"北风破南极，朱凤日威垂。"

"鳞介腥膻素不食，终日忍饥西复东。"

流离失所，忍饥挨饿，杜甫一家的生活几近难以维系。

那个名为苏涣的年轻人，就是在这时走进杜甫生命中的。他们在潭州街头相识。之后，苏涣常到杜甫的船上，杜甫有时也到苏涣的茅屋之中谈诗说文，谈过去、话时事。也正是在那样的倾心交谈中，杜甫一点点走近了这个让他喜欢的年轻后生。

苏涣年轻时曾在巴蜀等地，为绿林中人。他善用白弩，过往的商旅，常常闻之色变。后来，他发奋读书，考中进士。韦之晋去世后，继任潭州刺史的崔刺史曾请他做府中从事。

苏涣喜欢诗文，常拿自己的诗给杜甫看，且常有不俗见解；他为人又豪爽热情，对于落魄的杜甫一家，也常施以援手。

结交新友苏涣，让杜甫慢慢走出老友逝去的痛苦。苏涣像一道热情的阳光，给老诗人苍凉的晚年送来一片难得的暖意。

涕尽湘江岸

大历三年（768）正月初一，杜甫为次子宗武赋《元日示宗武》一诗，爱子之意，飘零之苦，尽现诗中：

汝啼吾手战，吾笑汝身长。处处逢正月，迢迢滞远方。
飘零还柏酒，衰病只藜床。训喻青衿子，名惭白首郎。
赋诗犹落笔，献寿更称觞。不见江东弟，高歌泪数行。

不久之后，他再次为这个儿子写了一首《又示宗武》。诗中则是对他的殷切期待：

觅句新知律，摊书解满床。试吟青玉案，莫羡紫罗囊。

假日从时饮，明年共我长。应须饱经术，已似爱文章。

十五男儿志，三千弟子行。曾参与游夏，达者得升堂。

杜甫自己一生饱读诗书，却难逃穷困落魄的命运，但他仍然希望儿子能走诗书报国之路。在新年开始之际，给儿子宗武连写两诗。与其说是祝福，不如说是遗嘱。他已预感自己时日无多，生命之火随时都有可能熄灭。

转眼间，到了大历五年（770）。新春的来临，并没有给杜甫一家的生活带来新的转机，杜甫依旧要借以诗名，佝偻穿行于达官贵人的门下，参与一些应酬，以讨得一点可怜的糊口之资。

在这段时间内，他写下的多是此类的应酬诗。

杜甫大概无论如何也不会想到，在生命的最后一个春天，在那些让人欲哭无泪的无聊应酬中，他还能遇到40多年前的故人。

李龟年，开元天宝年间的著名歌者，曾经名震天下。

40年前，杜甫还是翩翩白衣少年，无忧无虑，亦无畏无惧，穿行于洛阳的高门巨族之间。那时，他曾多次在那些王公权贵们的酒筵上聆听过李龟年的歌声。

40年后，两个人都流落潭州，再度奇迹般地相逢。

春日的簌簌落花里，听着昔日那熟悉的歌声，再看双方均已沧桑老去的容颜，万般滋味从诗人心头升起，汇聚成杜甫生命中的又一首绝唱《江南逢李龟年》：

岐王宅里寻常见，崔九堂前几度闻。

正是江南好风景，落花时节又逢君。

多少黯然销魂的感慨，只凝聚于短短四句。前二句忆往事，后二句写重逢，也只不过提到时间与地点。其余万千，一概不提。

"落花时节又逢君"，是时令，亦是人生。是即景书事，却乎另有寓意。诗到此即止，无限余韵，交给读者品读。

黄生评曰："此诗与《剑器行》同意，今昔盛衰之感，言外黯然欲绝。见风韵于行间，寓感慨于字里，即使龙标、供奉操笔，亦无以过。"

春来湘江，春来船上。春水荡漾。春燕衔泥，轻轻掠过杜甫的一叶孤舟。

大历五年（770）春天，杜甫像一只病鸥，一直漂泊在湘江上。他的身体越来越差，却还是强打精神，写一些诗打发时日。

佳辰强饮食犹寒，隐几萧条戴鹖冠。

春水船如天上坐，老年花似雾中看。

娟娟戏蝶过闲幔，片片轻鸥下急湍。

云白山青万余里，愁看直北是长安。

是年寒食节，杜甫在江上过。这首《小寒食舟中作》里，有国仇家恨，但仍然泛着诗人热爱春天的不息生机。

死神没有前来邀约，杜甫是不会主动放弃的。他还会迎着命运所给的一切风浪，勇敢走上去。

大历五年（770）四月的一天，杜甫暂时寄身的潭州城内，忽然听得喊杀声震天。是湖南兵马使臧玠起兵叛乱了。潭州刺史被杀，城内陷入一片混乱。杜甫不得不再次匆匆携家人上路。沿湘江逆流而上，南往衡州。

抵衡州后，杜甫回望一路上的兵荒马乱，再回看自己的一生，似

杜甫传

乎一生都是在逃离。故园却是永远回不去了。

> 五十头白翁，南北逃世难。
>
> 疏布缠枯骨，奔走苦不暖。
>
> 已衰病方入，四海一涂炭。
>
> 乾坤万里内，莫见容身畔。
>
> 妻孥复随我，回首共悲叹。
>
> 故国莽丘墟，邻里各分散。
>
> 归路从此迷，涕尽湘江岸。

一首《逃难》，是杜甫一生逃难生活的总结。亦是彼时大唐的一个缩影。杜甫所期待的太平盛世之景，似乎离他越来越远了。取而代之的是无休无止的战乱，是民不聊生，生灵涂炭。

一家人在衡州稍作停留后，杜甫计划再继续向南前往郴州，去那里投奔他的舅舅崔伟。彼时，崔伟在郴州任录事参军。谁能料到，船行至耒阳附近，突遇江水暴涨，江面上南风大起，逆风逆水，船行不动，只好在方田驿附近停泊下来。

五天五夜，断粮绝食。这一次，真正到了命悬一线的时刻。好在，耒阳一个姓聂的县令不知从哪里听到了这个消息，连忙派人给杜甫一家送来了食物，帮他们渡过了这个难关。杜甫自然要写诗以酬谢。

因江水一直不退，杜甫只得放弃南行的计划，掉转船头，又转向衡州。

至衡州，略作休整，杜甫决定沿着湘江，北上汉阳，然后再回自己日思夜想的长安。

可这也只能是杜甫的痴心妄想了。他终没能再回到长安，也没回到他那个已长满荒草的洛阳故园。大历五年（770）从秋到冬，他都在水上漂浮。

贫穷与疾病，似两座沉重的大山，让他再也没有能力走回大唐的中心去。

大历五年（770）冬，在从潭州往岳州经过洞庭湖时，杜甫已经临近生命的终点。一家老幼，栖身于一叶小舟，漂浮在烟波浩渺的洞庭湖上。在舟中，已是百病缠身的诗人，举平生之力，在舟中伏枕写下他一生中最后的一首长诗《风疾舟中伏枕书怀三十六韵奉呈湖南亲友》，向帮助过他的湖南亲友告别，亦向那个他热爱了一生的大唐告别。

此时，他的祖国依然是满目疮痍，他的人民依然在深深的灾难里。他咯尽了体内的最后一滴血，向身后的大地和苍生投去了最后的深情一瞥，搁下诗笔，轻轻闭上了眼睛。

这一年，杜甫59岁。

诗人去世后，家人因贫穷，无力把他的灵柩运回家乡，只好将他葬于岳阳所属的平江小田。

43年后，唐宪宗元和八年（813），杜甫的孙子杜嗣业（杜宗武之子）四处筹措资金，几番周折，费了许多力气，才把杜甫的灵柩运回故乡，安葬在偃师西北的首阳山下，在他最崇敬的十三世祖杜预的坟旁。

杜甫传

"诗圣"光芒在，千秋万代长

杜甫走了，走得凄凉无比，走得无声无息。就像一滴水，悄然融入茫茫洞庭湖。没有人前来为他送行，亦少有人为他流下几滴伤心的泪。他是闻名后世的"诗圣"，是唐代诗坛上无人可超越的一座高峰，但那是很久以后。

彼时的杜甫，在唐代人的眼里，不过是一名会写诗的普通老人。他做过几天小官，一生没有在政治上留下什么建树。他写过3000多首诗歌，却在连年的流离生活中散佚大半，现今流传存世的，不过1400多首。他曾与同时代的大诗人、大才子李白、王维、高适、储光羲诗酒唱和，在当时的名气却远远没有这些人响。他为朋友们写下一首首评论诗、念友诗、悼亡诗，但朋友们的诗中，却极少出现他的名字。在当时的唐诗选本中，远不如他的诗都可入选，编选者却随意就略过了杜甫。

总之，在杜甫身处的大唐时代，他所遭受的不仅仅是一生凄苦流离，还有让人心寒的冷落。不仅如此，杜甫那种关怀现实、紧贴时代的写作风格，在当时还曾招来同时代人的批评与攻击。

杜甫去世后不久，樊晃搜集杜诗，编成《杜工部小集》，这是杜甫去世后流传的第一本诗集。他在序言中痛心地写道："属时方用武，斯文将坠，故（杜诗）不为东人所知。江左词人所传诵者，皆公之戏题剧论耳，曾不知君有大雅之作。"

其实，杜甫的诗，在当时何止是不为东人所知，几乎是不为世人所知、所容。即使偶有传诵，也不过是那些游戏笔墨、诙谐戏谑之作，像"万里悲秋常作客，百年多病独登台"这样的沉重大雅之作，是无法为那个时代所接受的。从安史之乱中走出来且仍处于战乱频仍中的大唐，拒绝倾听杜甫发出的时代忧思，只喜欢歌舞升平，哪怕是假象。

然而，杜甫的诗，杜甫的人，杜甫的情，都在那里。是他用一生的心血铸就的。它们也许为时代的风沙、战乱所暂时掩盖，那份光芒，却注定会冲破历史的迷雾，光耀千古。

诗至中唐，诗坛发生很大变化。中唐诗坛上主要的两个流派，韩孟诗派和元白诗派，都对杜甫的诗大力推崇。元、白推崇杜诗对民生疾苦、国家时事的关注；韩、孟则推崇杜诗的才力雄强。

元稹后来为杜甫写墓志铭，在其墓志铭中，他对杜甫及其诗歌创作给出了前所未有的高度评价："至于子美，盖所谓上薄风骚，下该沈宋，言夺苏李，气吞曹刘，掩颜谢之孤高，杂徐庾之流丽，尽得古今之体势，而兼人人之所独专矣。"

甚至连当时名满天下的大诗人李白，在元稹看来亦不如子美："是时山东人李白，亦以奇文取胜，时人谓之李杜。余观其壮浪纵恣，摆去拘束，模写物象及乐府歌诗，诚亦差肩于子美矣。"

韩愈与元稹有完全不同的创作风格，却也在《调张籍》中力赞杜甫，他以"李杜"并称李白与杜甫："李杜文章在，光焰万丈长。不知群儿愚，那用故谤伤？蚍蜉撼大树，可笑不自量！"

至晚唐诗坛，李杜齐名，已成共识。杜牧、李商隐都曾留诗吟咏。在他们看来，杜甫、李白，毫无疑问都是大唐最杰出的诗人。

与此同时，杜甫的诗也开始受到选家的关注与青睐。宣宗大中十年（856），顾陶编成《唐诗类选》20卷，此书虽已不存，但其序言被《文苑英华》收录，其序中云："国朝以来，人多反古，德泽广被，诗之作者继出。则有杜李迥生于时，群才莫得而问。"

李杜，杜李，前后顺序稍动，选家的态度倾向却分明。在这本选本中，杜甫的位置第一次超越李白。

随着诗坛对杜诗越来越关注，杜甫在唐代诗坛乃至在中国古典诗坛上的地位也越来越高。

宋代婉约派大词人秦观，是最早把杜甫和"圣人"联系在一起的人。秦观在《韩愈论》中云："杜子美之于诗，实积众家之长，适其时而已。……于是杜子美者，穷高妙之格，极豪逸之气，包冲淡之趣，兼峻洁之姿，备藻丽之态，而诸家之作所不及焉。……孟子曰：'……孔子，圣之时者也。孔子之谓集大成。'……呜呼，杜氏、韩氏，亦集诗文之大成者欤！"

孔子的思想是那个时代的集大成者，杜甫、韩愈的诗文同样也是时代的集大成者。把杜、韩与孔子放在一起比较，杜甫的诗集，开始像《论语》《孟子》一样，被奉为儒家的经典之作。

直接把"诗圣"桂冠赋予杜甫的，是明朝的杨慎。他在《词品序》中写："然'诗圣'如杜子美，而填词若太白之《忆秦娥》《菩萨蛮》者，集中绝无。"

王嗣奭，是明代著名文学家，一生致力于杜甫诗的研究，他为"诗圣"定评："青莲号'诗仙'，我翁号'诗圣'。"又道，"'诗圣'神交盖有年。"

自此之后，"诗圣"之名成定说。

课堂上，笔者曾向学生做过一个小小的调查：李白和杜甫，你们更喜欢哪个人的作品？答案与笔者所预料丝毫不差，全班40多名同

学，有近40人举手表示，喜欢李白。

笔者也曾经历过少年和青年时代，年少时也曾迷恋于李白的浪漫与想落天外的飞扬姿态，喜欢上杜甫及杜诗，是在步入中年之后。

李白飞扬、浪漫，一生浪迹于祖国的名山大川之间，游山玩水。他大口喝酒，骑马舞剑，活得像一位神仙，也像一位侠客。这样的行事风格，无论在他所处的大唐，还是现代社会的年轻读者群体，无疑都是受欢迎的。

杜甫则一生活得郁郁不得志，他的眼睛始终离不开多灾多难的现实，他的笔下出现的也多是严肃深沉的主题，沉郁顿挫的笔致，读来难以让人轻松。

人有一个共同的弱点，喜甜拒苦，喜轻盈怕沉重。

也就不奇怪为何更多人会从书架上拿起《李太白全集》，却犹豫着放下了杜诗。

当然，这个也不是绝对的。相信随着年纪的增长，随着一个人生活阅历的不断增加，会有越来越多的读者，走进杜甫"粉丝"的行列。

中华上下五千年，能称之为"圣"的又有几多？尤其在中国古今诗坛上，"诗圣"只有一个——杜子美。至于他为何被称为"诗圣"，实在不是三言两语所能道完的。

他爱国爱君，终生不渝。无论国家、朝廷给他多大的委屈，他都不曾放下自己的这份情怀。

他爱社稷苍生，天下黎民。无论自己生活多么窘迫困苦，他都不曾放下自己对天下民生的关注。

他爱他的诗歌艺术，少年时即"读书破万卷"，中老年孜孜不倦磨炼诗艺，直到生命的最后一息。

他一生留诗1400余首，其沉郁顿挫的风格，凝练质朴的语言，忧郁苍凉的情感，迂回曲折的结构，都使他的创作在集大成的基础上，又开后世诗歌创作新风范。

他爱妻子儿女。没有哪一个诗人，像他一样，为家人留下那么多深情忧伤的讴歌。那些诗歌，平凡中见伟大，寻常中显神圣，已成中华民族精神的经典。

他的爱，很博大。这是"诗圣"之所以成为"诗圣"的前提。他的诗，接地气，直面大唐现实，给后世留下研究那个时代的宝贵资料。他的诗歌艺术成就，集大成，律诗、绝句、长篇、短章，琳琅满目。

这所有的一切，最终成就了中华诗坛伟大的"诗圣"，也使得杜甫在千百年之后依然让人热爱怀念。

以此书，致敬"诗圣"，亦希望"诗圣"的光芒，不为浮云所挡，千古照耀中华。

2019年8月6日初稿

2022年10月6日定稿

图书在版编目（CIP）数据

杜甫传 / 梅寒著 . —杭州 ：浙江人民出版社，
2023.10

ISBN 978-7-213-11154-9

Ⅰ.①杜…　Ⅱ.①梅…　Ⅲ.①杜甫（712-770）–传
记　Ⅳ.①K825.6

中国国家版本馆CIP数据核字（2023）第138680号

杜甫传
DU FU ZHUAN

梅　寒　著

出版发行	浙江人民出版社〔杭州市体育场路347号　邮编 310006〕
	市场部电话：(0571)85061682　85176516
责任编辑	郎寒梅子
责任校对	马　玉
责任印务	刘彭年
封面设计	琥珀视觉　厉　琳
电脑制版	杭州兴邦电子印务有限公司
印　　刷	浙江新华数码印务有限公司
开　　本	710毫米×1000毫米　1/16
印　　张	21.75
插　　页	2
字　　数	270千字
版　　次	2023年10月第1版
印　　次	2023年10月第1次印刷
书　　号	ISBN 978-7-213-11154-9
定　　价	76.00元

如发现印装质量问题,影响阅读,请与市场部联系调换。